スターバックスでラテを飲みながら憲法を考える

松井茂記：編著

有斐閣

はじめに

　このところ、スターバックスに行って、ラテを飲みながら仕事をするのが毎朝の日課になっている。特に授業のない日や週末には、何時間も座って、日本のニュースを確認したり、原稿を書いたり、校正をしたりしながら、いろいろな憲法問題を考えている（この原稿もそうである）。考えている問題といえば、この本で取り上げたような刑法の自殺幇助および同意殺人の禁止規定は憲法に違反しないのかとか、売春防止法による売春の禁止は憲法に違反しないのかといった（これについては別の機会に原稿を書いた）、あまり日本では大きな問題とされていないような問題ばかりである。どうしてそんな問題を考えているのかというと、実はこれらの問題がカナダやアメリカで重要な憲法問題となっていて、いずれは日本でも正面から向かい合わなければならない問題だと思うからである。

　スターバックスでラテを飲みながら考えるような問題ではない、とのご批判もありうるものと思う。たしかに、こういった問題は厄介で、憲法だけでなく、医療制度や哲学・倫理学、犯罪学や社会学などとも深く結びついたややこしい問題であり、あるいはもっと真剣に、思索を深めるべきものかもしれない。だが、同時にこれらの問題はわれわれの日常生活に深く結びついていて、本来は憲法学者だけでなく、すべての市民がこういった場で日常的に議論すべき問題でもある。

この本は、私と同世代の憲法学者の皆さんに（私たちは憲法五五年の会と呼んできたが、別にフォーマルな組織があるわけでもない。単なる同世代の同業者の緩やかな親睦組織に過ぎない）、日本国憲法制定七〇周年を目前にして、何かそれぞれ面白いと思われるテーマについて、問題提起をしていただこうと思って企画された。皆さんにお願いしたのは、あまりこれまで取り上げられることがなかったテーマで、今後において重要な論点となりうるような問題について、やさしく説明してくださいということだけである。できれば、大学のゼミのような堅苦しい雰囲気のなかでではなく、スターバックスでラテを飲みながら考え議論するような雰囲気で説明していただけるとありがたいと添えた。この本は、こうして執筆者の皆さんから寄せられた問題提起を一冊にまとめたものである。それぞれテーマはばらばらのように思われるかもしれないが、それぞれが重要な問題提起を行っており、日本の憲法学で向かい合わなければならないような問題ばかりである。だが、これらは憲法学者だけではなく、一般の方にも是非考えていただきたいような問題でもある。少しでも多くの方にこの本を読んでいただいて、議論が深められることを期待している。

それぞれ憲法学の第一線で活躍されている皆さんには、お忙しいなか寄稿していただいたことを感謝している。また、出版に際し有斐閣書籍編集第一部の笹倉武宏さんおよび高橋俊文さんのお世話になった。この場をかりて感謝しておきたい。

二〇一六年二月

執筆者を代表して

松　井　茂　記

目次

編著者・著者紹介（執筆順）

松井茂記（まつい　しげのり）

一九五五年生まれ。京都大学法学部卒業、同大学院法学研究科修士課程修了。大阪大学法学部助教授、同教授を経て、現在、ブリティッシュ・コロンビア大学ピーターアラードロースクール教授。主要著書に『マス・メディア法入門〔第五版〕』（日本評論社、二〇一三年）、『日本国憲法〔第三版〕』（有斐閣、二〇〇七年）、『アメリカ憲法入門〔第七版〕』（有斐閣、二〇一二年）、『インターネットの憲法学〔新版〕』（岩波書店、二〇一四年）、『LAW IN CONTEXT 憲法』（有斐閣、二〇一〇年）。

渋谷秀樹（しぶたに　ひでき）

一九五五年生まれ。東京大学法学部卒業、同大学院法学政治学研究科博士課程単位修得満期退学、博士（法学）（大阪大学論文博士）。大阪府立大学経済学部教授、明治学院大学法学部教授、立教大学法学部教授を経て、現在、立教大学大学院法務研究科教授。主要著書に『憲法訴訟要件論』（信山社、一九九五年）、『日本国憲法の論じ方〔第二版〕』（有斐閣、二〇一〇年）、『憲法〔第二版〕』（有斐閣、二〇一三年）、『憲法への招待〔新版〕』（岩波新書、二〇一四年）、『憲法１　人権〔第六版〕』『憲法２　統治〔第六版〕』（赤坂正浩氏と共著、有斐閣、二〇一六年）。

常本照樹（つねもと　てるき）

一九五五年生まれ。北海道大学法学部卒業、同大学院博士課程修了。現在、北海道大学大学院法学研究科教

授、北海道大学アイヌ・先住民研究センター長。主要著書に『目で見る憲法〔第四版〕』（共著、有斐閣、二〇一一年）、『基本的人権の事件簿――憲法の世界へ〔第五版〕』（共著、有斐閣、二〇一五年）、『アイヌ民族と教育政策〜新しいアイヌ政策の流れのなかで〜』（札幌大学附属総合研究所、二〇一一年）、『台湾の原住民族政策』（共編、北海道大学アイヌ・先住民研究センター、二〇一五年）。

紙谷雅子（かみや　まさこ）

一九五二年生まれ。東京大学法学部卒業、同大学院博士課程修了。北海道大学法学部教授を経て、現在、学習院大学法学部教授。主要論文に「法執行は合憲、訴訟では違憲――行政機関が制定法の合憲性を支持しないとき」『憲法の基底と憲法論――思想・制度・運用』（信山社、二〇一五年）所収、「教育機関における公と私の役割分担」『近代日本の公と私、官と民』（NTT出版、二〇一四年）所収、「懲罰的損害賠償とデュー・プロセス The Story of Philip Morris USA v. Williams」『アメリカ憲法判例の物語』（成文堂、二〇一四年）所収、「意見確認 Certification について」『同志社法学三六〇号　釜田泰介教授古稀記念論集』（二〇一三年）所収、「ジェンダー法理論のグローバルな影響力」『かけがえのない個から』（岩波書店、二〇一一年）所収。

内野正幸（うちの　まさゆき）

一九五五年生まれ。東京大学法学部卒業。同助手等を経て、現在、中央大学法務研究科教授。主要著書に『社会権の歴史的展開』（信山社、一九九二年）、『教育の権利と自由』（有斐閣、一九九四年）、『憲法解釈の論点〔第四版〕』（日本評論社、二〇〇五年）。

赤坂正浩（あかさか　まさひろ）

一九五六年生まれ。東北大学法学部卒業、同大学院博士後期課程退学。現在、立教大学法学部教授。主要著書に『憲法1　人権〔第六版〕』『憲法2　統治〔第六版〕』（共著、有斐閣、二〇一六年）、『世紀転換期の憲法論』（信山社、二〇一五年）、『憲法講義（人権）』（信山社、二〇一一年）、『立憲国家と憲法変遷』（信山社、二〇〇八年）。

棟居快行（むねすえ　としゆき）

一九五五年生まれ。東京大学法学部卒業。神戸大学、成城大学、北海道大学、大阪大学、国立国会図書館を経て、現在、専修大学法科大学院教授。主要著書に、『人権論の新構成』（信山社、一九九二年、二〇〇八年改版新装刊行）、『憲法学再論』（信山社、二〇〇一年）、『憲法フィールドノート〔第三版〕』（日本評論社、二〇〇六年）、『憲法学の可能性』（信山社、二〇一二年）など。

市川正人（いちかわ　まさと）

一九五五年生まれ。京都大学法学部卒業、同大学院法学研究科博士後期課程学修認定退学。三重大学人文学部助教授を経て、現在、立命館大学法科大学院教授。主要著書に『ケースメソッド憲法〔第二版〕』（日本評論社、二〇〇九年）、『基本講義　憲法』（新世社、二〇一四年）、『現代の裁判〔第六版〕』（共著、有斐閣、二〇一三年）、『基本的人権の事件簿――憲法の世界へ〔第五版〕』（共著、有斐閣、二〇一五年）、『日本の最高裁判所』（共編著、日本評論社、二〇一五年）。

笹田栄司（ささだ　えいじ）

一九五五年生まれ。九州大学法学部卒業、同大学院博士課程修了。北海道大学大学院法学研究科教授等を経て、現在、早稲田大学政治経済学術院教授。主要著書に『実効的基本権保障論』（信山社、一九九三年）、『裁判制度』（信山社、一九九七年）、『司法の変容と憲法』（有斐閣、二〇〇八年）、『トピックからはじめる統治制度』（共著、有斐閣、二〇一五年）。

安念潤司（あんねん　じゅんじ）

一九五五年生まれ。東京大学法学部卒業。北海道大学法学部助教授、成蹊大学法学部教授を経て、現在、中央大学法務研究科教授。弁護士。主要著書に『憲法（1）』『憲法（2）』（共著、有斐閣、一九九二年）、『ホーンブック憲法〔改訂版〕』（共著、北樹出版、二〇〇〇年）、『論点日本国憲法〔第二版〕』（共著、東京法令出版、二〇一四年）。

長谷部恭男（はせべ　やすお）

一九五六年生まれ。東京大学法学部卒業。学習院大学法学部教授、東京大学法学部教授等を経て、現在、早稲田大学法務研究科教授。主要著書に『憲法の理性〔増補新装版〕』（東京大学出版会、二〇一六年）、『法とは何か〔増補新版〕』（河出書房新社、二〇一五年）、『憲法〔第六版〕』（新世社、二〇一四年）、『憲法の円環』（岩波書店、二〇一三年）。

1.

安らかに死なせてほしい

――尊厳死の権利および安楽死の権利

――松井茂記
Matsui Shigenori

医学の進歩によって、人工呼吸器などによって生命を繋ぐことができるようになった。しかし、このようにして人工呼吸器につながれ、回復の見込みもないような場合、いっそ楽に死なせてほしいと思う人は少なくないのではないか。医師に安らかに死ぬことを助けてもらいたいと思った時、刑法の自殺幇助および同意殺人の禁止規定が大きな障害となる。はたして、憲法は尊厳死および安楽死を認めているのであろうか。これらの規定は、憲法に反しないのであろうか。

はじめに

カナダのブリティッシュ・コロンビア州に在住していたグロリア・テイラーさん。彼女が加わった訴訟とそれに対するカナダ最高裁判所の判決が今カナダの社会を大きく揺さぶっている。彼女は筋萎縮性側索硬化症（ALS）を患い、次第に筋肉の力が失われて筋が萎縮し、やがては四肢が麻痺したうえ、呼吸ができなくなって、死に至る運命であった。彼女は、身体の力を失い、もはや自ら死を選ぶことができないような身体になったとき、医師に自殺を助けてもらいたいと主張し、刑法典にある自殺幇助の禁止規定の合憲性を争う訴訟に加わったのである。グロリアさんは、結局医師の幇助のもとで死ぬことなく病気のため亡くなった。一緒に訴えていたのはキャスリーン・カーターさんの家族。彼女は、脊椎間狭窄症という進行性の病気で、激しい苦痛にあえぎ、歩行もできなくなり新聞でさえもてなくなった。彼女も、結局スイスに渡り安楽死でなくなった。そしてカナダ最高裁判所は、二〇一五年二月六日、カーター事件において、彼女たちの主張を認めて、刑法の自殺幇助罪の規定を違憲と判断した(1)。画期的な判断と評されている。

他方で、ケベック州は、終末期医療に関する州法を制定し、末期の患者に医師の幇助のもとに自殺するだけでなく、医師に薬物を注射してもらって死なせてもらえることも認めた。連邦の刑法典では、自殺幇助はもちろん同意に基づく殺人をも禁止しているのに、である。

この問題はいま世界の各国で大きな問題となっている。アメリカでもこの問題は重要な憲法問題として合衆国最高裁判所で争われ、医師による自殺幇助を例外的に認める州法を制定する州もでてきている。オランダ等でも、医師の幇助のもとで死ぬことだけでなく、医師に薬物を注射してもらって死ぬことまでも認められている。そして、この問題は、生命を絶つという究極の選択が憲法の保護を受け、それに応えるのが医師の義務なのか、それは医療行為に当たるのかどうか、複雑で厄介な問題を提起している。しかも国民の意見は大きく分かれていて、こういった医師の幇助のもとに自殺する行為も医師に死なせてもらう行為も、認めるべきではないというきわめて強い反対の声があるのも事実である。

では、はたして日本はどうなのか。日本国憲法のもとで、こういった問題はどのように考えるべきなのであろうか。

I　終末期医療

1　刑法の自殺幇助罪および同意殺人罪

日本では、自殺は刑法上禁止されておらず、自殺を図って失敗した場合も処罰されることはない。しかし、自殺幇助は刑法上禁止されている（第二〇二条）。さらに殺人行為は殺人罪として刑法上禁止されてい

（1）　Carter v. Canada (Attorney General), [2015] 1 SCR 331, 2015 SCC 5.

る（第一九九条）。しかも、嘱託殺人も同意に基づいて死をもたらす行為も同意殺人として処罰される（第二〇二条）。さらに殺人行為には作為による殺人も、不作為による殺人も含まれる。生命を守るべき立場にある人が、救命行為をせずに死をもたらした場合には、その人は殺人罪で処罰される。当然、これらの規定は医師の行為にも適用される。

刑法上これらの禁止規定には、例外は設けられていない。しかし、一般的な違法性阻却事由のひとつとして、刑法第三五条は正当な業務行為をあげている。したがって、医師の行為がここで言う正当な業務行為に当たる場合には、その行為は違法ではない。ただ、日本には終末期医療について定めた法律はなく、どのような行為が正当な医療行為と言えるのかがはっきりしない。そのため日本では、患者の死を選択する権利がどこまで認められるのかがはっきりしていないのが現状である。

2　終末期医療と刑法

医療の発達によって、重い病気にかかったり傷害を受けて、自力呼吸が困難になったときも、人工呼吸器や人工心肺装置を装着し、栄養や水分をチューブで胃に送り届ければ（以下生命維持装置という）、心臓は鼓動を続け、失われる命を救うことができるようになった。だが、このような生命維持装置を装着して回復し、生命維持装置なくしても自力で呼吸していけるように回復できる場合もあれば、そのまま意識不明となり、ずっと生命維持装置なくしては生きていけない状態、いわゆる植物状態になることもある。

はたして、患者本人もしくは患者の家族には、生命維持装置の装着を拒む権利はあるのであろうか。日本の場合、この点は明確とは言えない。刑法の殺人罪の規定は、作為に基づく場合も、不作為に基づく場合にも適用されるので、医師が生命維持装置を装着しなかった場合、医師は殺人罪に問われる可能性がある。この場合、たとえ患者の同意があっても、同意殺人罪が成立する可能性がある。したがって、医師が患者の意思に基づいて生命維持装置を装着しない行為が、刑法第三五条の正当な業務行為と言えるかどうかが争点となろう。だが、この点についても裁判所の立場は明確ではなく、医師が殺人罪・同意殺人罪で告発・告訴されても、検察官が起訴するかどうか定かではなく、起訴された場合に裁判所で処罰が否定されるのかどうか定かではない。このような状況では、多くの医師および病院は、患者の意思に応えるのに消極的になるのは当然だと思われる。

二〇〇七年の厚生労働省の終末期医療の決定プロセスに関するガイドラインも[2]、患者の意思が確認できる場合には、患者の意思決定を基本としつつ医療ケアチームとして判断するとし、そうでない場合には、家族が推定できる患者の意思を尊重し、医療ケアチームとして判断すると述べ、決定プロセスについて一定のガイドラインを示しているが、具体的な基準は明確ではなく、多くの医師および病院は手探り状態ではないかと思う。二〇一四年の日本救急医学会等のガイドラインでも[3]、患者の意思が確認され家族もそれを容認している場合には延命措置をとらないとしているが、これもガイドラインにすぎない。二〇〇九年

(2)　厚生労働省「終末期医療の決定プロセスに関するガイドライン」http://www.mhlw.go.jp/shingi/2007/05/s0521-11.html

(3)　日本救急医学会「救急・集中治療における終末期医療に関するガイドライン」http://www.jaam.jp/html/info/2014/info-20141104_02.htm

の全日本病院協会の終末期医療に関するガイドラインも、(4) 終末期医療の開始および中止は、患者のリビングウィルがある場合には、それを尊重すべきものとし、意思が明確ではない場合は、最近親者の意向を重視しつつ家族の合意を求めるべきものとし、それができない場合には第三者を含む倫理委員会の判断を仰ぐことを求めているが、具体的な基準は定かではない。

では生命維持装置の取外しはどうか。日本の場合は医師が生命維持装置を取り外した場合、単なる不作為ではなく、作為が問題となっており、たとえ患者の同意があったとしても、当該医師は同意殺人罪で告発・告訴される可能性があり、その行為が刑法第三五条の正当な業務行為として正当化されるのかどうかは定かではない。そうした中で、多くの医師および病院が、生命維持装置の装着の拒否の場合にもまして、生命維持装置の取外しに消極的になるのも至極当然である。

実際、二〇〇六年には富山県の病院で七人の末期患者の人工呼吸器を取り外して死に至らしめた医師二名が、病院から届けが出され、殺人容疑で書類送検されたことがある。患者の意思が明確にされておらず、家族の同意も口頭によるもので、病院にも同僚の医師にも相談していないことが問題とされた。しかし、検察官は結局嫌疑不十分で不起訴とした。人工呼吸器を取り外したことによってどれだけ死期が早まったか定かではなく、しかも人工呼吸器を取り外さなくても同時期に死亡した可能性も否定できないという点が不起訴の理由となったようである。しかし、依然として殺人罪の嫌疑を問われる可能性は否定できず、厚生労働省や全日本病院協会のガイドラインでも患者の意思が尊重されるべきだとしているが、おそらく多くの医師も病院も希望に応じるのに消極的ではないかと推測される。

3　尊厳死法案

この点、このような生命維持装置の装着拒否を認める尊厳死法案(5)（終末期の医療における患者の意思の尊重に関する法律案）を国会に提出する動きがある。超党派の国会議員によって構成される議員グループによって検討されてきたが、自由民主党の検討プロジェクトチームが準備している法案によれば、「終末期の医療は、延命措置を行うか否かに関する患者の意思を十分に尊重し、医師、薬剤師、看護師その他の医療の担い手と患者及びその家族との信頼関係に基づいて行われなければならない」（第二条第一項）。そして、「患者が、傷病について行い得る全ての適切な医療上の措置（栄養補給の処置その他の生命を維持するための措置を含む。以下同じ。）を受けた場合であっても、回復の可能性がなく、かつ、死期が間近であると判定された状態にある期間」を「終末期」と定義し（第五条第一項）、「医師は、患者が延命措置の不開始を希望する旨の意思を書面その他の厚生労働省令で定める方法により表示している場合（当該表示が満十五歳に達した日後にされた場合に限る。）、であり、かつ、当該患者が終末期に係る判定を受けた場合には、厚生労働省令で定めるところにより、延命措置の不開始をすることができ」（第七条）、この規定による延命措置の不開始については、「民事上、刑事上及び行政上の責任（過料に係るものを含む。）を問われないものとする」（第九条）。これによれば延命措置の不開始は認められるが、延命措置の中止は認められ

（4）　全日本病院協会「終末期医療に関するガイドライン」http://www.ajha.or.jp/topics/info/pdf/2009/090618.pdf
（5）　尊厳死の法制化を認めない市民の会「尊厳死法案と尊厳死法制化を考える議員連盟」http://mitomenai.org/bill

ないであろう。

これに対しもうひとつの法案によれば、「終末期にある患者に対し現に行われている延命措置を中止すること又は終末期にある患者が現に行われている延命措置以外の新たな延命措置を要する状態にある場合において、当該患者の診療を担当する医師が、当該新たな延命措置を開始しないこと」を「延命措置の中止等」と定義し（第五条第三項）、同じように患者がこのような延命措置の中止等を希望し、末期状態と判定された場合に、意思による延命措置の中止等を認め（第七条）、医師に免責を付与する（第九条）。こちらの法案では、延命措置の中止が明示的に認められる。

4　医師に幇助してもらって死ぬ・医師に死なせてもらう

これに対し、医師に幇助してもらって死ぬ行為および医師に死なせてもらう行為については、日本では明らかにこのような行為は認められていない。患者の自殺を幇助した医師は自殺幇助罪に問われ、患者の依頼に応じて薬物を注射し死をもたらした医師は、同意殺人罪で処罰される。

医師が患者を死なせた場合に関しては、判例上きわめて例外的な場合に処罰を否定する可能性を示した事例がある。東海大学病院事件⑹などがその典型例である。この事件では、病院に入院していた末期がん症状の患者に塩化カリウムを投与して、患者を死に至らしめたとして担当の医師が殺人罪に問われた。裁判所は、医師によるこのような行為が許容されるための四要件として、患者に耐えがたい激しい肉体的苦痛に苦しんでいること、患者は死が避けられず、その死期が迫っていること、患者の肉体的苦痛を除去・緩和するために方法を尽くし他に代替手段がないこと、生命の短縮を承諾する患者の明示の意思表示があることを挙げた。しかし、この事件では、患者の明示の意思表示がなく、しかも耐え難い激しい肉体的苦痛にも苦しんでいなかったため要件を満たさないとされた。

だが、これまで実際にその要件を満たして処罰を否定された医師はおらず、それゆえ患者の求めに応じてこれらの行為を行った医師が処罰を免れることはきわめて困難である。厚生労働省も全日本病院協会のガイドラインもこれを認めておらず、これを認めようとする法案の制定も問題となっていない。したがって、当然医師ないし病院は患者が求めてもそれに応じることを拒否するであろう。

II　死を選ぶ権利

1　憲法第一三条の生命、自由および幸福追求に対する権利

では、このような医師の行為に刑法の規定を適用して処罰することは、患者の憲法上の基本的人権を侵害しないであろうか。

日本国憲法第一三条は、生命、自由および幸福追求に対する権利を保障している。この規定は一般に明

(6)　横浜地判一九九五（平成七）・三・二八判時一五三〇号二八頁。

文根拠を欠く基本的人権の保障根拠と認められており、さまざまな自由がこの規定のもとで憲法的保護を求めて主張されている。だが、その規定の上からも、生命が基本的人権であることは誰にも否定できないであろう。また、そこに身体の自由も含まれ、これには病気になったときや怪我を負ったときに、治療を受けるかどうか、どのような治療を受けるのかを決定する自由が含まれる。では、死を選ぶ権利は憲法の保護を受ける基本的人権であろうか。

憲法第一三条の生命の権利は、その裏側として究極的な選択としての死を選ぶ権利ないし死ぬ権利を保護しているとも考えられる。生命が個人の権利であるなら、個人には、いつどのようにしてそれを放棄するのかの決定も自由に許されるべきであろう。これに対し、生命は人間の尊厳の究極の根幹であり、その放棄を基本的人権として認めるわけにはいかないという声もある。だが、カナダの最高裁判所がカーター事件で述べているように、このような考え方では、生きることは権利ではなく義務となる。生きることは、憲法の保障する権利であって、義務ではないはずである。とすれば、やはり個人にはいつどのように死ぬのかを選択する自由が認められるべきであろう。

あるいは生命権の中に生命を絶つ権利、つまり死ぬ権利を認めなくても、憲法第一三条で保護されている自己決定権の一つとして生命および身体の処分に関する自己決定権を認める立場もありうるかもしれない。一般に自己の私的な事項を自分で自由に決定できる権利としての自己決定権を幸福追求権の中に認める立場が支配的であるが、その中には生命および身体の処分の自己決定権が含まれている。それによれば、病気や怪我を負ったときに、治療を受けるのかどうか、どのような治療を受けるのかは患者が自分で決定することができるべきであり、これにはたとえば輸血拒否権や治療拒否権も含まれる。もしこのような権利が自己決定権として認められるなら、死を選択する自由も、治療に関する自己決定権に含まれると言えるかもしれない。

カナダの権利と自由の憲章には、生命、自由および身体の安全性を基本的正義の原則によらずに剝奪することを禁止した条項がある（第七条）。カナダの最高裁判所は、刑法典における自殺幇助の禁止と殺人への同意の否定が、この生命、自由および身体の安全性の権利を侵害すると判断している。自殺幇助が禁止されている結果、患者の中には死期が迫っていなくても死ねるうちに自殺を図ることを余儀なくされる人がいることを生命権の侵害と判断し、自殺幇助の禁止の結果耐えられない著しい苦痛にあえいでいても生きることを余儀なくされる点で、自由および身体の安全性の権利の侵害となるというのである。それゆえカナダの最高裁判所は、生きる権利とは生きるに値する尊厳を持って生きる権利であり、それを行使し尊厳をもって死ぬ権利も憲法上保護されているという考え方までは受け入れなかった。しかし、このことは、患者にはいつ死ぬのかを自由に決める権利があり、また耐えられない著しい苦痛にあえぎながら生きることを強制されない権利があるということであり、これは死ぬ権利を認めたのと等しい。

このように見ると、いつ死ぬか、どのように死ぬのかを自由に決定する権利（死を選択する権利）は、憲法第一三条の保護する生命、自由および幸福追求に対する権利に含まれると言えるのではなかろうか。

2　どのような場面で問題となるのか

では、このような死を選択する権利は、終末期医療にどのような意味を持つのであろうか。

健康で十分な判断能力のある成人には、自殺を図る権利はあるであろうか。日本では自殺自体は刑法上禁止されておらず、自殺を図って失敗した場合も自殺を試みたことそれ自体を理由に処罰されることはないため、この問題は、現実的には大きな争点とならない。

では、病気になったり傷害を負い、意識不明となり、自力呼吸ができなくなったとき、生命維持装置の装着を拒否する権利はあるであろうか。あるいは病気や傷害で心臓が停止したとき、蘇生を拒否する権利はあるであろうか。生命維持装置の装着を拒否したり、蘇生を拒否することは、死を意味する。ということはこの問題は、究極的には死を選択する権利があるのかどうかの問題を意味する。

植物状態となり、生命維持装置を装着され、生命維持装置なくしては生きていけないような状況において、生命維持装置の取外しを求める権利はあるであろうか。生命維持装置を取り外せば、やがては自然死に至るので、これも死を選ぶ権利を意味する。この権利は、しばしば尊厳死の権利と呼ばれている。

これに対し、病気や傷害の故にもはや自ら死ぬことができなくなった患者の場合、死を望むことにも二つの若干異なった選択肢がある。一つは、医師の幇助のもとに自殺する権利である。医師に死ぬための薬物を処方してもらって、自ら服用するような場合がこれに当たる。これもしばしば尊厳死と呼ばれる（日本ではこれも安楽死という者が多い）。さらにみずから死ぬことができないような患者の場合、医師に積極的に死なせてもらうことが考えられる。医師に依頼して死ぬための薬物を注射してもらい、死ぬのがその典型例である。後者は、通常安楽死の権利と呼ばれる。

3　患者の生命・自由・幸福追求権と医師

患者の立場では、もしこれらの権利が認められるなら、このような終末期医療の限界がはっきりしないために、生命維持装置の装着を拒否できないこと、装着された生命維持装置の取外しを求められないこと、医師の幇助のもとに自殺する自由が認められていないこと、医師に死なせてもらう自由が認められていないことを、憲法第一三条の権利の侵害と主張できるであろう。

また、終末期医療に携わる医師は、まんがいち患者の希望に応えて自殺幇助罪や同意殺人罪に問われたときに、こういった患者の権利ないし自由を援用して、自己の行為の適法性を主張できるであろう。また、終末期医療を行う医師の立場からしても、患者の希望に応じて医療を行うことは憲法第一三条によって保護される「自由」に含まれるし、またそれは憲法第二二条第一項で保護された職業選択の自由に含まれるであろう。

ただし、たとえ患者の生命・自由・幸福追求権として死ぬ権利が認められ、医師の自由ないし職業選択の自由が認められるとしても、それは絶対的ではない。では、患者の希望に応じて生命維持装置の装着を拒んだり、取り外したり、患者の自殺を幇助したり、患者の求めに応じて患者を死なせた場合に医師を処罰することは、このような患者の権利ないし医師の自由を違憲的に侵害するであろうか。

Ⅲ 生命維持装置の装着を拒否する権利・蘇生を拒否する権利

1 治療を拒否する権利

憲法第一三条の生命権ないし自己決定権に含まれる治療決定権および死を選択する権利に照らせば、生命維持装置の装着を拒否する患者の意思が示されている場合には、それを尊重すべきであり、その意思に応じて生命維持装置の装着を拒んだ医師を同意殺人として処罰することは、明らかに憲法第一三条に反するであろう。もし刑法の同意殺人罪がこのような場合にも適用されるとすれば、それゆえ刑法の同意殺人罪の規定は憲法に反すると言わざるをえない。

これに対し、そのような行為は刑法第三五条の正当な業務行為として正当化されうるので、同意殺人罪の規定それ自体を違憲ということはできないのではないかという反論がありうるものと思う。しかし問題は、そのような行為が正当化されるかどうかが定かでないため、医師が患者の希望に応えられない点にある。患者の希望に応じて生命維持装置の装着を拒む行為が適法な医療行為であることを明確に定めた規定がない以上、やはり同意殺人をすべて禁止した刑法の規定は憲法に反するものと言うべきであろう。

2 患者の権利と家族

では、このような権利は患者本人の権利であろうか。家族の意思はどうなるであろうか。

厚生労働省のガイドラインでは、患者の意思が事前に表示されているときはそれを基本とするとはしているが、最終的には医師とケアする医療従事者のチームの最終判断によると示唆している。このことは、たとえ患者が希望しても、必ずしもそれが決定的ではないという可能性を示唆している。日本救急医学会の終末期医療に関するガイドラインでは、患者の意思が確認できればそれを尊重することを原則とし、家族らに異論がないことを原則とするが、異論がある場合、家族らの意思に配慮しつつ同意が得られるよう適切な支援を行うとしている。ということは患者本人が生命維持装置の装着を拒否していても、家族が反対すればそれは認められない可能性もありえよう。生命の終わりを自分で決めることが憲法上の基本的人権であれば、その意思はたとえ家族が反対しても尊重されるべきではなかろうか。

他方で、本人の意思が示されていないような場合、どうすべきなのかは厄介な問題である。本人の意思を家族等の話等から推測するのか、本人の意思がはっきりしなくても家族の判断を尊重すべきなのか、医師の判断にゆだねるべきなのか、複雑である。しかし、生命維持装置の装着を拒否するのが患者個人の権利であるなら、あくまで基準は患者がどのような希望だったのかである。患者本人の意思が確認できないような状況では、何らかの形で裁判所の判断を介在させる手続が考えられるべきであろう。

Ⅳ　生命維持装置の取外しを求める権利

1　治療を中止する自由

では、いったん装着された生命維持装置の取外しを求める権利はあるのであろうか。北米では、一般にこのような権利が認められている。患者には治療を受けるかどうか、治療を受けるときにどのような治療を受けるのかを決める自由があり、それにはいったん開始された治療を中止する決定をする自由が含まれる。とすれば、いったん装着された生命維持装置の取外しを求める権利も、治療拒否権の中に含まれるとも言えよう。またこれは患者の死を選択する権利の行使でもある。

憲法第一三条の生命権ないし自己決定権として治療を中止する権利ないし死を選択する権利が認められる以上、生命維持装置の取外しを求める権利は憲法上保護される基本的人権と考えられ、その希望に応じて生命維持装置を取り外した医師を同意殺人罪で処罰することは、やはり憲法に反するものというべきであろう。生命維持装置の装着を拒む行為の場合と同様、刑法第三五条の正当な業務行為として正当化される場合があるとして、それが明確ではないため医師が患者の希望に応えられない以上は、例外なく同意殺人を禁止する刑法の規定それ自体が憲法違反と言わざるをえないものと思う。

2　治療を中止する意思

ただ、生命維持装置の取外しを求める意思が明確に表明されているかどうか、患者の意思をどのようにして確定するのかをめぐっては問題がある。アメリカの合衆国最高裁判所で問題となったナンシー・クルーザンの事件では、州法が生命維持装置の取外しを求める意思は明確で納得のいくような証拠に基づいていなければならないと規定していて、両親が子どもの意思だとして生命維持装置の取外しを求めたのに否定されたことが争われた。ナンシーさんは交通事故により植物状態になってしまったのであった。合衆国最高裁判所の各裁判官の意見は大きく分かれたが、結果的には過半数の裁判官は、生命維持装置の取外しを求める権利を憲法上保護された権利と認めた。ただ、誤った判断を下したときの結果にかんがみて、明確で納得のいく証拠を求めることは不合理とは言えないとして、違憲の主張は斥けられた(7)。

他方で、テリー・シアボ事件(8)では、患者の女性の生命維持装置の取外しを求める意思を夫が主張したのに対し、患者女性の両親がこれに反対し、どちらの主張を優先すべきなのかが問題となった。裁判所は、夫の主張を支持し、生命維持装置の取外しが認められたが、批判もあったところである。

生命維持装置の取外しを求める意思をどう確認すべきなのかは、アメリカの事例が示すように、生命維持装置の拒否の場合にもまして簡単ではない。クルーザン事件のように、生命維持装置を誤って取り外した場合のリスクのことを考えると、本人の意思が明確かつ納得のゆく証拠によって示されていることを要

(7)　Cruzan v. Director, Missouri Department of Health, 497 U. S. 261 (1990).

(8)　In re: The Guardianship of Theresa Marie Shiavo, Incapacitated. In the Circuit Court of Pinellas County, Florida, Probate Division (Feb. 11, 2000). http://abstractappeal.com/schiavo/trialctorder02-00.pdf

求することは支持されてもよいかもしれない。リビングウィルのような形で書面によって明確に示されていれば問題は少ない。これに対し、以前会話の中でそのような趣旨のことを言っていたのを覚えているといった場合には、意思が明確に示されているとは言えないかもしれない。

夫と両親の間で主張が異なるような場合など家族の間で意見が分かれた場合には、もっと厄介である。最終的には患者本人の意思を確認するために誰の証言を最も重視すべきなのかの問題である。家族の間で意見が分かれるような場合には、何らかの形で裁判所の判断を介在させるような手続が必要とされよう。

V　医師に幇助してもらって死ぬ権利

1　尊厳死の権利

では、患者の希望に応じて医師が薬物を処方し、患者が自殺した場合はどうであろうか。このような場合、医師は自殺幇助で処罰される可能性が強く、日本ではこのような患者の希望に応える医師や病院はいない。したがって、医師に幇助してもらって死ぬという患者の権利、尊厳死の権利は認められていないと言える。

この点、たとえ憲法上、患者の生命を絶つ権利、つまり死ぬ権利が認められたとしても、それには医師の幇助を求める権利は含まれないとも考えられる。とすれば、自殺は自由であるが、その幇助を求めることまでは権利ではないとも考えられる。問題は、グロリアさんのような患者の場合、筋肉の力が次第に弱りやがて自らでは自殺できなくなるという点である。自ら自殺する力のある人であれば自殺は自由であるが、自らは自殺する力がない人の場合は、自分では自殺することができない。医師の幇助がなければ自殺できないわけである。だからグロリアさんは、これを自己の死ぬ権利の侵害であると同時に、身体の障害を理由とする差別的行為だとして平等権の侵害と争っていたのである。

実はこの問題は、以前にもカナダ最高裁判所で争われたことがある。スー・ロドリゲスという女性が、刑法の自殺幇助の規定の合憲性を争ったことがあるのである。スーさんは、グロリアさんと同じく進行性の筋萎縮性側索硬化症で苦痛にあえぎ、医師の幇助のもと自殺したいと考えていた。しかしカナダ最高裁判所は、違憲の主張を斥けた。(9) カナダ最高裁判所は、自殺幇助の禁止規定が自由と権利の憲章第七条で保障している身体の安全性の権利に対して否定的影響を与えることは認め、いわば個人の権利の制約となる可能性を認めた。しかし、このような禁止は、同条が禁止する基本的正義の諸原則に反する権利の侵害ではないので、第七条の権利の侵害には当たらないというのであった。また、憲章第一五条の保障する平等権の侵害の主張に対しても、たとえ第一五条に反するとしても、憲章第一条のもとで正当化されうるというのであった。

この問題は、アメリカでも争われたことがある。グラックスバーグ事件で、合衆国最高裁判所は、クル

(9) Rodriguez v. British Columbia (Attorney General) [1993] 3 S. C. R. 519.

ーザン事件と異なり自殺幇助を求めるような基本的権利はないとして、そもそもデュー・プロセス条項によって保護された自由の侵害の主張を認めなかった。自殺幇助はずっと禁止されてきたし、（一九九七年）現在でも多くの州で禁止されており、自殺幇助を求める権利は歴史に深く根ざしてはいないというのであった。さらに、生命を保護し、精神的身体的障害者を保護し、経済的圧迫等から自殺を余儀なくされないよう確保するための措置として合理的だと言うのであった⑩。

そうした中で、カナダの最高裁判所は、カーター事件判決では、自殺の幇助禁止規定が、判断能力があり死ぬことを明らかに希望しているにもかかわらず、改善不可能な著しい苦痛にあえぐことを余儀なくされている人に対して、生命、自由および身体の安全性の権利を侵害していると判断し、自殺幇助の禁止の立法目的を弱い立場にある人が自殺を強いられないようにすることにあると見た上で、自殺幇助の全面禁止は過度に広汎であり、基本的正義の原則に合致しているとは言えず、しかも権利と自由の憲章第一条のもとでも侵害は正当化されないと判断した。とりわけ政府の側は安全保護策が完全ではなく、自殺幇助を認めることが自殺を強要されたり安易に自殺を選ぶことにつながる危険性があるので、全面的禁止が必要だと主張した。しかしカナダ最高裁判所は、患者の判断能力や自殺の意思の自発性は個別的にきちんと判断できるはずであるし、十分な安全保護策を導入することは可能なはずだとして、全面禁止は最小限の権利の侵害とは言えないと判断した。

2　尊厳死を認める法律

では、どうすればよいのか。考えられる一つの方法は、法律で医師による自殺の幇助を明示的に求めることである。オランダがその代表例である。オランダの刑法典のもとでは自殺幇助も安楽死も違法である。しかし裁判所は厳格な基準を満たす場合には、双方とも処罰を否定するようになった。そしてオランダの議会は二〇〇二年には立法によってこのような医師による自殺幇助と安楽死を正式に認めた(11)。患者は、耐えられない苦痛にあえいでいて、他に手段がなく、意識があって自発的に死を選択することが必要であり、必ず別の医師の確認を得ることと、報告要件が課されているが、この法律のもとで末期の患者の自殺幇助も安楽死も実施されている。

アメリカでも、先のグラックスバーグ事件でワシントン州の自殺幇助禁止規定が支持されたにもかかわらず、ワシントン州は、オレゴン州に続いて、医師の幇助のもとに自殺することを認める尊厳死法を制定した。オレゴン州の尊厳死法は、余命六ヵ月以内と判断された末期の患者に対し、医師が処方した薬物で自発的に自殺することを認めたのである(12)。患者は、病状と予後の説明を受け、代替手段の説明を受け、薬を摂取することの結果についての説明を受けて、インフォームド・コンセントを書面で提出しなければな

(10)　Washington v. Glucksberg, 521 U. S. 702 (1997).

(11)　Government of the Netherlands, Euthanasia, assisted suicide and non-resuscitation on request, http://www.government.nl/topics/euthanasia/contents/euthanasia-assisted-suicide-and-non-resuscitation-on-request

(12)　Oregon, Death with Dignity Act, Oregon Revisetd Statute, Chapter 127, http://public.health.oregon.gov/ProviderPartnerResources/EvaluationResearch/DeathwithDignityAct/Pages/ors.aspx

らず、末期であるとの診断には別の医師の診断も必要である。そしてこの法律のもとで自殺幇助を行った医師に対する民事上、刑事上の責任や懲戒処分に対する免責を明記した。

カナダでも、連邦の刑法の規定にもかかわらず、ケベック州は、医師の幇助のもとに死ぬ権利を州法により認めた。[13] 同州の終末期医療に関する法律によれば、治癒不可能な病気ないし傷害の故に、耐えられない苦痛にあえいでいて末期にある場合、ケベックの住民は医師の補助のもとに死ぬことも、医師に楽にしてもらうことも許される。カーター事件判決の結果、刑法の自殺幇助の禁止規定は、判断能力のある成人患者で、命を絶つことを明確に希望し、著しく改善不可能であって耐えられないような苦痛にあえぐことを余儀なくされているような人に適用される限りで違憲と判断され、連邦議会には法改正のため一二ヵ月の猶予が与えられた結果、[14] 連邦議会も少なくとも自殺の幇助のもとで尊厳死を選ぶことを法律上認めなければならないこととなったことになる。おそらく各州は、ケベックにならって終末期医療に関する州法の判定が求められることになろう。

3　刑法の自殺幇助罪規定の違憲性

日本でも、死を選択することが憲法第一三条の基本的人権と考えられるなら、治癒不可能な病気ないし傷害の故に末期の状態にあり、しかも著しい苦痛にあえいでいるような患者であれば、患者が自発的に本心から死ぬことを望むなら、医師の幇助のもとに死ぬことも認めるべきではあるまいか。そのような患者の希望に応じて、死ぬための薬物を処方し、患者に死ぬことを可能にしたような場合に、その医師を自殺幇助として処罰することは、それゆえ憲法第一三条に反すると言うべきであろう。カナダの最高裁判所の判決では、治癒不可能な末期患者に限定されてはいないようであるが、そのような患者の場合、医学の進歩による治癒ないし苦痛の緩和の可能性が少ないことを考えると、少なくともそのような患者に適用される限りで違憲となると考えるべきであろう。

そして、もし刑法の自殺幇助罪の規定がそのような場合にも適用され、患者の自殺幇助を求める権利を否定し、医師による自殺幇助をすべて禁止しているとすれば、刑法の自殺幇助罪の規定それ自体が憲法第一三条に反すると言わざるをえないのではなかろうか。ここでも刑法第三五条の正当な業務行為としての正当化では不十分だと言うべきである。医師による自殺幇助がはっきりと法律の上で明記されていることが必要だと考えるべきである。

(13) Québec, Bill 52, An Act respecting end-of-life care (assent on June 10, 2014), http://www.assnat.qc.ca/en/travaux-parlementaires/projets-loi/projet-loi-52-40-1.html

(14) 当初猶予は一二ヵ月であったが、その後例外的にさらに四ヵ月の猶予が認められた。Carter v. Canada (Attorney General), [2016] SCC4. ただしケベック州は例外とされ、それ以外の州でも裁判所に例外を求める可能性が認められた。

Ⅵ　医師に死なせてもらう権利

1　安楽死を求める権利

　では、医師に薬物を注射してもらうなどして死なせてもらう権利はあるであろうか。このような権利は、とりわけ治療が不可能な末期の患者であって、苦痛にあえいでいるような者にとってはきわめて重要な意味を持つ。しかも、自ら命を絶つだけの力が残されていないような患者の場合には、このような権利を認めなければ、病気によって命が絶たれるまで苦痛にあえぐことを強いられることになる。このような患者には、苦痛にあえぎながら死を迎えるよりも、楽に死なせてもらう権利、いわゆる安楽死の権利が認められるべきではないのか。

　おそらく、このような権利を認めるためには、憲法第一三条の生命権もしくは自己決定権の中に含まれる死を選択する権利には医師に死なせてもらう権利が含まれると考えるほかあるまい。いわば安楽死の権利が憲法によって保護されているということである。そして、このような安楽死の希望に応じて薬物を注射するなどして患者を死なせてあげることが、医師の正当な治療行為であり、それが医師の職業選択の自由ないし患者の希望に応えるという自己決定権の行使だということになる。したがって、安楽死を希望する患者の希望に応じて安楽死を実施した医師を同意殺人罪で起訴し処罰することは憲法に反するということになる。

日本の憲法学説で、安楽死の権利を憲法上主張しているものはほとんどない。しかし、もし死の選択が個人の権利であるなら、安楽死の権利も否定できないのではなかろうか。

2 どのような場合に安楽死が認められるべきか

もちろん、安楽死の権利が認められるとしても、どのような場合に医師に安楽死を求めうるのか、どのような手続を求めうるのかがさらに問題となりうる。安楽死が認められているオランダやそれを認めたケベック州の立場をみると、やはり治癒の可能性がなく、末期であるか余命が短いと医師から宣告されていること、病気のため著しい苦痛を伴うことが要件とされている。とすれば、誰でもいつでも安楽死を希望すれば、安楽死を実施してもらえるわけではない。

おそらく憲法的にみれば、自ら命を絶つことが基本的人権であるなら、医師による安楽死は自らそれを行使できないような人に対してのみ保障すればたりるであろう。それゆえ、治癒不可能な病気ないし傷害の故に末期の患者で、耐えられない著しい苦痛にあえいでいて、少なくとも身体の自由がなくなり自らは自殺できなくなったような人の場合、医師に楽にしてもらう他に死ぬことはできない。そのような人から死ぬ機会を奪うことは、その人の死を選択する自由を否定することになると言えよう。そうであれば、やはり末期状態にあって余命が短いと判断されつつ、著しい苦痛に苦しんでいて、自ら死ぬことができないような人に適用される限りで、安楽死の禁止は憲法に反すると考えればたりるであろう。

また、手続的にも、延命治療の中止や医師の幇助のもとの自殺にもまして、慎重な手続が求められよう。

患者の意思がはっきりと示され、それが真に自発的なものであり、きちんと状況を理解した上での判断であることが維持されなければなるまい。

3　同意殺人罪規定の違憲性

とすれば、やはりこのような安楽死を一切否定し、患者の希望に応じて安楽死を実施した医師を同意殺人罪で起訴、処罰することは憲法第一三条に反すると言わざるをえないのではなかろうか。

そして、そのような例外を認めていないとすれば、刑法の同意殺人罪の規定自体が憲法第一三条に反すると言わざるをえないのではなかろうか。もちろん、刑法の同意殺人罪の規定自体に例外が認められていなくても、正当な業務行為として違法性が阻却される場合があるのであれば、同意殺人罪の規定そのものは憲法違反ではないという考え方もありうる。だが、現状では、安楽死が正当な業務行為に当たるのかどうかがはっきりしない。このような状況では、医師が患者の安楽死の希望に応えることはきわめて困難である。それゆえ、安楽死が認められる場合を法律上明記しない限り、刑法の同意殺人罪の規定は憲法違反と言うべきであろう。

Ⅶ　死を強制されない権利

1　医師が権限を濫用するのではないか

医師に自殺幇助や安楽死の実施を認めると、医師がその権限を濫用して、死を望んでいない人にまで死をもたらすのではないかという懸念がありうる。また、安楽死が認められると、安易に安楽死に依存するようになり、苦痛緩和治療がおろそかになるのではないかという懸念もある。

これらは、結局のところ、患者の意思が十分尊重され、医師が権限を濫用しないようにしてどう患者の意思を確保するのかという手続の問題である。どれほど手続を完備しても、いったん死への関与を医師に認めれば、必ず自ら望まない患者が死なされる結果を招くとして、自殺幇助や安楽死を認めることに反対する声もあるが、医師の行為を監視する第三者組織を作り、裁判官や法律家の関与も認める等の措置をとれば、リスクはかなり少なくできるのではないかと思う。リスクがあるからという理由で、医師の死への関与を一切否定するのは正当化されないのではなかろうか。

2　死ぬことを余儀なくされるのではないか

このような尊厳死および安楽死を認めることに対する最も強い反対は、これを認めると尊厳死ないし安楽死を余儀なくされる患者がでてくるのではないかという点である。植物状態になったときに家族にかける迷惑のことを考え、人は尊厳死の選択を迫られるのではないか。自然に命が尽きるまで生きていたいと望んでいるにもかかわらず、家族のことを考え、あるいは家族からの強い圧力に負けて、安楽死を選ぶことを余儀なくされる患者もでるのではないか。

おそらくこのような懸念に対する最善の対応は、医師が患者の本当の意思を確認する安全保護策の導入と、患者が望むならば治療と苦痛緩和治療を続けることがきちんと確保されるように保障することであろう。生きることを選択するのも患者の権利である。何人も、尊厳死や安楽死を強制されてはならない。それだけではなく、生きることを選択し、病気にもかかわらず生きていけるように、治療選択権、苦痛緩和ケアと介護の機会を十分に保障することが不可欠であろう。

同じように、このように尊厳死および安楽死を認めると、自律的に生活していける人だけが生きるに値する人とされ、高齢者や障害者、介護を必要とする人などは「尊厳」ある死という名前のもとで、尊厳死や安楽死を選択することを強いられるのではないかという懸念もある。しかし、ここでも必要なのは、何人もその意に反して死を選択することを強制されないことを確保するための安全保護策をとることであって、尊厳死や安楽死を全面的に禁止することまでは正当化されないであろう。

現状では生命維持装置の取外しなど延命措置の中止のみならず生命維持装置の装着拒否、救急蘇生の拒否でさえ許されるかどうかはっきりせず、ましてや医師の幇助のもとで死ぬ権利も医師によって死なせてもらう権利も認められていない。その結果、個人の選択として死を選択したいのにそれができない人がいることも否定できない。望まない死を強制されないという患者の権利も大切であるが、死を望む患者の権利が完全に否定されることまでは正当化されないであろう。

3　患者の権利と医師の自由

もし医師の幇助のもとで自殺する権利および医師に死なせてもらう権利を患者の権利として認めるとなると、医師にはこれを拒む自由があるのかどうかが問題となる。カーター事件で、カナダ最高裁判所は、この問題に正面から回答することを拒んでいるが、同判決が医師に患者の自殺幇助を義務付けるものではないこと、そして医師にも良心の自由および信教の自由があることを指摘している。立法者には、患者の権利と医師の権利の調整が求められる。

日本では、医療法により、医療は、生命の尊重と個人の尊厳の保持を旨とし、医療を受ける者の意向を十分に尊重し、「医療を受ける者に対し、良質かつ適切な医療を行うよう努めなければならない」とされていて（第一条の四第一項）、医師法により、「診療に従事する医師は、診察治療の求があった場合には、正当な事由がなければ、これを拒んではならない」とされている（第一九条第一項）。患者の求めに応じて患者の自殺を幇助することおよび患者を死なせてあげることは医療の一種とみるべきであり、資格ある医師以外のものには許されないと考えるべきだと思うが、他方で死が究極の選択であることを考えると、医師にその良心の自由および信教の自由に基づいて拒むことを認めるべきであろう。だが、少なくとも医師は、このような行為を行ってくれる医師ないし病院にきちんと紹介する義務は負わされるべきであろう。

結びに代えて

尊厳死の問題も安楽死の問題もきわめて難しい問題である。法律問題であると同時に道徳的にも倫理的にも意見が分かれる問題である。そのような問題に対し、裁判所が憲法を援用して、特定の解決を迫ることが正当化されるであろうか。「尊厳死の問題は、より広い視野の下で、国民的な合意の形成を図るべき事柄であり、その成果を法律ないしこれに代わり得るガイドラインに結実させるべきなのである。……この問題は、国を挙げて議論・検討すべきものであって、司法が抜本的な解決を図るような問題ではない」という声もある⑮。このような躊躇はもちろん理解できる。だが、死ぬ権利が憲法上の基本的人権として認められるとなれば、そしてそれが個人の究極の選択として不可欠なものであるなら、やはりそれを保護することは裁判所の役割だと考えるべきであろう。実際、カナダの最高裁判所は、この問題を解決するのに裁判所が適切な機関かどうか、なんら躊躇を示さなかった。日本でも、同様に考えるべきであろう。

もちろん、それが基本的人権の問題であって裁判所の役割だとしても、終末期医療のあり方については国民が十分議論し、国民の代表者である国会が法律によってきちんと定めることが望ましいことは言うまでもない。国民の意見が分かれている問題であることは、いつまでもこの問題を放置したままにしておいてかまわないということを意味しない。裁判所としては、カナダ最高裁判所がしたように、憲法第一三条のもとで刑法の自殺幇助罪および同意殺人罪の規定が憲法違反とされる場合を明示して、そのような事例にまで適用されうる限りで双方を違憲とし、国会にたとえば一年以内にこれらを憲法に適合するように改正しなければ、双方とも無効とすると判断し、最終的判断を国会に委ねるべきであろう。憲法第七六条は司法権を憲法上裁判所に委ねており、裁判所には基本的人権の救済方法について必要な措置をとることが憲法上許されるはずであるから、そのような判断は十分正当化されると考えるべきであろう。そして国会は、早期に終末期医療に関する法律を制定し、患者の死を選択する権利を確保しつつ、死に関与する医師の行為が適正に確保されるような手続を樹立すべきであろう。

〔**参考文献**〕

佐瀬恵子「安楽死と自己決定権」創価大学大学院紀要二五号四三頁（二〇〇三年）
久山亜耶子＝岩田太「尊厳死と自己決定権——オレゴン州尊厳死法を題材に」上智法学論集四七巻二号一頁（二〇〇三年）
緒方あゆみ「終末期医療と刑法」Chukyo Lawyer 二〇号一頁（二〇一四年）

(15) 東京高判二〇〇七（平成一九）・二・二八判タ一二三七号一五三頁。

2.

死者の個人情報の行方

──死者とプライバシーの権利

──渋谷秀樹
Shibutani Hideki

マイナンバー法の施行にともない個人情報の漏えいに怯える日々が間近に迫っている。日常生活における対話手段も肉声や手紙・葉書から電子メールやSNSへと移行し、その記録媒体も脳細胞やペーパーから電子ファイルに代わりつつある。死はいつか必ず誰にも平等に訪れる。自分が死んだあとに遺った情報は一体どうなってしまうのか。

Ⅰ　プロローグ

―数年前に開設された大学構内のコーヒー・ショップ内のテーブル席で、F（法務研究科三年次生）が何かを飲んでいる。そこにM（法務研究科二年次生）が入ってくる―

M：やあFさん、ここで癒しの時間ですか？

F：M君もこのコマは空いてるの？　今日は気分を変えて、11号館の自習室ではなく図書館で勉強するつもりなの。その前に図書館入り口にあるこのお店で、のどを少し潤してからと思って……。

M：Fさんは何をお飲みになっているんですか？

F：今日はカフェ・ラテ。本当はソイ・ラテが飲みたいんだけれど、このお店のメニューにはないの。M君は何？

M：トールサイズのブレンド・コーヒー、いつもこれです。ところで、いま何か読まれてたようですが……。

F：ああ、これのこと？　明日の公法演習(3)〔＝憲法と行政法の融合ゼミ〕で扱う課題。これから図書館でじっくり考えるつもりなの。

M：どんな問題ですか。

F：これ。

Ⅱ　課　題

―FがMに課題の印刷されたプリントを見せる―

【公法演習(3)　第11回演習課題(1)】（課題11）

Aは、B市立中学校三年生であったが、ある日突然、自宅近くの高層マンションの非常階段から飛び降り自殺をした。Aの父Xは、このあと中学校において、Aが同級生にいじめられていたという噂を聞き、またAがしばしば、担任の教師Cにそれを訴えていたことも聞いた。そのクラスでは教師Cと各生徒との間で電子メールのやり取りがあり、B市教育委員会がCから事情聴取をした際にAとの間で交わされたメールの内容を印刷した文書の提出を受け保管していることが判明した。

B市では、まだ個人情報保護条例が制定されてはいなかったので、Xは、B市の情報公開条例に基づき、そのメールの公開を求めた。これに対して、この条例には、プライバシーに係わる個人情報は、公開してはならない旨を定めていたので、B市教育委員会は、請求された情報は、この情報に該当し、開示できない旨をXに通知した。

(1)　Xは、この公開を裁判で求める際にどのような主張をすればよいか。

(2)　B市教育委員会は、これに対して、どのように反論すべきか。

(3)　この事件の係属した裁判所は、どのような裁判をなすべきか。

【質問事項】

〔略〕

【参考判例】

レセプト訴訟・最判平成一三年一二月一八日民集五五巻七号一六〇三頁

Ⅲ　授業の前に

M：あいかわらず現代的な課題ですね。

F：どこかで実際に起こった事件のようで、臨場感があって真剣に考えたくなる問題だわ。

1　電子メールの憲法上の位置付け

M：憲法が制定された時、憲法二一条二項後段の「通信の秘密」にある「通信」とは、やはり手紙を想定していたと思うのですが……。

F：当時でも電話や電報はあったはずだわ。でもインターネットのこれほどの普及は想定外だったと思うの。でも制憲者の意思を絶対的なものと考える原理的なオリジナリストであればともかく、一般的な解釈方法論の目的論的解釈をとれば、電子メールも通信に入ることに異論はないと思うわ。

M：とすると、電子メールの内容は、「通信の秘密」を不可侵とする二一条二項後段によって保護されるので、そもそも通信の当事者以外に公開すると秘密を侵すことになると思いますが……。

2　表現と通信の関係

F：M君は、二一条一項の「表現」と二項後段の「通信」の関係についてはどう考えているの？

M：通信は表現の一態様でしょう？　つまり表現は情報の発信行為と定義できて、情報の受け手が特定されているか否かは問わないけれど、通信は情報の受け手が特定されるとする限定がなされる特徴をもつと解すればよいと思いますが……。

F：そうね、ただ憲法の概説書の中には、表現の定義に「公表(1)」とか「発表(2)」とかを入れるのもあって、暗黙裡に不特定の者に対する情報の発信を想定しているとも読めるわ。

M：そうすると、表現と通信は並立する概念になってしまいます。そして、二一条二項前段の「検閲」の

(1)　佐藤幸治『日本国憲法論』（成文堂、二〇一一年）は、表現につき「人の内心における精神作用を、方法のいかんを問わず、外部に公表する精神活動」とする（二四八頁）。

(2)　芦部信喜〔高橋和之補訂〕『憲法〔第六版〕』（岩波書店、二〇一五年）（以下、「芦部・憲法」という）一七六頁は、「表現の自由は、思想・情報（以下、情報と言う）を発表し伝達する自由」とする（一七五～一七六頁）。なお、例えば、西尾実ほか編『岩波国語辞典〔第七版新版〕』（二〇一一年）によれば、「発表」とは、「世の中へ表向きに知らせ示すこと」（一一二〇三頁）とされる。つまり、「発表」とは、その相手方が不特定の者であるとすることが共通理解としてよいのではないか。

禁止が「通信」にも及ぶか、別建てで考える必要がでてきてしまうような……。

F：確か検閲の定義を詳細に示した税関検査事件最高裁大法廷判決も、「発表」という概念を使っている③ので、通信の検閲については別に考えなければならなくなるわ……。

―しばし沈黙―

M：ああ、それで信書の検閲を可能とする旧監獄法五〇条④の規定を最高裁が合憲としたことが理解できました⑤。

F：その判決をモデルとした事案も二年次の「公法演習(1)」〔＝憲法演習〕の課題で扱ったわ。判決理由には判例がたくさん引用されているけれど、ほとんど理由らしい理由は展開されていない。でも税関検査事件で最高裁は、みずからが定義した検閲概念⑥に該当すれば絶対禁止といったのに、明文で検閲を容認している条文を合憲とした理由が、通信は別建てと考えていたと解すれば腑に落ちるような気がしてきたわ⑦。

M：でも、二一条が情報の自由な流通一般を保障していると考えるなら、別建てにするのはやはりおかしいですね。

3　通信の秘密は絶対的か？

F：仮に通信を表現の部分集合、つまり特定者間の情報のやり取りととらえるとしても、表現の自由の一般論からして内在的制約があるはずだわ。二一条二項後段の文言は「侵してはならない」、つまり不可侵としているけれど、秘密が絶対的に保障されると解する説はないようよ。

M：そうそう、確か郵便法にも郵便内容物の説明・開示制度(8)がありますね。

F：他にもいろいろ制限があるわよ。(9)

M：となると、課題の事案のような場合も開示される余地があるということになりそうですね。

F：そう、プライバシーの権利がどこまで保護されるかという問題が出てくるのよ。内容が個人情報になるから当然ね。

4　自分が死んだ後の手紙は公表されてもいい？

M：しかし、ここで登場するAは、すでに死亡してますよね。死んだ人にそもそもプライバシーの権利な

(3)　最大判昭和五九・一二・一二民集三八巻一二号一三〇八頁。

(4)　旧監獄法五〇条「接見ノ立会、信書ノ検閲其他接見及ヒ信書ニ関スル制限ハ命令ヲ以テ之ヲ定ム」。

(5)　最判平成六・一〇・二七判時一五一三号九一頁。

(6)　この判決は、検閲を「行政権が主体となって、思想内容等の表現物を対象とし、その全部又は一部の発表の禁止を目的として、対象とされる一定の表現物につき網羅的一般的に、発表前にその内容を審査した上、不適当と認めるものの発表を禁止すること」とする。

(7)　詳細は、渋谷秀樹『憲法〔第二版〕』（有斐閣、二〇一三年）（以下、「渋谷・憲法」という）三六八頁以下参照。

(8)　郵便法三一条・三二条。

(9)　渋谷・憲法四一五頁以下参照。

どあるんですか？

F：それがこの課題の核心なのよ。

M：プライバシーの権利を自己情報コントロール権ととらえるとしたら、人は死んでしまえば、そもそも権利主体が存在しなくなり、その人の個人情報はコントロールする主体を失うので、誰もが自由にそれを閲覧できることになるともいえそうな……。

F：でも仮に私が死んだら、死んだあと誰もがそれを見ることができるなんて嫌だわ。私の書いた日記、私の出した手紙やメール、死んだら全部、燃やしたり消去して欲しいわ〈と、「フウーッ」とため息〉。

M：〈Fさんが書いた手紙やメールの内容を思わず聞きたくなるが、そこはぐっとこらえて〉そうですね。ゼミ担当のS先生はいつも「自分が当事者となったと仮定した場合に感じるところを大切にしなさい」といわれてるし、僕だって、それは嫌です。確か三島由紀夫の書いた未公表の手紙や葉書を材料にした小説が問題になった事件があったような……。

5　死者の手紙の財産的価値の側面

F：福島次郎が著した小説『剣と寒紅』の事件ね。確かにこの小説は、三島由紀夫の生前の手紙を遺族に無断で公表したことを遺族は問題としていたわね。

M：ただ、裁判所は、三島由紀夫の死後の著作者人格権と遺族の公表権を侵害したとした[10]けれど、プライバシーの問題は正面から争われてはいなかったような……。

F：そうそう、うがった見方をすれば、小説『宴のあと』がプライバシーを侵害したか否かを訴訟で争った(11)三島由紀夫の遺族としては、プライバシーの権利の侵害とはいえなかったのかもしれないわ。

M：確かに。著作権法は著作者人格権を規定していて(12)、それは著作者の死後にもそれを保護する規定をおき(13)、さらに遺族固有の請求権を規定していたような(14)……。

F：さすがM君、知的財産法を選択科目としているだけあって詳しいわね。でも、その議論は、あくまで実定法で規定された権利についての議論にすぎないわ。ここでは憲法上の権利がそもそもどのような性質をもっているか、ということを考えるべきだと思うの。それと、三島由紀夫の書いたものは、日本を代表する超有名な作家の手紙なので、それ自体経済的価値があり、その点でこの課題の事案で登場するA君の電子メールの内容とは別次元の問題と思うのよね。

M：そうですね。確かに著作権法でいう著作者人格権は、著作者が享有する著作財産権、つまり狭義の著作権(15)とは別の人格的権利(16)とはいうけれど、やっぱり経済的価値と密接に関連しているので、憲法二九条

---

(10)　東京地判平成一二・一〇・一八判時一六九七号一一四頁、同控訴審・東京高判平成一二・五・二三判時一七二五号一六五頁。
(11)　「宴のあと」事件・東京地判昭和三九・九・二八下民集一五巻九号二三一七頁。
(12)　著作権法一八条〜二〇条。
(13)　著作権法六〇条。
(14)　著作権法一一六条。
(15)　著作権法二一条〜二八条。
(16)　著作権法一七条一項。

が保障する財産権の一部としてとらえるのが正確だと思います。だって著作権法は「知的財産法」の中の主要法律で、著作権は知的財産権の一つですから……。

6　親固有の権利

M：ところでFさんの授業に臨むにあたっての戦略は？

F：とりあえずは憲法上の権利の性質の一つである固有性からして、Aの電子メールの内容は相続できない、とした上で、親たるXのもつ固有の権利の観点からの開示請求権を考えようと思ってるの。

M：親固有の権利に根拠づけるということですか？　どんな論理をとるんですか？

F：Aは未成年者なので、Xには民法八一八条の親権があり、その内容の一つとして八二〇条の監護教育の権利と義務がある。その権利と義務を履行するためには親権の対象となるAについての情報を知る権利がある、というのはどう？

M：でもそんな立論は憲法論でないのじゃありません？

F：親権の憲法上の根拠条文は二六条二項にあると考えるのよ。

M：憲法二六条二項は、義務教育を規定しているだけじゃ……。

F：文面上はそれだけと読めるけど、この規定にある保護者のその子女に対する教育義務の背景には、憲法が前提とする保護者のその子どもを養育する権利と義務があると考えられるわ。

M：確かにドイツ基本法にもそんな趣旨の規定があったような(17)……。

F：子どもの養育の一次的義務は親にある、とよくいうけれど、日本国憲法にはそこまで書いてないわ。でもさすがにドイツ基本法の条文には規定があるのよね。いわば自然法上の権利と義務が、ドイツ基本法の中に法的言葉に翻訳されて実定化されているのよ。

M：そんな権利と義務が仮にあるとしても、三菱樹脂事件の最高裁大法廷判決(18)風にいうと、それは保護者と子どもの関係、つまり私人間の問題となるので、その内容を詳細に定めたのが民法の親子関係に関する規定とみることもできるんでは？

F：三菱樹脂事件の最高裁判決のいった「立法措置」が現行憲法の制定に合わせて改正された現行の民法第四編親族にあたると理解するのよ。

M：そういうことですか。

7　個人情報保護制度と情報公開制度

M：個人情報保護条例がない状況を前提とすると、情報公開条例との関係を整理する必要があると思いますが……。

F：どちらも政府機関に集積された情報に関係する制度という点で共通しているけれど、個人情報保護制

(17)　ドイツ基本法六条二項「子どもの育成および教育は、両親の自然的権利であり、かつ、何よりもまず両親に課せられている義務である。」

(18)　最大判昭和四八・一二・一二民集二七巻一一号一五三六頁。

度は「プライバシーの権利」を、情報公開制度は「知る権利」をそれぞれのベースにして作られたものだから、前者は自由主義を背景としているのに対して、後者は民主主義を背景としているといえると思うわ。

M：とすると、個人情報保護制度は情報を「閉じる」指向性をもつのに対して、情報公開制度は情報を「開く」指向性をもつことになって、水と油のような関係にあるような……。

F：確かに主観的な権利としてはそうみることができるかもしれないわよ。でも、客観的には両制度とも情報をめぐる政府機関の恣意的な活動を抑制する機能があるし、そう考えていくと、主観的にも「情報に対する権利」として一括りにすることもできると思うのよ。だって、人間は情報を通じて認識し、考えて、行動する存在だから。近代憲法の基本にある個人主義は個々人の自分の情報に対する支配権が不可欠の前提になっていると考えるべきだと思うの。

M：話は〈水と油を融合させることもできそうな、と内心で思いつつ〉ドンドン大きくなっていっているような……。

F：原理・原則というか、コンセプトはやはり大切だと思うのよ。ただ、個人情報に情報の対象を絞り込んで考えてみると、個人情報保護制度は、政府機関による個人情報の収集・加工・管理・提供の各段階において、本人の意思に原則として従わなければならないということだし、情報公開制度は、本人以外の者からのその人の個人情報の開示請求から、その情報を守るという点で一致しているはずだわ。

M：そういえば、【参考判例】にあるレセプト訴訟の最高裁の判決は、〈といいながら、手元の判例集を取り出して〉個人情報保護制度がない段階で、情報公開制度に基づいて自己情報の開示を求めた事案だけれど、「個人に関する情報が情報公開制度において非公開とすべき情報とされるのは、個人情報保護制度が保護の対象とする個人の権利利益と同一の権利利益を保護するためであると解されるのであり、この点において、両者はいわば表裏の関係にあるということができ」るといってるし……。

F：それに続けて〈と、M君の手元にある判例集を自分の手元に引き寄せて読み上げる〉「本件のような情報公開制度は、限定列挙された非公開情報に該当する場合にのみ例外的に公開請求を拒否することが許されるものである。これらのことにかんがみれば、個人情報保護制度が採用されていない状況の下において、情報公開制度に基づいてされた自己の個人情報の開示請求については、そのような請求を許さない趣旨の規定が置かれている場合等は格別、当該個人の上記権利利益を害さないことが請求自体において明らかなときは、個人に関する情報であることを理由に請求を拒否することはできないと解するのが、条例の合理的な解釈というべきである」としている。

M：結局、情報公開制度を定める条例に、自己の個人情報の開示規定はないけれども、当該個人の権利・利益を侵害しない場合は拒否できないと解釈すべきだ、としています。

F：先ほど言った目的論的解釈によって事案を裁いたということね。じゃあ、そういうことで、もっとじっくりと考えてみるわ……。M君のおかげで、頭の中がずいぶんと整理できたわ、ありがとう。

―Fはトレイとカップを返却棚に戻して、図書館へ入っていく。Mはコーヒーを飲みほして、同じようにトレイとカップを返却して自習室のある11号館の方に向かう―

Ⅳ　授業の後で

―授業の翌日、同じコーヒー・ショップ内のテーブル席で、担当教員Sが抹茶ティー・ラテを飲んでいる。そこにFが入ってくる―

1　憲法上の権利の相続（？）

F：あーら、S先生。こんなところで一服ですか？
S：ああ、今、授業の疲れを癒しているところだよ。会議までの、つかの間の貴重な時間なんだ。君はこの時間、授業はないの？
F：昨日の授業であつかった課題の解説レジュメを昨夜アップしていただいたので、プリントアウトして、11号館の資料室には無い参考文献を読むために図書館に入ろうとしたら先生のお姿をお見かけしたので。まずはお茶しようと思って……。
―Fは、ソイ・ラテをもって席に戻ってくる―
S：昨日の授業の課題は難しかったかな？
F：参考資料として判例はあげてあります。でも、この判例だけでは、答えられないような課題でした。
S：当ててきいた質問には、しっかり答えられていたようだけれど……。で、どのあたりが難しいのかな？

F：憲法上の権利をもっているはずの人が亡くなったときに、その権利はどうなるんだ、というところが難しかったです。

S：一般論として憲法上の権利は承継されていくのかな？

F：〈なんだか授業のような感じになっちゃった、と思いながら〉人権の性質論のところで学習しました。人権の性質として固有性・普遍性・永久不可侵性があり、固有性から不可譲性・一身専属性が出てくるとされていて、したがって相続されることもないとされていたと思いますが……。

S：そうそう、いかにも優等生的な答えだね。それで、この問題に関連する判例として何があるの？

F：〈とうとう口述試験のようになっちゃった、と内心後悔しながら〉朝日訴訟(19)でしょうか？　生活保護法の下での生活扶助基準が低すぎるとして提訴した訴訟の上告中に原告が死亡した事案で、保護受給権は〈手元にある判例集を見ながら〉「被保護者自身の最低限度の生活を維持するために当該個人に与えられた一身専属の権利であって、他にこれを譲渡し得ないし（生活保護法）五九条参照）、相続の対象ともなり得ないというべきである。また、被保護者の生存中の扶助ですでに遅滞にあるものの給付を求める権利についても、医療扶助の場合はもちろんのこと、金銭給付を内容とする生活扶助の場合でも、それは当該被保護者の最低限度の生活の需要を満たすことを目的とするものであって、法の予定する目的以

(19)　最大判昭和四二・五・二四民集二一巻五号一〇四三頁。

外に流用することを許さないものであるから、当該被保護者の死亡によって当然消滅し、相続の対象となり得ない、と解するのが相当である。また、所論不当利得返還請求権は、保護受給権を前提としてはじめて成立するものであり、その保護受給権が右に述べたように一身専属の権利である以上、相続の対象となり得ない、と解するのが相当である」としています。

S：この判決主文の「本件訴訟は、昭和三九年二月一四日上告人の死亡によって終了した」とした結論には異論も多いよ。行政法学の権威でもある田中二郎裁判官も反対意見を書かれているね。その内容は知ってる？

F：田中二郎先生は、救済の門戸を広げるべきだという立場から、門前払いの裁判を避け、裁判の実態に立ち入って判断を加えることが、国民の裁判所としてとるべき基本的な態度ではないか、とされて、本件訴訟の承継は理論上もこれを肯認し得ないわけではない以上、本案の内容に立ち入って裁判所の判断を明らかにするのが妥当な態度とされました。

S：田中二郎先生がこの反対意見で示された救済重視の柔軟な考え方は、大阪空港公害訴訟の最高裁判決で示された団藤重光裁判官の反対意見に継承されているとみることもできるね。⒇

F：民法八九六条も「相続人は、相続開始の時から、被相続人の財産に属した一切の権利義務を承継する。ただし、被相続人の一身に専属したものは、この限りでない」とする規定にいう「一身に専属」する権利義務とは何か、という解釈論にも関係します。

S：行政法理論でも公権の性質をめぐる議論があるよ。㉑ 公法上の権利だから、とか、憲法上の権利だから、当然譲渡性がないということになるのではなく、その権利の性質や、それこそ実態からよく考える必要があるね。[22]

F：大阪空港公害訴訟・最高裁判決の団藤先生の反対意見にある「新しい酒は新しい革袋に盛られなければならない」というフレーズはとても印象的です。

S：「新しい憲法論は『日本国憲法の論じ方』[23]のような新しい対話スタイル本に盛られなければならない」と考えたいところだね。

F：〈自画自賛に内心苦笑しながら〉とりあえずは、具体的な権利ごとに考えることが大事だと思います。

S：その通り。で、具体的にはどうなるのかな？

F：例えば、奴隷的拘束の禁止は、本人の同意があっても放棄できないし、選挙権も譲渡できませんね。それから……。

S：投票所への入場券を買って別人が投票したことが問題となった事件が過去にあったね。

F：投票所入場券の売買自体を処罰する規定はないようですが、それを買って投票した人は公職選挙法二三七条一項または二項[24]に規定する詐偽投票罪になり、売った人はその幇助犯になると思います。

(20)　最大判昭和五六・一二・一六民集三五巻一〇号一三六九頁。
(21)　田中二郎『新版行政法上〔全訂第二版〕』（弘文堂、一九七四年）八六頁等参照。
(22)　塩野宏『行政法Ⅰ〔第六版〕』（有斐閣、二〇一五年）三八頁等参照。
(23)　渋谷秀樹『日本国憲法の論じ方〔第二版〕』（有斐閣、二〇一〇年）。

S：この規定は選挙権がそもそも一身専属であることを前提とした規定だね。ところで、財産権はどうなるのかな？

F：財産権はもともと金銭に換算可能なものに対する権利なので、譲渡可能性を前提としているといえるとも思います。

S：とすると、他の憲法上の権利も、金銭債権に姿が変わっていれば、譲渡や相続などが可能になるということもいえそうだね。

2　人格権侵害の承継

S：権利一般に議論を広げすぎると、焦点が絞れなくなるので、ここでは人格権と言われる領域に属する権利に絞って考えてみた方が生産的だろうね。

F：先生、前々から不思議に思っていた判決があります。

S：どの判決？

F：スリーナイン判決です。

S：スリーナイン？

F：先生、スリーナインと言えば、松本零士の『銀河鉄道999』(25)のことですよ。スリーナイン判決とは、国会議員の免責特権の判例です。判決日が平成九年九月九日だから学生の間ではそう呼んでます。

S：そういうこと〈と、なかなかうまいことというな、と妙に感心しながら〉。で、どのあたりが不思議に思うの？

F：この訴訟は、衆議院の社会労働委員会における医療法の一部を改正する法律案の審議に際し、ある衆議院議員が、患者の超過収容などの問題があった精神病院を取り上げて質問し、その中で同病院長の異常性や破廉恥行為を具体的に指摘・追及し、患者の人権擁護や同病院に対する所管行政庁による十分な監督を政府委員に求めたのですが、同病院長がその二日後自殺体で発見されたという事案です。

S：院長の妻がこの議員の発言は事実無根であり、この発言により院長の名誉が毀損され、同人を自殺に追い込んだとして、民法七〇九条等に基づいてその議員に、また国家賠償法一条一項に基づいて国に対して損害賠償を求めたね。

F：病院長はすでに亡くなっているし、名誉権がその人固有の権利で、譲渡や相続ができないとすれば、そもそもこのような請求はできないのではありませんか？

S：民法の判例でこの問題に関連しそうなものがないのかな？

F：確か、名誉毀損による慰謝料請求権についての判決があった(26)と思います。〈とカバンから民法の判例集

(24)　公職選挙法二三七条一項「選挙人でない者が投票をしたときは、一年以下の禁錮又は三十万円以下の罰金に処する。」
同条二項「氏名を詐称しその他詐偽の方法をもって投票し又は投票しようとした者は、二年以下の禁錮又は三十万円以下の罰金に処する。」

(25)　最判平成九・九・九民集五一巻八号三八五〇頁。

(26)　最判昭和五八・一〇・六民集三七巻八号一〇四一頁。

を取り出してしばらく目を通して、判決理由をかいつまんで述べようとする〉この判決は、被害者がその請求権を行使する意思を表示しただけでいまだその具体的な金額が当事者間において客観的に確定しない間は、被害者がなおその請求意思を貫くかどうかをその自律的判断に委ねるのが相当であるから、この権利はなお一身専属性を有するというべきだが、加害者が被害者に対し一定額の慰謝料を支払うことを内容とする合意またはかかる支払いを命ずる債務名義が成立したなど、具体的な金額の慰謝料請求権が当事者間において客観的に確定したときは、もはや現実の履行を残すだけで、その受領についてまで被害者の自律的判断に委ねるべき特段の理由はないし、被害者が受領以前の段階において死亡したときも、この慰謝料請求権の承継取得者についてまで行使上の一身専属性を認めるべき理由がないことは明らかであるとして差し押えることができるし、債権者代位の目的とすることもできる、としています。

S：スリーナインの事案ではその点はあいまいだね。この事案のそれぞれの審級の判決㉗もこの問題は特段に意識していないようだね。この問題は、理論的にどのように処理すべきかな。

F：一般論として、死者の名誉毀損は成立するようにも思います。刑法二三〇条二項は、死者に対する名誉毀損罪の成立を認めていますし……。

S：刑法二三〇条二項はそのように読めるのかな？

F：これもよくわからない規定です。死者に名誉権の享有を認めようとしているのか、名誉権を遺族が相続したとしてそれを保護法益としているのか、遺族固有の名誉を保護法益としているのか……。

S：刑法上の犯罪類型が、すべて個人の権利侵害として構成されているとはいえないよ。いわゆる客観的法規範違反の場合も犯罪とされている。刑法理論の保護法益でいう国家的法益とか社会的法益とかがそれに該当するのではないのかな。ただ、名誉権という人格権、つまり個人的法益を保護する二三〇条一項の次の二項に規定されているので、この規定が客観的法規範違反なのか、それとも主観的法規範違反なのかは微妙だけどね。

F：死者を含む遺族という集団に対する名誉毀損と考えるのはムリ筋でしょうか？

S：君、刑法の判例集をもっているかい？

F：はい、もっています〈とカバンからそれを取り出す〉。

S：確か古い判例だけれども、大審院の判決に関係するものがあったよ。

F：〈判例集をパラパラめくって〉ああ、この判決(28)です。「凡ソ名誉毀損罪又ハ侮辱罪ハ或特定セル人又ハ人格ヲ有スル団体ニ対シ其ノ名誉ヲ毀損シ又ハ之ヲ侮辱スルニ依リテ成立スルモノニシテ即チ其ノ被害者ハ特定シタルモノナルコトヲ要シ単ニ東京市民又ハ九州人ト云フカ如キ漠然タル表示ニ依リテ本罪ヲ成立セシムルモノニ非ス」としています。

S：特定人または法人格を有する団体が、名誉毀損の対象となる主体であるとしているね。

F：かつて家族または夫婦であった遺族または夫婦に法人格はないはずですが、団体ととらえて、団体に対する名誉毀損ととらえられればいいのに……。

---

(27)　一審・札幌地判平成五・七・一六判時一四八四号一一五頁、控訴審・札幌高判平成六・三・一五民集五一巻八号三八八一頁。

(28)　大判大正一五・三・二四刑集五巻一一七頁。

S：確かに、スリーナイン判決の事案の病院長夫人からすると、あんなことが国会の委員会の場で公にされてしまうのは、ことの真偽は別にしても、とても耐えられないことだと察するね。

F：家族の中でも夫婦は、憲法二四条の文言でいえば「両性の合意のみに基いて成立し」た「婚姻」に基礎を置く人為的に形成された機能社会だから、憲法二一条一項で規定された「結社」(association)の部分集合と考えられ、法人格の有無を問題にする必要もないと思いますが……。

S：もっとも、スリーナイン判決はそこまで考え抜いたものでもなさそうだね。

3　死者は何を遺すか？

―Mがショップの前を通り過ぎようとすることに気が付いたFが中から呼び止める―

F：M君、こっちこっち、S先生がお茶されてるから、一緒にお話を聞きましょう。

S：〈休憩のつもりが、課外授業になってしまった、と内心ちょっと後悔しつつ〉やあ、M君もこっちにきてお茶したらどう？

―Mがブレンド・コーヒーをもって席に座る。と、Fが見慣れぬものを飲んでいるのに気が付く―

M：Fさん、何をお飲みになってるんですか？

S：ソイ・ラテ。

M：ここのメニューにソイ・ラテはなかったような……。

F：ソイ・ミルクをもってきて、特別に作ってもらったのよ。

M：さすが〈押しの強いFさん、といいそうになったのを我慢して〉……。

S：〈FとMとの間の雲行きが怪しくなりそうな気配を察して、議論を本論に戻そうとして〉さてさて、人が亡くなると様々なものを遺すね。広い意味の相続ということなので、まずは民法から始めてみよう。

M：〈なんだ、憲法じゃなくて民法か、と内心思いつつ、バッグから六法を取り出し、パラパラとページをめくって〉民法は、「相続財産」についての規定を八八二条以下に置いています。死後の財産の行方については、様々な考え方がありうると思いますが、日本の民法は、九六〇条以下で被相続人の生前の意思である遺言に死後にも法的効力を認め、財産は、原則としてその意思にしたがって継承されるとしています。他方で一〇二八条以下で相続人の期待権をある程度保護するために遺留分を定めるとともに、九〇〇条以下で死者の意思が示されていない場合の拠るべき準則として法定相続分の規定を定めています。

S：はい、よくできました。問題は、これらの規定が対象としている「相続財産」とはそもそも何か、そしてその対象とならないものはどうなるのか、という点にあるね。

M：民法の概説書には権利義務ごとにどうなるか、の解説はあっても、一般論はそんなにきちんと書かれていないような……。

S：それでは、まず死者が遺したものを分類・整理することから始めてみるとどうなるかな？

M：死者が遺したものを単純化して常識的に分類すると、物・身体・情報の三つに整理できると思います。

S：物・身体・情報それぞれについて簡単に説明すると？

F：物とは民法八五条でいう「有体物」を指していると解されます。身体とはその人の肉体で、物理的には物、つまり有体物に含まれることになるのでしょうが、かつて人間であったということから、特別の扱いを規定している法律もあります。例えば、臓器の移植に関する法律、死体損壊等の罪を定める刑法一九〇条などです。情報とは、物・身体以外のもので、これについても、いくつかの法律の規定があります。例えば、著作権法などいわゆる知的財産に関連する法律で保護された権利、先ほど話に出てきた死者の名誉毀損罪を定める二三〇条二項などです。

S：これらのうち、民法で規定された「相続財産」となるものはどれかな。

M：まず財産とはそもそも何か、ということから考える必要があると思います。財産は、「経済的（金銭的）価値のあるもの」と定義できます㉙。この定義に照らすと先の分類の中で、相続財産となるものは、物と情報のうち、経済的価値のあるものと限定できます。

F：そのように相続財産を限定すると、有体物でも市場価値のないものは、いくら死者や遺族の思い入れがあっても相続財産にはならないことになるわね。やはりちょっぴり違和感を覚えますが……。

M：財産を経済的価値のあるものと限定的に定義すると、情報についても、例えば、小説の原稿も、職業作家の原稿であれば相続財産となるけれども、素人の書いた小説は、相続財産にはならないことになるような……。

S：ただ所有権の対象となる物について、民法は財産的価値の有る無しには言及してはいない。

M：相続で紛争のタネとなるのは財産的価値があるものだから、そういったことを議論する実益はないと考えられたのではないでしょうか。

S：遺体はどうなるの？

F：身体は、生きている間でもそれがその人の財産かどうかの問題があると思いますが、臓器の移植に関する法律は、一一条一項が臓器売買を禁止し、結果的に市場価格の成立を否定しているので、やはり相続財産には含まれないと思います。ただし、遺骨は遺族の精神的崇拝の対象となることがあるので、祭祀に関する権利の承継を定める民法八九七条が準用されて、慣習に従って祭祀を主宰すべき者に帰属するとした判例(30)があります。

S：さて、それではこれまでの話の中に登場しなかったものはどのように考えるべきなのかな。これがこの課題の中心論点になるね。

F：結論的にいうと、その死後の帰属先は、原則として死者の生存中に示された意思によって定められるべきではないでしょうか。

S：その理由は？

F：死者に帰属していた物のうち、経済的価値のある財産に関して、民法が死者の生存中に示された意思である遺言によって定まるとするのが原則としている点に求めることができると思います。この原則は、例外を認める合理的根拠のない限り、他のものにも通じる一般ルールと解すべきでしょう。民法は、相続に関する社会通念一般を表していると考えられるからです。

(29)　渋谷・憲法三一二頁参照。

(30)　最判平成元・七・一八家月四一巻一〇号一二八頁。

S：社会通念一般を基準としてこの問題を決する思考方法は、価値観の多様性を認めることを基本原理とする憲法理論の立場からは違和感を覚えるけどね。夫婦同姓を強制する民法七五〇条を合憲とした最近の最高裁大法廷判決[31]にも、「社会に定着してきた」ということが合憲とするキーポイントとなってしまっている。

M：この判決の多数意見は民法七五〇条を合憲としたけれど、違憲とした裁判官が五名もいるから、非嫡出子の法定相続分を違憲とする判例変更がなされた[32]ように、「事柄は時代と共に変遷するものである」とかなんとかいって、近い将来判例を変更しちゃいそうですね。

S：最近、社会全体を覆う、どんよりと重い空気の芯に巣くう同調圧力は憲法の基本原理の個人の尊重とは対極にあるものだね。さて、社会通念以外に根拠はないのかな？

F：この原則は、身体については、臓器移植に関する法律二条一項が、「死亡した者が生存中に有していた自己の臓器の移植術に使用されるための提供に関する意思は、尊重されなければならない」としている点にも求めることができるのではないでしょうか？　人は死ぬとその身体は経済的価値のない物になってしまうのですが、死後も身体の構成部分である各種臓器の行方については、なお生存中の意思が決めるとしているのですから。

4　個人情報の扱い

S：それでは、情報のうち経済的価値のないものはどうなるのかな？

M：個人の情報について関係する個人情報の保護に関する法律二条一項と行政機関の保有する個人情報の保護に関する法律二条二項は、両者ともに「個人情報」を「生存する個人に関する情報」と定義し、死亡した個人に関する情報をこれらの法律の適用対象外としています。だから、この点をどのように考えるべきかが難しい……。

F：これら二つの法律は、現に生存している人の意思に反する個人情報の収集・保管・加工・利用等の原則禁止を目的としています。それは、死者の個人情報は保護しないとする趣旨ではなく、これらの法律の制定当時、死者の生存中の情報についての取り扱いについては、詳細に検討しなかった結果と推測できます。生死を問わず個人情報は保護されるのが原則であるとする趣旨は、先に話題にのぼった死者の名誉を保護法益とする刑法二三〇条二項の存在からも裏付けられると思います。

S：二〇一三年にいわゆるマイナンバー法(33)が制定されたけれど、それに合わせて地方公共団体も既存の個人情報保護条例を改正しているようだが、その際に、死者の個人情報の扱いについても新たに書き込んだものもあるようだね(34)。まずはプライバシーの権利の定義はどのように考えるの？

(31)　最大判平成二七・一二・一六裁時一六四二号一三頁。
(32)　最大決平成二五・九・四民集六七巻六号一三二〇頁。
(33)　正式名称は「行政手続における特定の個人を識別するための番号の利用等に関する法律」。
(34)　例えば、東京都の豊島区個人情報保護条例は二〇一五年七月六日の改正（条例第三六号）により、開示請求権を定める同条例一六条（開示請求権）に「死亡した区民の遺族で規則に定める者（以下「遺族」という。）は、実施機関に対し、当該死亡した区民等に関する保有個人情報等の開示を請求することができる。」という項が追加され（三項）、また開示義務を定める同条例一八条

M：プライバシーの権利は，現在は自己情報コントロール権ととらえるのが一般的ですが，この権利の原型を示したのは三島由紀夫が著わしたモデル小説『宴のあと』をめぐる紛争に関する下級審判決です。〈バッグから憲法の判例集を取り出して〉この判決は，「私生活上の事実または私生活上の事実らしく受け取られるおそれのあることがらであること」，「一般人の感受性を基準にして当該私人の立場に立った場合公開を欲しないであろうと認められることがらであること，換言すれば一般人の感覚を基準として公開されることによって心理的な負担，不安を覚えるであろうと認められることがらであること」，「一般の人々に未だ知られていないことがらであることを必要とし，このような公開によって当該私人が実際に不快，不安の念を覚えたことを必要とするが，公開されたところが当該私人の名誉，信用というような他の法益を侵害するものであることを要しない」，以上の要件をすべてみたす情報をみだりに公表した場合にプライバシーの権利侵害になるとしました㉟。

F：ここで保護されるべき「ことがら」とされた個人情報は，生存する個人に関するものですが，死者についてもあてはまると考えるべきではありませんか？　なぜなら，ここで示された要件に該当する自分の情報について死後に公開されることは堪えがたいと考えるのが，一般人の感覚に沿うものでしょうから……。

S：具体的に問題となる情報を想定して，それに照らして考えてみるとどうかな。例えば，過去に自分が受け取った手紙なんかはどう？　家族の誰にも知られたくない内容の手紙もあるんじゃないかな。

M：いまどき手紙や葉書のやり取りなんかはしませんよ。ほとんどがメールです。

S：とすると、まずはメールアドレスで考えたらどうなるのかな。

M：メールアドレスそれ自体は手紙の宛名にある住所みたいなもので、『宴のあと』事件で裁判所が示したプライバシー情報には当てはまりませんが、生存中に送られてきてそのアドレスのフォルダに保存されているメールもあるし、死後もそのアドレスに家族にも知られたくないメールが送られてくる可能性は残りますね。

F：ひょっとしたら、メールアドレスがインデックスとなって、これまで自分の出した、あるいは受け取ったメールの内容が明らかになる可能性もあると考えると……、だんだん怖くなってきました。

M：SNS〔social networking service〕のアカウントやパスワードについても、同様のことがいえますね。

S：電子情報は、簡単にコピーでき、簡単に悪用されることを考えなければならないね。また、本人が死んでしまえば、自分自身が処理することは、なおさらできなくなる。死後を予測してあらかじめ処理しておけばよいともいえるけれど、自分の死期は、誰にも予測できず、突然訪れるからね。そこまで周到に準備できる人はほとんどいないんじゃないの。

M：第三者には読まれないはずの芸能人同士のSNS上のやり取りが、そのまま週刊誌に掲載されたりしているのを見ると、暗号化もあてにならないような……。そう考えていったら、情報も、死者が生存中

四号が「本人の代理人又は遺族による開示請求がなされた場合であって、開示することが本人の意思に反し、又は本人の権利利益を不当に害すると認められるとき。」と傍点部分が追加されるなどがなされている。

(35)　前掲東京地判昭和三九・九・二八。

に示した意思にしたがって、その死後の処理をなすべきと考えた方がいいような……。

F：さらに、仮にその意思が存在しなかったとしても、少なくとも『宴のあと』事件の判例で示された要件にあてはまる情報であれば、家族を含めて誰にも知られたくないという本人の意思が推定され、それに反する本人の意思の存在が確認されない限り、当人限りの情報として、誰にも知られないように破棄されるべしと考えるのはどうでしょうか？

S：逆に、情報内容によっては、遺された家族に伝えなければならない情報もありうるのでは？　そうすると、その判断は、情報の性質と内容を考えてからなすべし、ともいえそうなので、客観的に判断すべきである、ともいえるのではないかな？

F：なるほど……。そうすると、問題は、誰がその任にあたるか、になるのでしょうか？　その破棄などの後始末は家族がなすべしとすれば、家族にその内容が知られてしまうので、結局、本人の意思に反することになるし、逆に、すべてを家族に知らせずに破棄すべしとすると、本来家族に伝えられるべき内容の情報が失われてしまう。

M：とすれば、情報処理についての確実な技術を開発し、その技術を用いて情報内容に応じた仕分け作業を迅速かつ確実に履行できる能力をもつ人を要請する必要がありそうな……。

S：きわめて秘匿性の高い情報に触れることもある職務の特殊性からして、高度の専門知識と倫理性を兼ね備えた信頼できる第三者がその任にあたるのがやはり望ましいということになるのかな。

M：相続財産の処理といえば、法律の専門家たる弁護士がその第三者と想定されているのですか？

F：情報処理の専門性と技術性を考えれば、法律知識のみによっては処理できないことがらもあると考えられるので、弁護士と同等の倫理観が備わっている公的資格としての遺品整理士、あるいは遺品情報管理士のような専門職の存在を社会、さらには政府が認め、またそれをきちんとしたカリキュラムの下で養成していく必要がありそうですね。

M：映画『おくりびと』（二〇〇八年）で話題となった納棺師は遺体を扱う仕事だけど、その人の遺した情報を扱う仕事が今後重要になりそうに思います。

S：今後の制度論・立法論としてはそうなるでしょう。

M：プライバシーの権利の憲法上の根拠条文についてもFさんに見せていただいた課題の質問事項にあったようですが……。

F：一三条に求めるのが一般的ですが、二一条に求める説(36)もあります。

S：プライバシーの権利を自己情報コントロール権ととらえるのであれば、情報の自由、というか、情報流通の自由を保障していると現在解されるようになっている二一条に求める方が整合性において優るというのでしょう？

M：感覚的には理解できるけれども、論理的にはとらえがたい人格的利益に基礎付けることは、確かに、感覚的な制約を認めてしまう危険性を感じます。

(36)　渋谷・憲法四〇七頁以下参照。

F：ただ、二一条説が通説になるには、まだまだ時間がかかりそうですね。

M：学問と宗教は紙一重、とS先生は授業でよくいわれてますが、憲法学でも、権威があるといわれ、あるいは多数の支持があるという理由だけで、通説とされているものがあるようですね。

S：権威を疑え、当たり前だといって理由が書かれていないものは疑え、の精神は、どの領域の学問でも大切だから、常に忘れないように心がけて下さい。

5　知る権利

S：本題に戻りましょう。死者の家族に情報を開示するか否かについてはどうアプローチすべきかな？

F：今回の課題は、その仕分けの基準をどのように考えるべきか、ということでしょう？

M：一般的に個人情報の保護を求める側とその情報の提供を求める側との対立をどのように調整するか、という問題になりそうな……。

S：個人情報は、本人の同意なしに第三者に提供することは許されないという原則から出発して考えると、その原則を破る理由と具体的な判断基準が必要になるね。

F：原則を破る理由は「知る権利」になると思いますが……。

M：「知る権利」について、以前から思っていた疑問点があります。憲法に明文規定はないけれども、芦部先生の概説書にあるように「表現の自由は、情報をコミュニケイトする自由であるから、本来、『受け手』の存在を前提にしており、知る権利を保障する意味も含まれている[37]」と考えるのが一般的だと思います。でも、これが、大量の情報を一方的に流すマス・メディアとの関係における指摘なのか、それとも情報が蓄積された政府機関との関係における指摘なのか、混同して論じられているような……。

F：私も以前から同じ疑問をもっていました。両者とも二一条に基礎付けられると思いますが、内容と機能が異なるのでは、と感じていました。マス・メディアが提供する情報に対する知る権利は、政府機関がマス・メディアに対する検閲や事前抑制などをして、情報の流通を滞らせることを排除するための根拠として主張される権利ではないでしょうか。

M：博多駅事件で最高裁が「報道機関の報道は、民主主義社会において、国民が国政に関与するにつき、重要な判断の資料を提供し、国民の『知る権利』に奉仕するものである(38)」と指摘したのもそうした趣旨と解されますが……。

S：マス・メディアに対する「知る権利」としては、例えば、ある人が、あることがらについて取材して報道することを請求できる権利と構成できるの？

F：そこまでは請求できないと思います。そこまで認めるとマス・メディアの取材や編集の自由を制限することになり、結果的に報道の自由を侵害することになるでしょう。反論権の主張を認めなかった最高裁の判決(39)にもそのような趣旨の理由が展開されています。

(37)　芦部・憲法一七六頁。
(38)　最大決昭和四四・一一・二六刑集二三巻一一号一四九〇頁。
(39)　最判昭和六二・四・二四民集四一巻三号四九〇頁。

M：よど号ハイジャック新聞記事抹消事件[40]では「新聞紙、図書等の閲読の自由」として言及されていますが……。

F：この事案では、すでに新聞記事になって一般人は自由に読める状態になっていたのに政府機関たる監獄長が墨塗りして読めなくしたから、情報流通を阻害したことになるので、それを排除する権利としてこの自由が言及されたと思います。

6　政府機関にある情報を「知る権利」

S：今回の課題の場合、「知る権利」といっても、政府機関にある情報開示の局面だね。この局面の「知る権利」はどのように構成すべきなのかな？

M：やはり二一条が根拠になるのではありませんか。

F：でも二一条は表現者がまずは存在してその受け手の権利をどう構成するかという構図になるはずだわ。だから、政府を表現者と位置付けるのにはちょっと違和感を覚えるんだけれど……。

S：二一条は情報流通の自由を保障しているととらえるとどうなるのかな？

M：政府機関に蓄積された情報の流通をうながす権利ということでしょうか？

F：芦部先生の概説書にも、「国家の施策を求める国務請求権ないし社会権（国家による自由）としての性格をも有する」[41]とされていますが……。

M：確かに……、政府機関に作為を求める権利という点に着目すると国務請求権といえるかもしれませんが……。でも、政府機関に蓄積されている情報は、そもそも国民のものであると考えると、それを国民に開示しないことは、新聞記事に墨塗りをして読めなくするのと同じで、妨害行為ととらえることができるのではありませんか。そのように考えていくと、妨害行為をやめさせる権利が情報公開請求権の本質と理解できます。

S：情報公開請求権も国務請求権ではなく、精神的自由権の中に位置付けるということだね。とすれば、「そもそも国民のものである」とする根拠は何？

M：大きくいえば国民主権の原理を根拠としてあげることができると思います。国政の最高決定権は主権者たる国民にあるとするのがこの原理ですから、政府機関にある情報に国民が自由にアクセスできる状態をこの原理は要求すると考えられるのではありませんか？　さらに、二〇〇九年に制定された公文書等の管理に関する法律の目的規定である一条の冒頭にも「この法律は、国及び独立行政法人等の諸活動や歴史的事実の記録である公文書等が、健全な民主主義の根幹を支える国民共有の知的資源として、主権者である国民が主体的に利用し得るものであること」と規定されています。この規定も、いまいったとらえ方を補強してくれます。

S：この課題で問題となるのは政府機関が保有する情報の中でも特定個人の情報だね。その点の特殊性を考える必要があるのではないかな？

(40)　最大判昭和五八・六・二二民集三七巻五号七九三頁。
(41)　芦部・憲法一七六頁。

F：個人特定情報については、当該個人がコントロール権をもつべきではありませんか？　政府機関がその当人からその情報を預かっていると構成できるはずです。このように構成すると、その個人情報については、その本人以外の第三者から開示請求がなされても、その本人の同意がない限り開示できない、ということになるでしょう。

S：そうすると政府機関に蓄積された情報に関する法制の位置付けについて、情報公開法制が一般法で個人情報保護法制は特別法である、とみるのかな？

M：情報公開法制においても、個人情報は開示請求の適用除外となっているので、そのようにも理解できると思います。ただ、個人情報保護法制は単に開示請求の対象から除外するという位置付けを越えて、当該個人にコントロール権を与えることによって主体的な地位を設定した点が重要でしょう。

F：プライバシーの権利が憲法上の権利だというところから出発すると、個人情報保護法制という実定法が整備されて初めて自己情報コントロール権を与えた、というのではなく、この権利の具体的な行使の手順を明文化したとするのが正確だと思います。

V　エピローグ

S：解説レジュメに書いたものから随分遠いところまで来てしまった気がするね。

M：〈Fの手元にあった解説レジュメを手にとってパラパラ見ながら〉この課題の解説レジュメも二四頁もあ

って結構読みごたえがありそうです。

F：毎回課題を二つこなしていくのは、予習も大変。もちろん、復習も大変ですが、解説レジュメには判例が原文のままたくさん貼り付けてあったり、分析視角が明確に示されていたり、末尾に「設問への対応例」があるので、答案をどう書いたらいいのかいつも迷う私にとってはとても参考になります。

S：現役合格を目指すなら、ネットや予備校で流布していると聞く情報に流されずに、授業の後で配布した解説レジュメを繰り返し復習しておいた方がいいと思うよ。

M：「模範解答」ではなく「設問への対応例」となっているのはどうしてですか？

S：憲法でも単純には解けない、複雑な、いわゆるハード・ケースに正解はない、と考えるからだよ。だから、課題に対する一つの例となるアプローチを提示することしかできないので、「設問への対応例」としているんだよ。

M：でもこんな答案を二時間の本試験で書き上げるのはとても無理……。

F：NHK杯やグランプリファイナルの羽生結弦君(43)にならなくてもいいんじゃないの？

M：でも僕は本番にも強い羽生君になりたい……。

(42)　行政機関の保有する情報の公開に関する法律五条一号等。

(43)　二〇一五年一一月、長野市ビッグハットで開催されたNHK杯において世界歴代最高得点（三二二・四〇点）で優勝し、その二週間後スペイン・バルセロナにおいて開催されたグランプリファイナルにおいてその記録を更新（三三〇・四三点）して優勝した。

S：〈おいおい、フィギュアスケートと同じか、と内心であきれつつ〉ではそろそろ会議が始まる時刻なので……〈といって、トレイを返却棚に戻し、今度は豆乳をもってきて抹茶ソイ・ラテを作ってもらおうと心に決めて、鈴懸の径を横切って会議の開かれる13号館の方へ去っていきながら〉、Fさん、しっかり復習してね。M君もだよ。

F：はい、おつかれさまでした。

M：また質問に伺います。

—FとMは、向かいの建物に入っていくS先生を視線で追う—

F：S先生は、今の会話をきっと次の解説レジュメのネタに使おうと思ってられるわ。

M：〈やっとそれに気が付いて〉それってヤバいっすよ。メールの内容もそうだけれど、会話の内容も個人情報だから本人の同意がないと公にできないのでは……。

F：確かに会話は、互いの言葉、つまり表現行為のやり取りから成り立っているわね。

M：授業後の解説レジュメの中だと、複数人に対するものとはいえ限られた特定の者に対して配布するものだから「公然」とは言えないような……。

F：それは名誉毀損の場合でしょ。個人情報の提供は、公然でなくても本人の同意がなければしてはいけないの。でも匿名であればいいと思うわ。

M：〈匿名とはいえ、自分を知る人からは限りなく特定される可能性のある言葉遣いであったことが不安になって〉でも、モデル小説のように特定されてしまうのは時間の問題のような……。

Ｆ：大丈夫よ。解説レジュメの『日本国憲法の論じ方』番外編の末尾には、「以上の会話はすべてフィクションであって、登場する人物は実際には存在しません」という断り書きもあるでしょ。

Ｍ：だからといって、すべてが免責されるわけでもないでしょ？

Ｆ：それはそうかもしれないけれど、こんどまたＳ先生にラテをおごってもらったら、それでいいんじゃない？

Ｍ：〈そういう問題じゃないんじゃないかと内心疑問に思いつつ〉Ｓ先生との交渉はＦさんにお任せします。

Ｆ：じゃあ、そういうことで……。

Ｍ：それではまた……。

―ＦとＭは、それぞれ判例集、資料、教科書などをカバンの中にしまい、トレイを返却棚に戻して、コーヒー・ショップから立ち去る―

〔以上の会話はすべてフィクションであって、登場する人物は実際には存在しません。〕

〔『日本国憲法の論じ方』スターバックスでラテを飲みながら憲法を考える編「完」〕

3、

憲法はアイヌ民族について何を語っているか

——個人の尊重と先住民族

——常本照樹
Tsunemoto Teruki

アメリカ憲法はインディアン部族の存在を認めているが、日本国憲法には異民族を想定した条文はない。しかし、日本にも先住民族は存在する。では、その民族だけを対象とする法律や政策を作ることは憲法に抵触するのか。先住民族に属する人々の幸福を追求することも憲法の使命ではないのか。憲法解釈の限界が問われている。

Ⅰ　はじめに

Sirokanipe ranran piskan
konkanipe ranran piskan

これは日本語ではなく、英語でもない。次のように「和訳」すれば、聞いたことがあるという人がいるかもしれない。

銀のしずく　降る降る　まわりに
金のしずく　降る降る　まわりに

では、これはどうだろう。

kanto orwa yakusakno arankep sinep ka isam

「和訳」すると、こうなる。

天から役割なしに降ろされたものは一つもない

これらは、日本の先住民族アイヌの言葉だ。アイヌ語には文字がなかったので、今では音をアルファベットで表記している（もちろん、カタカナを使うこともある）。無文字社会というと、劣った未開社会であるかのように語られることがある。しかし、高度な文明を築いたインカ帝国も無文字社会であったし、なにより、日本も中国から漢字を輸入することにより初めて文字を持ったのだ。文字を持つことにより特に知識の伝達や継承、蓄積などが発達することは確かだが、無文字社会におけるコミュニケーションの充足性や自立性を軽視してはならないし、その言葉によって表現されている世界の美しさや深さは、右の例を見るだけでも明らかだろう。

このような独自の文化を持ったアイヌが日本の先住民族と公認されたのは、実は最近のことだ。二〇〇八年六月六日に国会の衆参両院は、いずれも全会一致で「アイヌ民族を先住民族とすることを求める決議」を採択した。すなわち、両院は政府に対し、「政府は、『先住民族の権利に関する国際連合宣言』を踏まえ、アイヌの人々を日本列島北部周辺、とりわけ北海道に先住し、独自の言語、宗教や文化の独自性を有する先住民族として認めること。」を求めたのである。これを受けて内閣官房長官は、次のように政府の見解を表明する談話を発表した。

アイヌの人々に関しては、〈中略〉我が国が近代化する過程において、法的には等しく国民でありながらも差別され、貧窮を余儀なくされたアイヌの人々が多数に上ったという歴史的事実について、政府として改めて、これを厳粛に受け止めたいと思います。

また政府としても、アイヌの人々が日本列島北部周辺、とりわけ北海道に先住し、独自の言語、宗教や文化の独自性を有する先住民族であるとの認識の下に、『先住民族の権利に関する国際連合宣言』における関連条項を参照しつつ、これまでのアイヌ政策をさらに推進し、総合的な施策の確立に取り組む所存であります。

このため、官邸に、有識者の意見を伺う「有識者懇談会」を設置することを検討いたします。その中で、アイヌの人々のお話を具体的に伺いつつ、我が国の実情を踏まえながら、検討を進めて参りたいと思います。

アイヌの人々が民族としての名誉と尊厳を保持し、これを次世代へ継承していくことは、多様な価値観が共生し、活力ある社会を形成する「共生社会」を実現することに資するとの確信のもと、これからもアイヌ政策の推進に取り組む所存であります。

この国会決議および官房長官談話の背景にあったのは、二〇〇七年九月に国連総会が採択した「先住民族の権利に関する国際連合宣言」である(1)。日本政府は、国際社会における人権保障に資するものとして賛成投票をした。宣言は条約とは異なり法的拘束力を持つものではないが、先住民族のあり方の一般的な国際指針としての意義は大きく、十分に尊重されなければならないものとされている。また、二〇〇八年七月に北海道洞爺湖でG8サミット（主要国首脳会議）が予定されており、国内に先住民族を有している参加国の多くが日本政府によるアイヌ民族の処遇に関心を持つことが予想されたという事情も無関係ではなかろう。

もっとも、先住民族であることの意義と効果については国会決議の中でも官房長官談話の中でも明らかにされていたわけではない。また、国連宣言は前文二三項で「地域ごと及び国ごとに先住民族の状況が異なること並びに国及び地域の特殊性並びに多様な歴史的及び文化的な背景の重要性が考慮されるべきである」と謳っており、すでに国内で整備されている先住民族法制との整合性への懸念などから宣言に対して慎重な姿勢をとっていたアメリカ、カナダ、オーストラリア、ニュージーランドの四カ国はもとより、賛成投票を行った国々も、それぞれの国の事情を踏まえて、その国内法の枠内で宣言を実現すべきものであることを確認している(2)。

これらのことから、日本においてもアイヌ民族と日本の事情に適合した政策が必要とされると考えられるため、これらの問題について検討し、総合的な政策の枠組を作ることを目的として、二〇〇八年八月に内閣官房長官の諮問機関として「アイヌ政策のあり方に関する有識者懇談会」（以下、懇談会又は有識者懇談会という）が設置された。懇談会は、アイヌ関係者をはじめ、憲法学者、国際法学者、文化人類学者、歴史学者、元文部科学大臣、北海道知事などをメンバーとして、「先住民族であるとの認識」に基づいた総合的アイヌ政策に係る基本的な問題を検討し、さらにこれらの検討を踏まえた新しい政策の具体的提言を行った。なお、政策提言については、懇談会がゼロから発案したものではなく、委員であった社団法人北海道ウタリ協会（現・公益社団法人北海道アイヌ協会）理事長が理事会の議を経て取りまとめ、懇談会のスタートにあたって提示した政策要望に基づき、その可及的実現を基本線として行われたことに留意する必要

(1)「先住民族の権利に関する国際連合宣言」の意義と採択の経緯等については、拙稿『「先住民族の権利に関する国際連合宣言」の採択とその意義」北海道大学アイヌ・先住民研究センター編『アイヌ研究の現在と未来』（北海道大学出版会、二〇一〇年）一七五～一九一頁。

(2) 例えば、賛成投票をしたイギリスは、宣言の遡及効を否定しているが、同国の歴史を考えるとその理由は想像に難くないと言うべきであろう。もっとも、同国はそもそも国内には宣言の適用を受ける民族は存在しないと主張している。参照、拙稿、前掲注(1) 二〇五頁。

がある。[3]

ところで、そもそも憲法とアイヌ民族はどう関係しているのかと疑問に思っている読者もいることだろう。例えば、アイヌの学生のみを対象とする奨学金は平等原則に違反しないか（憲法一四条）、アイヌの伝統的儀礼を援助することは政教分離原則に反しないか（憲法二〇条）、例えばアメリカ合衆国やカナダ、台湾などの国々はその憲法の中に先住民族の存在を認める規定を有しており、それを集団としての民族に対する特別な政策の根拠とすることができるが、日本国憲法にはそのように解釈できる規定はあるのか、など、憲法問題は少なくない。アイヌ民族の歴史と現状を確認したあと、アイヌを対象とする政策を見ながら、これらの問題を考えていくことにしよう。

Ⅱ　アイヌ民族の歴史と現状

1　アイヌ民族の歴史

アイヌは日本の先住民族だとはいうものの、アイヌ民族の歴史や現状についてはどれだけ知られているだろうか。「アイヌ政策のあり方に関する有識者懇談会報告書」（以下、懇談会報告書という）が指摘するように、これまでアイヌの歴史は国民共通の知識とはなってこなかったと言わざるをえないだろう。一つには、冒頭でも触れたようにアイヌは無文字社会であり、その歴史記述はアイヌ以外の人々が残した文字資料等に依らざるをえなかったこと、アイヌ固有の文化が日本の中央から価値の低いものとみなされてきたことなどがその背景にあると指摘されている。これらの問題を認識しつつ、懇談会報告書は現時点での知見を最大限に活用してアイヌの歴史を客観的に記述することの重要性を強調している。本稿との関連で重要なポイントは次のように摘記することができるように思われる。

・七世紀頃に現在に認識されるかたちでのアイヌの文化の原型がみられ、一三〜一四世紀頃にかけ、狩猟、漁労、採集を中心に一部には農耕を行う生活の中で独自のアイヌ文化の特色が形成された。

・それ以降、アットゥシ（木の繊維で織った衣服）やイクパスイ（酒を神に捧げるヘラ）などの工芸品、ユカラなどの口承文芸、自然との共生を重視する思想、イチャルパ（先祖供養）やイオマンテ（熊送り儀礼）などの宗教的儀礼等独自の文化の伸長が見られた。

・江戸末期にロシアをはじめとする列強の圧力のなかで国境画定を進めていた幕府は、アイヌの居住地を日本の領土であると主張したが、その過程はアイヌの人々の意に関わらず行われた。

(3)　懇談会の第二回会合（二〇〇八年九月一七日）においてウタリ協会理事長が行った政策提案の項目は次の通り。(1) 教育の充実への支援（道外アイヌを含む教育の充実への支援）、(2) アイヌ研究・民族教育への支援（象徴的な研究・教育施設の設置）、(3) 遺骨の返還、慰霊（全国的な和解と啓蒙の象徴となるような施設の設置）、(4) 広義の文化振興・経済活動との連携（地域やコミュニティを包括したモデル的支援）、(5) 文化振興等の基盤としての土地・資源の利用（公有地・公有林の利活用）、(6) 啓発・教育の重要性（公的で専門的な啓発・教育）、(7) 政治的参加への対応（アイヌ民族の総意をまとめる体制づくり）。http://www.kantei.go.jp/jp/singi/ainu/dai2/2siryou.pdf

・明治に入って、蝦夷地が北海道と改称されるとともにその内国化が図られ、大規模な移民により北海道開拓が進められることになった。
・全国的な租税制度の確立のための近代的土地所有制度の導入により、アイヌの人々は狩猟、漁労、採集などの場を狭められ、さらに狩猟、漁労の禁止も加わり貧窮を余儀なくされた。
・民族独自の文化の制限・禁止やアイヌ語を話す機会の減少は、アイヌの人々の和人への同化を進め、その文化は失われる寸前になった。
・また、圧倒的多数の和人移住者の中で、被支配的な立場に追い込まれ、さまざまな局面で差別の対象になった。
・明治三二（一八九九）年には北海道旧土人保護法が施行されたが、アイヌの人々の窮状を十分改善するには至らなかった。

このような歴史を辿ったことにより、いまでは日常的にアイヌ語を話している人たちも、伝統的な生活習慣を維持している人々も存在しないし、アメリカ・インディアンの保留地のようにアイヌの人々だけが固まって生活している集落なども存在しない。アイヌの血統を引く人々が比較的多く住んでいる地域はあるが、アイヌ以外の人々と隣り合って住んでいることに変わりはない。

2　現在の生活実態

現在のアイヌの人々の生活実態に関しては、質量ともに北海道大学アイヌ・先住民研究センターが二〇〇八年に行った量的調査（アンケート調査）および翌二〇〇九年に実施した質的調査（インタビュー調査）が最も信頼に価する。(4) 量的調査は、二〇〇八年一〇月の時点で北海道在住の北海道ウタリ協会会員および元会員ならびに地域社会でアイヌの血統を有すると認められている非会員を対象として質問票によるアンケート調査を行い、二九〇三の世帯票、五七〇三の個人票を有効票として回収した。質的調査は、アンケートの数値的回答だけでは把握しきれない事柄を分析するため、ウタリ協会の会員名簿をもとに候補者を無作為抽出し、都市部の代表として札幌市の五一人、農山漁村地域の代表として胆振地方むかわ町の六一人を対象として長時間にわたる詳細なインタビューを行ったものである。

量的調査の対象者五七〇三人のうち「無回答」を除く五五二八人において、父親がアイヌの血統を有する者は二三八六人（四三・二％）、母親がアイヌの血統を有する者は二三八五人（四三・一％）であり、両親ともにアイヌの血統を有する者は一〇七五人（一九・四％）、父方・母方の祖父母まで全員がアイヌの血統を有する者は三二七人（五・九％）であった。また、両親がともにアイヌの血統を有していない者が一八三七人（三三・二％）いたが、そのうち一一六六人は配偶者がアイヌの血統を有する者である。それ以外は、養父母がアイヌの血統を有する者、あるいは親の血統が「わからない」者であった。

（4）北海道大学アイヌ・先住民研究センターによる北海道アイヌ民族生活実態調査については、同センターのホームページを参照されたい。特に、その概要として、落合研一「北海道アイヌ民族生活実態調査報告の概要」が便宜である。http://www.cais.hokudai.ac.jp/result/

経済状況を見ると、アイヌ世帯の平均年収は三五五・八万円であり、厚生労働省大臣官房統計情報部による『平成一九年国民生活基礎調査』における北海道平均の四四〇・六万円、全国平均の五六六・八万円を大きく下回っている。これを見てもアイヌの人々の厳しい経済状況は明らかであり、さらに年代別分析結果を見ると、若い層と高齢層で特に貧困割合が高いことがわかる。年収とアイヌ性（血統割合）の関係では、アイヌ性が高くなるほど貧困のリスクが高くなるということがいえ、また、「アイヌ同士の結婚もまた貧困リスクが高い」といえるという分析がなされている。

教育経験について見ると、高校進学率にはあまり大きな差はないが、アイヌ民族の大学進学率は、一九九〇年頃から増加に転じてはいるものの、一貫して低い水準であり、もっとも進学率が高かった二〇〇五年でも二七・一％（補正値では二一・一％）と、全国平均の六割程度となっている。また、一九七〇年頃から一九九〇年頃までは、全国平均が伸びているなかでアイヌ民族の平均は同水準で推移しており、格差が拡大しているということができる。また、アイヌ民族の教育経験については、進学者が増えたにもかかわらず、中途退学する者が多く、特にアイヌの大学生の中退率は全国平均の九倍に達しているということに注目すべきであろう。

なお、これらの数値はアイヌの側における教育期待が低いということを意味するものではない。現在在学中でない者のうち三二・三％は「さらに進学したかった」と回答している。「どこまで進学したかったか」については、「高校まで」が四一・〇％、「大学まで」が三八・八％となっている。進学を断念した理由（複数回答）としては、「経済的な理由」をあげた者が七七・六％ともっとも多い。続いて「就職する必要があったから」が二五・二%、「学力の問題」が一三・九%、「親に反対されたから」が一一・〇%となっている。「就職する必要があったから」という理由も広い意味では「経済的な理由」であり、「経済的な理由」が進学を断念させるもっとも大きな要因であり続けていることがわかる。

このように、アイヌの人々は、現在は、他の多くの日本人とほぼ変わらない日々の生活を、より厳しい生活水準で過ごしている。また、言葉をはじめさまざまな民族固有の文化が損なわれ、さらに有形無形の差別の中で、アイヌとしてのアイデンティティを保持することが困難になっていることは否めない。

3　アイヌとしてのアイデンティティと文化振興

しかし、アイヌとしてのアイデンティティについては、さらに踏み込んで検討する必要がある。この点については、質的調査の分析の中での次のような指摘が重要である。

「アイヌとしてのアイデンティティについて、その内実は多様化していることが明らかになった。しかし、それらの意識は、固定的なものではなく、アイヌであることに対して『否定的』な意識から『肯定的』な方向へ変化を遂げていた。その背後には、アイヌに対する社会の認識の変化がある。時代とともに、差別と偏見に満ちた社会の意識が徐々に改善され、理解のある身近な和人との出会いが生まれる機会が増大した。さらに、アイヌの伝統文化の価値が見直されていくことによって、改めてアイヌ文化活動・アイヌ関係団体に参加・関与する機会をえることができるようになった。理解ある人との出会いとアイヌ文化活動・アイヌ関係団体への参加によって、自らのアイヌとしての意識が『肯定的』な方向で変化した者が少なくなかった。そのうえ、現在、アイヌ文化を実践していない人たちであっても、将来、アイヌ文化を実践したいと考えている人たちが少なからず存在した。そこには、アイヌとして『肯定的』な意識をもつ人が将来増加していく可能性が見いだせた。」

このような変容の背景には、平成九（一九九七）年のアイヌ文化振興法⑤（アイヌ文化の振興並びにアイヌの伝統等に関する知識の普及及び啓発に関する法律）の制定があると指摘されている。同法は、「アイヌ文化の振興並びにアイヌの伝統等に関する国民に対する知識の普及及び啓発……を図るための施策を推進することにより、アイヌの人々の民族としての誇りが尊重される社会の実現を図り、あわせて我が国の多様な文化の発展に寄与すること」（法第一条）を目的とし、指定自治体としての北海道および同法により設置された法人である「アイヌ文化振興・研究推進機構（略称：アイヌ文化財団）」を通じて、アイヌに関する総合的かつ実践的な研究の推進（アイヌの社会や文化に関する研究・出版物の作成に対する助成）、アイヌ語の振興（アイヌ語指導者の育成、アイヌ語教材の作成、アイヌ語講座、弁論大会の実施等）、アイヌ文化の振興（テーマ毎のマニュアル等の作成、実践講座、口承文芸の視聴覚資料の作成、文化交流活動等の助成、学校・文化団体等への文化活動アドバイザーの派遣、伝統工芸作品の復元・展示会開催の助成、工芸作品コンテスト、文化フェスティバルの開催、アイヌ文化賞の授与等）、アイヌの伝統等に関する普及啓発（リーフレット、ポスター、ホームページ等による広報・情報発信、小中学生向け副読本の作成・配布、幼児向け絵本の作成・配布、セミナー・講演会の開催等）などの施策を実施しているほか、特に、「アイヌの伝統的生活空間（イオル）再生事業」として、北海道内でアイヌ文化伝承に取り組んでいる数カ所の自治体を指定し（二〇一五年までに白老町、平取町、札幌市、新ひだか町が指定されている）、アイヌ文化活動の拠点となる空間の形成、伝承活動等に必要な自然素材の栽培、一般の人々を対象としたアイヌ文化の体験活動などを推進していることが注目されている。

質的調査の報告書は、「これらの現実は、アイヌの人々をめぐる社会環境の変化を背景にして生み出されていたと考える必要があろう。とりわけ重要なのは、アイヌ文化振興法が制定され、それにともなってアイヌ文化の再生が進められてきたことのもつ意味である。〈中略〉今回の調査結果からうかびあがったのは、アイヌ文化に携わることをとおして、アイヌであることに対する負のイメージを払拭し、アイヌとしてのアイデンティティを肯定的に受けとめ直す人々が生み出されていたことである。一度忘れ去ったにもかかわらず、アイヌ文化振興法を根拠にして価値あるものとして位置づけ直された文化を学び直すことによって、自らのアイデンティティ自体を再生しつつある人々がいた。それは、アイヌ文化の担い手として自らの主体が（再）形成されていく過程である。そして、その主体のあり方は、文化だけにとどまらず、自らの社会的な立場を向上させるうえで重要な担い手を生み出す可能性をはらんでいる。」と指摘する。

このような状況を、懇談会報告書は次のようにまとめている。「アイヌの人々は、現在は、他の多くの日本人とほぼ変わらない日々の生活を過ごしている。しかし、アイヌの人々には、差別や近代以降の同化政策を経ても、なお民族としての帰属意識が脈々と受け継がれており、民族的な誇りや尊厳のもとに、個

(5)　アイヌ文化振興法制定の経緯とその意義については、拙稿「アイヌ文化振興法の意義とアイヌ民族政策の課題」北海道大学アイヌ・先住民研究センター編・前掲注（1）所収。

人や団体として、アイヌ語や伝統文化の保持、発展等に努力している人々も少なくない。」

Ⅲ　先住民族であることの意味

1　先住民族とは何か

北海道「開拓」の歴史を見れば明らかなように、アイヌ民族がアイヌとしてのアイデンティティを保持できる環境、すなわちアイヌ語を話しアイヌ文化の中で生きていける環境を失ったのは、近代化を目指した国の政策の結果である。そうであるなら、国には、アイヌの人々が望むのであれば、アイヌ文化に親しみ、アイヌとしてのアイデンティティを持って生きることができるような環境を回復させる責任があるということになるのではないだろうか。これをアイヌの側から言い換えれば、アイヌ民族は、北海道を中心とする日本北部の先住民族として、国に対して自らの文化に親しみ、アイヌとしてのアイデンティティを持って生きていけるような環境を実現するよう要求することができ、国にはそれに応える責任があると考えることができるように思われる。これが、二〇〇九年七月に内閣官房長官に提出された懇談会報告書の基本的な考え方ということができる。

懇談会は、まず先住民族の定義について、次のように述べている。「先住民族の定義については国際的に様々な議論があり、定義そのものも先住民族自身が定めるべきであるという議論もあるが、国としての政策展開との関係において必要な限りで定義を試みると、先住民族とは、一地域に、歴史的に国家の統治が及ぶ前から、国家を構成する多数民族と異なる文化とアイデンティティを持つ民族として居住し、その後、その意に関わらずこの多数民族の支配を受けながらも、なお独自の文化とアイデンティティを喪失することなく同地域に居住している民族である、ということができよう。」

「先住民族の権利に関する国際連合宣言」も含め、先住民族の確立した統一的定義は存在せず、学術的にも、例えば人類学において狭義にも広義にも用いられることがあると指摘されているが[6]、先住民族たる地位に権利享有などの規範的効果を結びつける場合には、そこに何らかの指標を設けることが不可欠である。実のところ、国際的に通用している定義が存在しないわけではなく[7]、わが国においても、いわゆる二風谷ダム訴訟に係る札幌地裁判決における定義[8]が知られている。懇談会の示した定義はこれらを踏まえたものであるということができる。

懇談会報告書は、「アイヌの人々は、独自の文化を持ち、他からの支配・制約などを受けない自律的な集団として我が国の統治が及ぶ前から日本列島北部周辺、とりわけ北海道に居住していた。その後、我が

(6)　高倉浩樹「先住民問題と人類学」窪田幸子＝野林厚志編『「先住民」とはだれか』（世界思想社、二〇〇九年）所収。

(7)　国連人権小委員会先住民作業部会の特別報告者J・M・コーボゥによる作業定義や世界銀行業務マニュアルにおける定義などが知られている。国立国会図書館調査立法考査局『外国の立法』三二巻二＝三号（一九九三年）二九頁、三二頁。

(8)　札幌地判平成九・三・二七判時一五九八号三三頁。同判決については、拙稿「先住民族と裁判――二風谷ダム判決の一考察」国際人権九号（一九九八年）五一頁。

国が近代国家を形成する過程で、アイヌの人々は、その意に関わらず支配を受け、国による土地政策や同化政策などの結果、自然とのつながりが分断されて生活の糧を得る場を狭められ貧窮していくとともに、独自の文化の伝承が困難となり、その伝統と文化に深刻な打撃を受けた。しかし、アイヌの人々は、今日においても、アイヌとしてのアイデンティティや独自の文化を失うことなく、これを復興させる意思を持ち続け、北海道を中心とする地域に居住している」ことを確認し、右に定義する先住民族にあたると結論づけるのである。そして、そのうえで、「国の政策として近代化を進めた結果、アイヌの文化に深刻な打撃を与えたという歴史的経緯を踏まえ、国には先住民族であるアイヌの文化の復興に配慮すべき強い責任がある」と論ずる。

これを要するに、ある土地に事実として先住していた民族が、支配国家の政策の結果として、自らの意に反して、あるいは少なくともその意に関わりなく、被支配的な少数民族たる地位におかれた時には、当該国家は当該民族の失った権利・利益の回復に責任を負うと考えられるから、このような民族を先住民族と観念することによって、国家の特別の配慮義務とそれに基づく政策とを導くことができるというように懇談会は考えたと言うことができよう。

2　「日本型」先住民族政策

このように懇談会報告書が採用した先住民族についての考え方には、定義の点では標準的であるとしても、それと結びつけられた効果の点で独自の先住民族政策とでも言うべき特徴があるように思われる。

すなわち、アメリカやカナダの先住民族とは異なり、アイヌ民族は強い同化政策の中で民族としての集団的なまとまりが大きく損なわれたしまったと言わざるをえない。アイヌ民族最大の団体は公益社団法人北海道アイヌ協会であるが、同協会は一九七四年から北海道において同和対策における環境改善事業をモデルとして始められた「ウタリ福祉対策」の実施への協力をその主要な任務として活動してきた団体であり、その後、世界的な先住民族運動の高まりの中で、アイヌ民族最大の団体として、国および自治体における アイヌ政策の企画実施にも関与していくことになるが、その成立の経緯や実施事業、そして会員数⑼などに照らして、少なくとも現時点では、組織としての性格および代表性などの点において、例えばアメリカにおけるインディアンの部族政府のような民族自治組織とは異なるのである。

アメリカ合衆国憲法第一編八節は、「外国との通商、州際通商及びインディアン部族との通商を規制すること。」を合衆国議会の権限の一つとしており、インディアン部族を外国や州と並んで主権を有する存在と解することを可能にしている。合衆国最高裁判所は、一八三一年のチェロキー・ネーション対ジョージア州事件判決において、インディアン部族を、合衆国内の従属国（domestic dependent nation）とみなし、合衆国の保護国と位置づけた。そして、翌年のウースター対ジョージア州事件判決で、インディアン部族に対する管轄権は合衆国政府のみが有し、州の管轄には服さないことを明らかにした。これらの判決によって、インディアン部族は州と同様に準主権的存在であり、領土（保留地）と人民、ならびに独自の法体

⑼　二〇一四年一二月一日現在での正会員数は二四四九人とされている。http://www.ainu-assn.or.jp/about02.html

系と自治政府を有することが確認されたのである(10)。

このように、アメリカなどの諸国が部族のような集団を対象とし、その準主権的性格を基本としているのとは異なり、日本における先住民族政策は、上述のように、まず個人を対象として始めなければならないという事情がある。また、個人を対象とするとしても、例えば台湾においては日本統治時代に編製された戸籍をもとにして個人の先住民としての身分を確定できるのとは異なり、日本では、個人認定は不可能ではないにしても越えるべきハードルがある。すなわち、現在の日本の戸籍からはアイヌの身分に関する記載は抹消されているため、戸籍を何世代かさかのぼることによってアイヌ風の名前をもった先祖の記載にたどり着くことができれば、それがアイヌの血統の根拠となりうるが、戸籍の編製時期や日本風の名前への切り替えなど北海道においても地域によって違いがあるため、すべてのアイヌについて先祖のアイヌ名による認定ができるとは限らない。

また、一八七一（明治四）年の戸籍法により編製された戸籍（いわゆる壬申戸籍）には族称欄があり、アイヌについては土人などと記載されることがあったと言われており、それが認定根拠になるとも考えられないではない。しかし、族称欄には「新平民」などの差別的記載もあると言われるため、一九六八（昭和四三）年三月二九日付け法務省民事局長通達によって封印保管され、何人にも閲覧させない扱いとされており、情報公開法による開示請求に対しても行政文書にあたらないという理由で不開示とされている(11)。

そのほかの公簿としては「旧土人戸口調査」や北海道旧土人保護法の給与地下付台帳、また土地登記簿の所有権欄における北海道旧土人保護法による給与地である旨の記載などの活用も考えられる。このように、何らかの公簿、あるいはそれらの組合せによってアイヌであるとの個人認定を行うことはできないわけではないと考えられるが、その信頼性、実効性等についてはなお検討の余地が残されている。公簿類だけで確認できない場合には、諸外国の例にならって、文献等における記載、専門家による研究成果、コミュニティにおける伝承なども加え、さらに「先住民族は、その慣習及び伝統に従って、自己のアイデンティティ又は構成員を決定する権利を有する。」と定める国連宣言三三条を参照して、適切なアイヌ民族団体の意見を踏まえて判断する工夫が必要となろう。

なお、個人を対象とするといっても、それに限定する趣旨ではなく、個人施策および対象者を特定しない文化振興施策などを通じて民族的アイデンティティの高揚を図り、それによって民族としての意識を醸成しようという意図があることに注意する必要がある。すなわち、日本においては、第一段階として、主として個人としての先住民を対象とする政策や対象者を特定しないでも実施できる政策からはじめ、それを通じて、第二段階として、集団としての先住民族の再生を目指しているということができよう。

ちなみに、最近、北海道のある地方議員がツイッターに「アイヌ民族なんて、もういない。」という趣旨の書き込みをしたことをめぐって大きな議論が巻き起こった。二〇一四年八月二〇日の朝日新聞に掲載された「天声人語」でも取り上げられたから、北海道外での関心も少なくなかったと思われる。この書き

(10)　アメリカの先住民族法制の要旨および判例の流れについては、拙稿「国内法における先住民族の地位――アメリカを中心に」文化人類学研究五巻四九頁（二〇〇四年）。
(11)例えば、情報公開・個人情報保護審査会平成一七年四月二八日答申（平成一七年度（行情）答申第五五号）。

込みに対し、民族とは文化概念であり、基本的にその帰属は主観的意識によって決まるとの反論がなされたところ、アイヌであるかどうかは自分で決めるというなら、公金に基づくアイヌ政策の対象者となるかどうかも自分で決められることになって不当であるとの再反論があった。しかし、この再反論は、民族への帰属と政策対象者を単純に同一視している点で誤っている。例えば、アメリカ合衆国におけるインディアンの人口は約二九〇万人とされるが、これは二〇一〇年の国勢調査で自らがアメリカ・インディアンまたはアラスカ先住民（のみ）に属すると回答した人の数であり、いうまでもなくこれは本人の主観的判断である。しかし、合衆国政府による先住民族政策の対象となるのは、この人々のすべてではなく、インディアンの血統を二五％以上有することなどの客観的要件を充足する人に限られる。この両者を混同してはならない。

3　文化の復興による民族的アイデンティティの再生

さて、このような事情を背景に、懇談会は、まず民族文化の復興を第一の課題とした。文化施策は、対象者を特定せず、あるいは個人を対象として実施できるというメリットがあり、さらに文化の復興は民族そのものの復興につながる民族的アイデンティティの再生にも不可欠だからである。

ただ、文化というと、言葉や歌、舞踊、工芸などに限られるのかと思われるかもしれない。実際、一九九七年に制定されたアイヌ文化振興法は、さしあたりこのような狭い意味の文化に限定してその振興を図っている(12)。しかし、本来の文化とは、「人間が自然に手を加えて形成してきた物心両面の成果。衣食住をはじめ科学・技術・学問・芸術・道徳・宗教・政治など生活形成の様式と内容とを含む。[13]」のである。文化とは、人間生活のあらゆる側面に関わる広い意味を持っているのであり、報告書が復興すべきとしている文化は、この広い意味での文化であることに留意する必要がある。また、「文化や伝統を静態的・実体的に把握し、それを保護し振興するという思考」、言い換えれば文化の博物館化の危険性も指摘されているが[14]、報告書は、「伝統を踏まえて文化の復興を図るとともに、それを基礎として新しいアイヌ文化を創造していくという、過去から未来へとつながる視点が必要」であるとしており、伝統的な文化だけでなく、未来に向けて新しい文化を創り出していけるような環境をつくることが必要であると指摘している。

4　自律的選択の条件としての文化と憲法一三条

文化の復興を目指す政策は、憲法一三条と関わりを持つという意味で憲法問題としても重要である。アメリカ合衆国憲法にインディアン部族に関する規定があることは先にも述べたが、同様の先住民族の存在を定める規定は、カナダ憲法[15]や台湾の中華民国憲法[16]などにも見られる。しかし、それらとは異なり、日本

(12)　その趣旨については、拙稿・前掲注（5）。
(13)　新村出編『広辞苑〔第六版〕』（岩波書店、二〇〇八年）。
(14)　横田耕一「『集団』の『人権』」公法研究六一号六三頁（一九九九年）。
(15)　一九八二年憲法第三五条。
(16)　中華民国憲法追加修正条文（第七次憲法修正）第一〇条一一項、一二項など。

国憲法にはアイヌ民族や先住民族の存在を前提とする規定は設けられておらず、かえって憲法は個人主義を基本とする点で前述のように集団的権利の承認を困難にし、また平等原則を基本とする点でアイヌ民族のみを対象とする政策を困難にすると考えられてきた。しかし、懇談会は、「憲法の人権関係の規定の中では、第一三条の『個人の尊重』が基本原理であり、我が国における法秩序の基礎をなす原則規範である。アイヌの人々にとって、自己が他の多くの日本人と異なる文化を持つアイヌという存在であるという意識（すなわちアイヌのアイデンティティ）を持って生きることを積極的に選択した場合、その選択は国や他者から不当に妨げられてはならない。さらに、アイヌというアイデンティティを持って生きることを可能にするような政策を行うことについても配慮が求められよう。」と指摘する。

有識者懇談会の座長を務められた佐藤幸治教授が指摘されるように、[17]「人は様々なものを背負ってこの世に生まれ、それとの関係ないし格闘の中で自我を形成し、自己のアイデンティティを確立していく。人種・民族といった属性はその中でも大きな意味をもつ」のである。「個人は真空の中で自律性を確立し維持するわけではなく、基本的人権の保障を考えるにあたって、様々な環境に生まれおちる個人がその自律性を確立・維持するため必要とする条件に対しても一定の配慮が必要であると考えるべき」であろう。

思うに、個人の人格形成は、その個人を含む集団（民族）の文化的伝統によって強く影響されるのであり、公私にわたる個人の様々な選択の自由も、「文化という場の中でのみ有意義に行使できる」[18]のである。すなわち、選択の対象となる選択肢を提供し、選択者に理解可能な意味を付与するのはその個人を育んだ文化であるから、文化は自律的選択の自由を成立させる基礎条件と言うことができる。そうであるとすると、民族の文化は、個人の人格的生存に関わる自律的選択の文脈を提供し、有為な選択を可能にするものなのであり、その文化の享有は憲法一三条によって保障されていると考えることができる。もちろん、この意味での民族文化の享有は先住民族に限ったことではなく、論理的には一三条によって保障されるのは多数、少数を問わず「自己が属する民族の文化」を享有する権利であるが、(19) 実際にその侵害が問題となるのは少数民族の文化についてであるのみならず、国としては、自らの行為によって深刻な打撃を与えた先住民族の文化については一層強い配慮をする責務を負うのである。

また、個人は「国政の上で、最大の尊重を必要とする」のであるから、個人がアイヌとしてのアイデンティティを持って生きる道を自律的に選択することが可能になるような環境を国として整備することも一三条によって要請されていると考えるべきであろう。よく知られているように、子どもの頃からどういう環境のもとで生活していくのかということによって人間のエスニックな面も含めた意識が形成されていくわけであるから、民族固有の言語や伝統的な物語、その他の生活様式など、それらが伝承され、整備されて初めてアイヌ民族のアイデンティティが継承されていくということができる。したがって、国は、まずはアイヌとしてのアイデンティティをもって生きることを可能にするために、これらの言語や生活様式が伝承されるような環境を整備すべきことになろう。さらに、社会的に先住民族に対する差別のあるところ

(17)　佐藤幸治『日本国憲法論』（成文堂、二〇一一年）一三九頁、一四〇頁。
(18)　石山文彦「多文化主義の規範的理論」日本法哲学会編『多文化時代と法秩序』（有斐閣、一九九七年）四七頁。
(19)　市川正人『ケースメソッド憲法〔第二版〕』（日本評論社、二〇〇九年）三五頁。

では民族意識が積極的に選択されることは困難であるから、国は憲法一四条を待つまでもなく、一三条の要請として先住民族に対する差別を解消しなくてはならないのである。

このように、憲法一三条に基づいて自律的選択の文脈としての民族文化の享有を保障するということが、理論的可能性にとどまらず、民族的アイデンティティの「肯定的」再生に実効的であることは、先に触れた北海道アイヌ民族生活実態調査においても示されているところである。さらにそれが、文化の再生のみならず社会的地位の向上を実現するための担い手を生み出すことにつながっているということも確認しておきたい。

Ⅳ　アイヌ文化の復興を目指して

二〇〇九年暮れに、新たに内閣官房長官を座長とする「アイヌ政策推進会議」が設置され、懇談会報告書が提言した政策の具体的実施を監督するとともに、特に重要な課題については作業部会を設置して詳細な検討を進めることとした。

そのうちの一つの作業部会が「民族共生の象徴となる空間」作業部会である。「象徴空間」は、懇談会報告書の政策提言の中核にあった構想ということができる。同作業部会は、約一年の審議を経て、「先住民族であるアイヌの尊厳を尊重し、アイヌ文化が直面している課題に対応しつつ、我が国が将来へ向け、多様で豊かな文化や異なる民族との共生を尊重する社会を形成するためのシンボルとなる」空間を設置し、美しく広大な自然環境の中に国立の博物館、チセとよばれる伝統的家屋群、現代的工房などの施設を配置するとともに、アイヌの伝統的工芸や舞踊などを伝承する人材を育成する機能、また世界の先住民族と交流するための機能も備えるべきであるという提言を行った。これは、北海道白老町のポロト湖のそばに設置され、アイヌ文化復興の「ナショナル・センター」となることが期待されている。

そのほかのアイヌ施策としては、アイヌ民族の学生を対象とした奨学金制度、アイヌの歴史や文化を研究する大学等への助成制度、生活や就労などの問題に関する相談制度、学校におけるアイヌの歴史文化に関する教育の実施、アイヌ文化を国内、海外に発信するための活動、アイヌ語や伝統工芸などの文化伝承者の育成事業、伝統的文様などに対する知的財産権を保護するための制度、アイヌの人々が集まり交流できる施設の設置、さらに大学等が保有するアイヌの遺骨や副葬品の返還および返還できない遺骨のための慰霊施設などのさまざまな施策の新設や拡充に向けた取り組みが、アイヌ政策推進会議および二〇一一年に推進会議の実務を担うために設置された政策推進作業部会の監督のもとで進められている。

二〇一四年六月に政府は、象徴空間をオリンピック・パラリンピック東京大会が開催される二〇二〇年までにオープンさせることを閣議決定した。これによって北海道初の国立博物館となる国立アイヌ文化博物館および文化伝承の場となる国立民族共生公園などからなる象徴空間の設置が政府として正式に決定されたことになる。

有識者懇談会から政策推進会議にいたるアイヌ政策の基本は、「先住民族の権利に関する国際連合宣言」の関連条文を参照しながらも、その根拠は、北海道「開拓」の歴史の中で国がアイヌ民族に対して負った特別の責任を果たすというところに求め、さらに個人による自律的選択の条件としての民族文化の復興を憲法一三条の「個人の尊重」原理に基礎付けるという点で特徴を有するということができる。そして、このような考えに基づいて日本としては初めての先住民族政策を展開することによって、アイヌの人々の中にアイヌのアイデンティティをもって生活する人々が増え、さらにアイヌ民族に対する国民の理解も進んでいったならば、そのときには、国連宣言に含まれる先住民族としての権利を直接に、かつさらに広範に保障するための政策を展開することも視野に入ってくるのであろう。

このような考え方には微温的に過ぎるとの批判もありうるところである。しかし、先住民族としての固有の権利を直線的に主張することには強い反発も避けられない。それが新たな差別を生み出す原因になるとの懸念もあろう。それでも敢えて直ちに権利としての実現を図るという、切れ味は良いが副作用も強い西洋薬の投与が必要な症状であるのか、それとも文化復興によるアイデンティティの再生と国民の理解促進から始めるという、効果の発現には時間がかかるが副作用の少ない漢方薬の投与が適切であるのか、つまるところはその見立ての問題なのかもしれないが、少なくともその見立ては「アイヌ民族と日本社会の現実」を見据えたものでなければならないであろう。

＊　「アイヌ政策のあり方に関する有識者懇談会」、「アイヌ政策推進会議」およびその下に設置された作業部会の設置趣旨や構成、およびそれらの報告書、ならびに「民族共生の象徴となる空間」をはじめ現在進められている諸施策の概要については、アイヌ政策推進会議のホームページを参照されたい。
http://www.kantei.go.jp/jp/singi/ainusuishin/index.html

4.

イメージ一枚で四億円?
——チャイルド・ポルノグラフィ抑止の値段と表現の自由

紙谷雅子
Kamiya Masako

二〇一五年に児童ポルノ単純所持罪が導入された。これは刑法一七五条のわいせつ罪とどこが違うのか？　効果的な子どもに対する性的虐待抑止策なのか？　効果的でないとしたら？

Ⅰ　文化の違い？

イタリアーノ（イ）：「ラテ」って元々はイタリア語でミルクのことだったのに、スターバックスのせいで「25 mℓ のエスプレッソと温めたミルク」になっちゃったんだ。

ジャポネーゼ（ジャ）：でも、味は一緒でしょ。スターバックスCEOのハワード・シュルツはミラノのバールで「本物のコーヒーの味」に開眼したというのが伝説だもの。

イ：伝説はそうかもしれないけれどスターバックスのコーヒーはイタリア人からすると「ローストのし過ぎ」、ローストに対する感覚がイタリア人とは違ってるって、イタリア・エスプレッソ協会の人が言っている。コーヒーは「苦み」じゃなくて「酸味」を活かさないといけないんだ。エスプレッソの飲み方も違うし……。イタリアには本を片手にゆっくり座って飲むようなスターバックスはないよ。バールでは立ち飲みだからね。グローバル化すると似て非なるものに変身しちゃうってことかな？

ジャ：確かに「カリフォルニア・ロール」は、ふつう、日本の寿司屋では見かけないわね。でも、日本の「マンガ」や「アニメ」は海外ではローマ字の“manga”と“anime”だけど、内容はそのままでしょ？どこでも人気だって聞いたけれど。

デジュタジュニ（デ）：日本の「マンガ」をそのまま輸出したら、犯罪になると思うな。

ジャ：エッ？　どうして？　著作権侵害とか？

デ：全部の「マンガ」というわけではないけれど、アメリカで「わいせつな日本のアニメをダウンロード」した人が有罪になったとき、マンガは現実の子どもの描写ではないからチャイルド・ポルノグラフィにあたらないという主張は、現実の子どもの描写でなくともわいせつな表現に該当すると、認められなかった。(1) 特派員として日本に来たジャーナリストは「あんなに性的にあからさまなストーリィのマンガに子どものキャラクターを登場させて『チャイルド・ポルノグラフィ』にならないのか、不思議だ」と言っている。

ジャ：日本でも児童ポルノ単純所持は犯罪(2)でしょ？　ということは、日本でいう「児童ポルノ」と日本以外の「チャイルド・ポルノグラフィ」とで基準が違うっていうこと？

デ：小学生くらいに見えるような「あどけない顔をした、瞳ウルウルの少女」が信じられないようなプロポーションを強調する服を着て男性に媚を売っているっていう、「ロリコン」系でよく見るパターンがまさに「チャイルド・ポルノグラフィ」だっていうんだ。

イ：その人、どこの特派員？

デ：カナダ……。でも、英語圏だったらどこでも「違法」だと思うって言っていたけど……。

イ：「児童ポルノ」も「チャイルド・ポルノグラフィ」も、禁止する根拠は子どもに対する性的虐待という犯罪の証拠(3)だからっていうよね。

---

(1) United States v. Whorley, 550 F. 3d 326 (4th Cir. 2008).
(2) 児童買春、児童ポルノに係る行為等の規制及び処罰並びに児童の保護等に関する法律七条。

ジャ：「マンガ」は実際に虐待しているわけじゃなくて、単なるイメージだから許されるんじゃないの？

デ：「ロリコン」系ではあどけない顔の少女が性的にあからさまなことをさせられているというのがお約束っぽいんだ。「『ポルノグラフィ』は理論、『強姦』が実践」という一九八〇年代のポルノグラフィ規制派フェミニストたちのスローガンからすると、子どものあからさまな性的イメージは子どもに対する虐待のガイドブックであり、無防備な子どもをターゲットとするチャイルド・ポルノグラフィ制作を促すモデルになっているから、実在しない子どもを描いた「バーチャル・イメージ」でも違法だという議論からすると、子どもに対する虐待の教唆になるって。

ジャ：児童ポルノとチャイルド・ポルノグラフィって同じもの？　違うみたいな気もするけど……。そもそも「児童」って小学生のことでしょ？　中学と高校が「生徒」で、大学が「学生」みたいな……。

デ：国連の児童の権利条約選択議定書批准[4]が、日本もそうだけど、多くの国でチャイルド・ポルノグラフィを規制するきっかけになっているそうだから国によって違う場合もあるけど、条約だと基本は一八歳未満[5]。

ジャ：日本では親の同意があれば女性は一六歳で結婚できるじゃない？[6]「幼妻の〇〇」も問題になるということ？

デ：怪しげな「幼妻」のニュアンスが一六歳未満なら、間違いなくチャイルド・ポルノグラフィ問題だね。その辺の感覚の違いが問題になっているのだと思うよ。日本の社会は性と性表現の扱いも――あからさまな性的表現と被写体に対する性的搾取との「危険な関係」を見て見ぬふりをしているのではないか……とその特派員は言いたかったらしい。

ジャ：そういえば、二〇一四年に日本で児童ポルノの単純所持を規制することになったときも「バーチャル・イメージ」は対象に入らないことにしたので外国のメディアですごく非難されたって聞いたけど、そうなの？

デ：確か、「マンガ」の制作は動画や写真と違って現実の子どもに対する虐待じゃないからという説明だったけど、選択議定書はチャイルド・ポルノグラフィを「現実のもしくは疑似のあからさまな性的行為を行う子ども〔について〕のあらゆる表現（手段のいかんを問わない）または主として性的な目的のための子どもの身体の性的な部位のあらゆる表現」と定義しているから、「バーチャル・イメージ」を何故規制しないのかについての説明が足りないという批判はあるだろうね。その人は、カナダには、現実でもフィクションでも、犯罪を描写すると道徳を堕落させる罪にあたるという刑法の規定があると言っていた。「バーチャル・イメージ」の規制は憲法の保障する表現の自由に抵触するというのがそのとき

(3)　New York v. Ferber, 458 U. S. 747, 759 n. 10 (1982).
(4)　児童の売買、児童買春及び児童ポルノに関する児童の権利に関する条約の選択議定書（略称　児童の売買等に関する児童の権利条約選択議定書）。日本については二〇〇五年一月に批准、二月発効。
(5)　児童の権利に関する条約一条。日本については一九九四年四月に批准、五月発効。「チャイルド」の訳語として日本政府は「児童」としているが、ユネスコなど国連機関では「子ども」を用いている。
(6)　民法七三一条。児童の権利に関する条約によれば、民法七三一条のように法律でより早く成人に達した場合には児童に該当しない。同条約一条但書。

の日本政府の説明だったけど……、現実の虐待の証拠となる写真や動画も保護に値するかどうかは別に「表現」であることは事実だから、「バーチャル・イメージ」の場合には現実の虐待被害者がいないとか、もう一段もっともらしい指摘をしない限り実は批判への答えになってない。コンピュータ・グラフィックの「バーチャル・イメージ」を規制しようとしたアメリカの連邦法は現実の子どもの被害者がいないという理由で違憲になったから[7]、そんな答えでもピントはずれではないはず……。

イ：うーん。『ポルノグラフィ』は理論、『強姦』が実践」というスローガンは、行動心理学で実証研究に基づいて否定されているらしい。この研究の結論に対しては、暴力と性表現が一体化していると性犯罪を増長させるという趣旨の有力な反論もあるらしいけど……。攻撃的な暴力を肯定的に刷り込む映像とかは性的に露骨な表現とは別物だと思うな。チャイルド・ポルノグラフィは子どもに対する虐待という犯罪の証拠そのものだからその写真や動画は禁止する、実際の犯罪の証拠とは断言できないので「バーチャル・イメージ」は禁止できないというのが、子どもに対する虐待を根拠とする場合の「一応は正しい」説明なんだ。実は制作や配布といった供給側だけの禁止では子どもに対する虐待根絶対策は不十分で、チャイルド・ポルノグラフィの需要を根こそぎなくすことが子どもに対する虐待根絶には必要不可欠ということが世界的に常識となっているので、「単純所持の処罰」は、どこでも子どもに対する虐待根絶の特効薬と期待されているらしい。

Ⅱ　単純所持で一〇〇万円！

ジャ：でも、この法律、どのくらい、実効性があるのかしら。さっきの特派員はマンガの話だったけど、際どい写真とか動画とか、ネットで簡単に手に入るって話は聞くし、摘発されても罰金を払えばいいんじゃないの？　二〇一五年七月からの施行ということは、まだ摘発された例がないということ(8)？　懲役一年以下、罰金一〇〇万円以下(9)……刑罰が重いからその犯罪は割に合わないというほどでもないような気がするの……。というか、日本でも児童ポルノというか、チャイルド・ポルノグラフィに関わるとものすごーく損するということにしない限り、世界中でチャイルド・ポルノグラフィを供給してお金儲けをめざす(10)人も、手軽に入手できるから罪悪感なくダウンロードしちゃう人も、いなくならないんじゃない？　そういえば、刑罰を非常に重くすると裁判所がいろいろな理論を使って有罪と認定するのに躊躇するという話、二〇世紀カナダの性犯罪改革かなにかのとき、なかったっけ？　規定の厳罰化と量刑実

(7) Ashcroft v. The Free Speech Coalition, 535 U. S. 234 (2002).

(8) 二〇一五年九月一日、ダウンロードした児童ポルノ画像をスマートフォンに保存していた人が単純所持で書類送検されたという新聞報道（朝日新聞、日本経済新聞、二〇一五年九月二日）がある。

(9) 児童買春、児童ポルノに係る行為等の規制及び処罰並びに児童の保護等に関する法律七条一項。

(10) 児童買春、児童ポルノに係る行為等の規制及び処罰並びに児童の保護等に関する法律七条二項は提供者に対し、三項は製造運搬輸出入した者に対し、三年以下の懲役または三〇〇万円以下の罰金と規定する。

態の乖離とか……。

デ：子どもに対する虐待の根絶ということだったら、制作、配布、所持といった普通の犯罪類型の処罰をただ闇雲に重くするだけでは不十分だよね。そこで、チャイルド・ポルノグラフィ禁止規定に実効性を持たせる手段のひとつが、チャイルド・ポルノグラフィ所持で有罪となった人に対して被写体となった虐待被害者ひとりひとりに損失補塡の請求権を認めるという法律なんだって。知ってた？　警察や検察ではなく、被害者に犯罪抑止となるような民事上の救済請求権を認めようという発想で、被害者は哀れで他の人の庇護を受けるべき「可哀想な」存在に留まるのではなく、自らが加害者に対して損失を償うよう請求することができるようにする。つまり、「エンパワーメント」がそのキーワード。

ジャ：「エンパワーメント」って、先住民運動とかで使われているって聞いたけれど……。本来持っている潜在能力や生きる力を湧き出させることだっけ。

デ：民事上の救済、損失補塡に関する請求権を被害者に認めるという方法は、さっき話題にした一九八〇年代ポルノグラフィ規制派フェミニストたちの推進したのと基本的枠組みとしては同じだけど、ポルノグラフィ規制は憲法違反(11)となったのにチャイルド・ポルノグラフィでは問題になっていない……子どもが被害者となったときの扱いがポイントなのかなぁー。

イ：先週、違法行為の結果、発生した損失を被害者が加害者に請求したチャイルド・ポルノグラフィ事件の最高裁判決があるって、アメリカ法の先生、言っていたね。イメージを一枚、持っていて四億円の請求だっけ。あそこにいる大学院生、留学から帰ったばかりだから「報告しなさい」とか言われて……。

聞いてみようよ。

あのー……先週の授業のとき……。

グラジュエイト（グ）：あなた、一番後ろに座っていた……。

イ：実は、その……。

デ：チャイルド・ポルノグラフィの加害者が被害者に対して四億円を払うっていう話なんですけど……。

マジ、ホントですか？

グ：先週のアメリカ法の授業ね。アメリカには、法律に規定された犯罪の被害者が請求したならば、裁判所は有罪となった加害者に対し、被害者の被った損失額全額を支払うよう命じなければならないという連邦法[12]が一九九四年からあって、チャイルド・ポルノグラフィの単純所持も、損失補塡を請求できる犯罪類型のひとつになっているわ。授業で話題になったのは、「ミスティ」というチャイルド・ポルノグラフィ・イメージを二枚所持していたと有罪答弁をしたけれど、被害者との直接の接点は全くなかったから、虐待に直接関与したとは言い難い刑事被告人に対して、イメージの基となった子どもに対する虐待の被害者エイミィが、チャイルド・ポルノグラフィのせいで発生した損失額全額に相当する三四〇万ドルを請求したという訴訟だったけど、四億円といえばこの話でいいのかしら。

（11）　American Booksellers Association, Inc. v. Hudnut, 771 F. 2d 323 (7th Cir. 1985), aff'd mem., 475 U. S. 1001 (1986).

（12）　18 U. S. C. §2259. Pub. L. 103-322, title IV, §40113 (b) (1), Sept. 13, 1994, 108 Stat. 1907.

Ⅲ　性的に露骨でもわいせつではない？

デ：日本のマンガやアニメが外国ではチャイルド・ポルノグラフィになるかも……という話が出発点なんですが……。

グ：日本で「児童」という言葉は小学生のイメージだから、一八歳未満までを対象とすることを考えて、本当は「チャイルド・ポルノグラフィ」、せめて「子どもポルノ」といってほしいわ。ついでに「子どもの権利条約」もそう……。日本のマンガやアニメがチャイルド・ポルノグラフィに該当するかもしれないという話と、海外ではチャイルド・ポルノグラフィに対する規制が非常に厳しいというのは、別な問題ね。

ジャ：チャイルド・ポルノグラフィに対する反応って、そんなに違うのですか？

グ：チャイルド・ポルノグラフィは子どもに対する性的虐待という犯罪の証拠というだけでなく、所持までもが虐待の反復行為なので、厳格な処罰の対象となるべきと考えられているのは基本的に世界共通なはず。子どもの権利条約の選択議定書……。

デ：国連の子どもの権利条約の議定書批准が多くの国でチャイルド・ポルノグラフィ規制のきっかけになっていてという話はしました。

グ：でも、何がチャイルド・ポルノグラフィに該当するのか、チャイルド・ポルノグラフィとどのようにかかわることが犯罪となるのかといった実際の規定は条約を批准した国々の判断に委ねられているから具体的な犯罪の構成要件などに違いがあるのは事実ね。もちろん、国によって規制すべき性的に露骨な表現の基準も随分違うし……。「わいせつ」に関するアメリカのミラー判決の基準[13]は「同時代の地域社会の基準に照らして、全体として、好色的な関心に訴える」かどうかの判断を普通の人、つまり、陪審に委ねているから、同じ国の中でも地域差が大きい。だとしたら、国際的に同一の基準を適用するというのは難しい要求だと思う。

イ：ということは、何が規制されるべき性的表現なのかの判断も違う？

グ：日本の場合、「わいせつな文書、図画、電磁的記録」は刑法で規制[14]されているけれども、それ以外の露骨な性的な表現は、ポルノグラフィというかどうかは別にして、刑法の対象にはなっていない。けれど「青少年に対して有害」という理由で地方自治体の条例が規制しているでしょ。条例の数は多く、規定の文言も一律ではないから、適用が同じ基準ではないかもしれないということは想像できると思うわ。実際には条例に基づく取締りで摘発された人たちの大部分は条例の違憲性はもちろん、問題とされた情報が本当に「青少年に対して有害」かどうかも争わない。略式命令で罰金を払うとかで条例に違反したとされる行為の決着をつけてしまうらしいの。裁判所でさまざまな条例の運用状況についての判断が蓄積され、比較できるという状況にはないから、どのような文言がどのような基準で適用されているのか

（13）　Miller v. California, 413 U. S. 15 (1973).

（14）　刑法一七五条。

についての実証研究は少ないと聞いたことがあるわ。条例に典型的なのは有害情報の「不健全指定」と青少年に対する販売禁止や閲覧禁止のための「区分陳列」。大人が違法ではないのにアクセスできないのは憲法上の権利を侵害することになるという主張には対応している。議論がないから有害の基準については日本の国内でも判断が違うかもしれないけれど、わからない……。条例上は「青少年に対して有害」な情報へのアクセス禁止は青少年に限定されているけれども、出版業界は自主ルールとして「不健全指定」を受けた書籍は、原則、取り扱わないというから、普通の書店は取り扱いを躊躇する……。マニアックに探さない限り、大人でも「不健全指定」された図書の入手はかなり困難だとか。アダルト・グッズ・ショップが主な販売場所らしいの。

ジャ：青少年ではない人に関しては有害ではないから簡単に入手できないのは問題なんですか？　そんなの、見なくてもいいいんじゃない？

デ：問題は、大人を子ども扱いにすることですよね。

グ：インターネットが普及し始めたときにアメリカの連邦議会の立法が違憲⑮と判断されたのも、わいせつではないので違法ではないけれども下劣で品位に欠けているので子どもには有害であるという理由で大人のアクセスも制限されるような規制の方法は、表現の自由上、問題だという理由だったから、その後のアメリカのインターネット規制は子どもが利用できない情報の規制に対象を絞ろうとして、苦労しているの⑯。インターネット上のゾーニング規制と「区分陳列」、意図は同じということね。

ジャ：わいせつは違法だけれども、ポルノグラフィは違法ではないということ？　どちらも性的な表現なのに？　露骨さが違うのかしら？

グ：わいせつではないあからさまな性表現をポルノグラフィとか、「ポルノ」というつもりなら、日本での性表現の規制は「ポルノ」に及んでいない。

ジャ：よくわかんない。リベンジポルノは規制されていると聞いたわ。(17)あれは「ポルノ」ではないの？ そういえば、わざわざ法律をつくらなくても、既にあるいろいろな法律で対応できるというのが多くの法律家の見解だったのに議員立法で成立しちゃったということも聞いたけど、表現の内容的には刑法でいう「わいせつ」相当ということ？

デ：性的表現の規制基準は、的確に表現することが難しいから、あるとき、アメリカ最高裁の判事がわいせつは「見ればわかる」とか言ったんですよね。(18)

グ：保護されないのは、「ハード・コア・ポルノグラフィ」だけだといったときね。

個人的には「ポルノ」という言い方自体、法律上の厳密な定義がないから、とても曖昧で誤解をもたらしていると思う。法律家ではない人と話をしていると、一般的に販売されている週刊誌のグラビアや

---

(15)　Reno v. American Civil Liberties Union (ACLU), 521 U. S. 844 (1997).

(16)　Ashcroft v. ACLU, 535 U. S. 564 (2002); United States v. American Library Association, 539 U. S. 194 (2003); ACLU v. Mukasey, 534 F. 3d. 181 (3d Cir. 2008), cert. denied, Mukasey v. ACLU, 555 U. S. 1137 (2009);

(17)　二〇一四年一一月に成立した私事性的画像記録の提供等による被害の防止に関する法律、通称、リベンジポルノ防止法。

(18)　"I know it when I see it" は一九六四年、ポッター・スチュワートが Jacobellis v. Ohio, 378 U. S. 184, 197 (1964) で述べたことで有名。

スポーツ新聞の写真も「ポルノ」として認識していて、しかも取り締まり可能な基準を満たしていると理解していると考えている人も多かったりして、結構びっくりするわ。確かに、性的に思わせぶりなポーズは好色的な関心を刺戟するし、文芸的・芸術的・政治的・科学的といった価値があるのかといわれると絶句するけれど、性的行為や排泄行為を明らかに不快なやり方で表現しているとはいえない……。[19]あっ！　これ、アメリカ最高裁の基準ね。

日本だと、その作品における性に関する露骨で詳細な描写叙述の程度とその手法、性の描写叙述が文書全体に占める比重、文書に表現された思想等と性の描写叙述との関連性、文書の構成や展開、さらには芸術性・思想性等による性的刺戟の緩和の程度、これらの観点から当該文書を全体としてみたときに、主として、読者の好色的興味に訴えるものと認められるか否かなどを総合し、その時代の社会通念に照らして、[20]「徒らに性慾を興奮または刺激せしめ且つ普通人の正常な性的羞恥心を害し善良な性的道義観念に反する」[21]というのが基準だったかしら。もっとも、アメリカと違って、社会通念を判断するのは、裁判官ですけどね。

イ：日本では、「性的行為」の描写じゃなくても、「スケベー根性」に訴えていれば、十分わいせつの定義に該当しますね。

ジャ：アメリカでは「性的行為や排泄行為の描写」だけが問題になり得るけれども、日本だと「性に関する描写」であればわいせつ候補になりそうということ？

デ：それにこの基準、解釈の余地がある活字、とくに小説なんかを前提としているじゃないですか。イメージとか画像の場合は「性に関する露骨で詳細な描写」そのもので、もちろん「徒らに性慾を興奮または刺激」するのが目的だし……結構幅広く、ストレートに該当しそう。あとは、羞恥心とか道義観念が基準だから、声の大きな「規制すべき！」という反応に敏感に対応する……。これ、魔女狩りもありってこと？　日本のわいせつ規制って、ヤバくない？

ジャ：思わせぶりなポーズで性欲を刺戟して、普通の人がみたら恥ずかしく感じて……。

イ：見る側の「スケベー根性」に訴える……確かに雑誌のグラビアはこの要件をしっかり満たしていますよ。刑法一七五条のわいせつとして規制されても、定義上はおかしくない……。

ジャ：わいせつの定義が実はとても広くて日常的に見かける性的表現も対象となり得るんですね。それだったら、日本ではわいせつとして問題にならない「マンガ」が他の国ではわいせつになるかもしれないというの、おかしくない？　それに、日本は「違法ではない＝わいせつにはあたらないけれども子どもにとって有害な性表現」を条例で制限しているから大人でも入手が困難だけれども、アメリカなどは、大人に対する制限は憲法違反になるそうだから、本当は日本の「マンガ」を輸出しても他の国の性表現規制に引っかからないはずじゃないですか。

デ：海外での「マンガ」評価では結構、性行為らしい場面の描写があるということがポイントかもしれな

(19)　Miller v. California, *supra* note 13, at 24-25.

(20)　最二小判一九八〇（昭和五五）・一一・二八刑集三四巻六号四三三頁。

(21)　最一小判一九五一（昭和二六）・五・一〇刑集五巻六号一〇二六頁。

いね。日本の警察は思わせぶりな行為よりも「性器」の描写にこだわっているっていう噂、同人誌に関係している人が言っていたから……。

イ：わいせつの規制って、「ヘアが見える」とか、馬鹿げていると思ったけれども、単純明快でぶれない、ある意味機械的というのは、規制する側の恣意性が入らないというメリットが大きいということがわかりました。「スケベー根性」だと、その日の気分によって結果が違ってくるかもしれないし、こっちのほうがすごく問題ですよね。捜査員によって、裁判官によって、基準が違うというのは、単に「運が悪かった」では済まされない、刑事制度の大問題だと思います。

だから、性表現の規制では、表現活動に対する萎縮効果が主張されるわけですね。

グ：表現の自由に対する脅威というのは、ダメなことがはっきりしていないから、周りに迷惑をかけてはいけないという配慮から許されるはずのことまで諦めさせてしまう雰囲気を発生させることが一番の問題なので、「出る杭は打たれる」ことが問題と認識されない社会だからこそ、表現を制約されても異議を申し立てる人がいない危険は大きいと思うわ。しかも、個人的には、法的な蓄積のある「わいせつ」ではなく、いろいろな人が違った判断をしそうな「あからさま」とか、「露骨」といった漠然とした言葉で違法ではないけれども子どもには有害な情報をどんどん除去し、世の中を「消毒」して「無菌状態」を作り出そうとしている日本の社会は、とても怖いわけ。どんなことがあっても無垢で汚れのない子どもたちを守らなくちゃ……、それには悪い大人には多少の不便をかけてもいい……という現状も、結構、怖いわよ。だって、反対すると「子どもの敵！」っていうレッテルが貼られるもの。

イ：日本は子どもに関して、他の国と、反応が違うのですか？

Ⅳ　子どもの私物化？

グ：さっきの無垢な子どものイメージとは逆に、日本が、子どもが被害者となった犯罪において加害者に甘いという評価はあるみたい。たとえば「親子心中」は、「子どもを道連れにした親の自殺」というより「子どもに対する殺人と親の自殺」と考えるから……。一家殺害というむごたらしい犯罪として報道されているわ。

ジャ：子どもだけが残されると不憫だ、可哀想……子どもの将来を考えた親の温情ということにならないのですか？

イ：そこでお涙頂戴的美談にしちゃうところが日本的！

ジャ：家族の絆が強いからですよね！

デ：親が子どもを私物化しているということじゃないですか？だから、子どもに対する虐待とチャイルド・ポルノグラフィとの関係について認識が乏しくて、虐待の表象があっても周囲の人たちは半信半疑だったりして……。

イ：親が酷い虐待をしても周りの人たちが知らない振りをするって、結構あるのかもしれませんね。尊属殺違憲判決(22)の事案だって、父親の一〇数年続いていた近親姦を周囲の人が見て見ぬ振りをしたから本当は虐待の被害者にあたる人が父親を殺してしまった。でも、親子について「自然発生的な、情愛にみち秩序のある人間関係が尊属・卑属の関係」であるとして、あくまでも「尊属に対する敬愛報恩を重視すべき」と頑張る最高裁の判事もいたわけで[23]……。

グ：子どもが虐待されていても「まさか、親が……」という対応は確かにあるけれど、子どもに対する虐待の相当部分が親をはじめとする親族の責任というのが実は刑事政策では常識らしいわ。だから犯罪が簡単に露見しない……。だからチャイルド・ポルノグラフィが証拠としてとても重要になる……。

ジャ：でも、チャイルド・ポルノグラフィって、日本であまり問題になってないですよね。実際にはほとんどないからじゃないんですか？

イ：日本はチャイルド・ポルノグラフィの二大消費国のひとつだという情報と、せいぜい世界の二％という情報とがあって、正確なことはわからない[24]らしい[25]。尊属殺違憲判決の事実関係を知ると、問題になってないのは数が少ないからと言い切れないような気がする。

ジャ：見て見ぬ振り……触らぬ神に崇りなしっていわれると、表面化する事件がなくても楽観的に考えてはダメなのかも……。まして、家庭内のできごとだったら……。体に対する暴力は傷跡とかが残るけど、性的虐待は表面的にはわかりにくいから本当はとっても深刻ですね、チャイルド・ポルノグラフィって。

グ：実は……厳罰化ということでチャイルド・ポルノグラフィの単純所持が処罰されているアメリカでは、研究者もチャイルド・ポルノグラフィの実態を知らない、調べられないという状況[26]が発生しているの。例えば着衣の子どもの写真をチャイルド・ポルノグラフィと認定する裁判所の判決はおかしいとか、自分の孫の写真を撮った女性写真家や子どものお風呂での写真を撮った母親を逮捕したのはおかしいと批判しながら、万一自分の使っているパソコンに一枚でもチャイルド・ポルノグラフィと認定されるようなイメージがあれば単純所持になるので、自分では実際に見たことがないと言っている人もいるわよ。何がチャイルド・ポルノグラフィの要件に該当するのかについて、たとえば恣意的な判断があるのではないかといった検証を法廷で弁護人がするのも難しいと心配されている。実証的な研究成果に基づく政策ではなく、メディアの言説などに敏感に反応してわかりやすく単純化した解決策を推進する「ポピュリズム政策(27)」は、しばしば、運用する側にとって使い勝手がよいように、裁量の余地が広く認められているので、逮捕する警察、起訴する検察、そして、有罪無罪の判断をする裁判所の判断が適切であるかどうかのチェックが非常に重要なのに……。もっとも、日本は「選択的な法の適用」を抑制しなければならないという裁判所の問題意識は希薄みたいだから、この問題はチャイルド・ポルノグラフィに限ら

(22)　最大判一九七三（昭和四八）・四・四刑集二七巻三号二六五頁。
(23)　下田武三裁判官の反対意見、同判決三〇四頁。
(24)　二〇〇八年四月一〇日開催の衆議院青少年問題に関する特別委員会での民主党の吉田泉議員の発言。
(25)　国連広報センターによれば、二〇一五年一〇月一九日から二六日まで、国連人権理事会から「子どもの売買と売春、チャイルド・ポルノグラフィ」特別報告者として任命されたマオド・ド・ブーア＝ブキッキオさんが日本を視察し、二〇一六年三月に理事会に報告書を提出する予定である。
(26)　E. G. United States v. Knox, 32 F. 3d 733 (3d Cir. 1994).
(27)　長岡義幸『マンガはなぜ規制されるのか』（平凡社新書、二〇一〇年）二五六頁。

れないわね。

デ：それって、内容中立的な法律の治安立法化とかいうやつですよね。

V　抑止効？　応分の責任？

グ：まぁね。それはともかく、アメリカでの厳罰化を象徴するのが、有罪と認定された被告人に、被害者が損失額を請求したならば、裁判所はその請求を認めなければならないというアメリカ連邦法の規定だと思うわ。この法律を単純所持者に適用する場合、連邦控訴裁判所の大半はチャイルド・ポルノグラフィの制作者と所持者とは同じように責任があるとはいえない、つまり、犯罪と児童虐待の被害者の被った損失との間に直接的な関係があるとは言いがたいと判断してきたところ、ある控訴裁判所だけが違うと判断したので、連邦法解釈の矛盾（連邦裁判所の巡回区間の抵触）を解消するために、合衆国最高裁判所が審理すると決定したのが二〇一三年。[28]

最高裁での争点は、流通している被害者のイメージが五桁の数にのぼるというとき、たった二枚、所持していただけで損失額全額の支払いを負担しなければならないというのが法律の文言の正しい読み方なのか、それとも被害に対する応分の負担だけを負担すればよいのか、別な言い方をすると、チャイルド・ポルノグラフィの制作者と単純所持者との責任は、被害者から見ると同じなのか、違うのか……。

デ：単純所持で有罪を認めた人が、それぞれ、別々に被害者に対して、請求された額全額を支払うなら、被害者は損失額の何千倍もの補償を受けるので被害者の側に「不当利得」が発生する……。

イ：それは明らかに正義に反するよ！

デ：チャイルド・ポルノグラフィ所持で巨額の損害賠償を支払うということになると、誰も彼も、チャイルド・ポルノグラフィを手に入手するのが怖くなるから、欲しがらなくなる。需要がなくなれば、違法であっても利益が見込めるから供給しようという誘因は消滅する。チャイルド・ポルノグラフィを根絶するためならば、所持するだけでどの被告人も損失額全額を負担するのが正しい。

イ：確かに、法律の目的を実現するという観点からはそうだけど……。釈然としないね。

グ：ところが、単純所持で有罪となった人が被害に対して貢献したことに対して、応分な負担をするということになると、一万枚流布しているイメージの中の一枚だけ所持している場合には損失額全額四億円のうち、四万円を支払えば責任を果たした、一万分の一という応分の負担をした、という計算になるわけ。

イ：この解釈だと、被害者がいくら損失額全額を請求しても、実際に被告人が支払うことになるのはそれほど大した額とはいえない。その程度なら運悪く捕まっても払えるよと思ってしまう人はかなり多いかも……。

グ：こちらの解釈だと、チャイルド・ポルノグラフィを求める需要は根絶されず、それに応えて供給する

(28)　合衆国最高裁判所は、日本の最高裁に対する上訴の申立てと同じように、すべての上訴を受理して審理するのではなく、非常に重要と判断した事件だけを審理する「裁量上訴」の仕組みを採用している。

側もチャイルド・ポルノグラフィを制作し続ける可能性が高い。チャイルド・ポルノグラフィも、そして、子どもに対する虐待も根絶できない。立法目的は全く達成できない。

デ：なので、とても正しい解釈とは思えない。

イ：でも、被害者が犯罪被害を理由に「不当利得」を得ることはない。

グ：どちらの解釈がチャイルド・ポルノグラフィの根絶に貢献するのかは明らか……と単純にいえないところが問題だったの。

イ：所持者の経済負担を制作者と同等にすることは、チャイルド・ポルノグラフィ需要に対する相当な抑止効果があることは確かだけど……劇薬？　毒薬？

ジャ：デジタル情報だと、コピーはすごく簡単じゃないですか！　実際に特定のイメージがどれほど沢山流通しているのかを正確に計算するのは無理ですよね？　一枚が損失額全体に与える影響の計算なんて実際には不可能ですよ！

単純所持で損失額全額の請求を認めたら、絶対に不公平。比例原則違反とか……。

イ：ドイツだと比例原則違反だけど、アメリカだと法の適正手続違反とか、異常で残酷な刑罰の禁止に抵触とか、これだと憲法違反を主張できますよね、先輩？

デ：それでもこのくらい過激な対策をとらない限り、チャイルド・ポルノグラフィの需要を根絶やしにできないという解釈をしたという裁判所の立場、わかるような気がする。ところで、最高裁はどう判断したのですか？

VI　よくわからない最高裁の判断

グ：最高裁での争点は、条文解釈、つまり、被告人の行為が「直接」及ぼした被害というのが被害者の被った損害すべてか、「その他の損失」に限定されるのかという形で展開されて、全体にかかるのであれば応分の分担説、その他の損失に限定されるのであれば全額説を支持したことになるの。被告人の犯罪が、被害者の被っている損害に対して、事実的な原因であり、同時に直接的な損害であるとき、その損害を直接惹起したことになることとか、被告人がイメージを所持しているという犯罪事実が虐待のイメージを今も誰かが見ているという被害者の認識に基づくトラウマを発生させているので、直接的な損害の存在は明らかということまでは、誰もとくに異論はないの。確かに被告人の所持する一枚がなくても被害者の損害はそれほど違わない。だからといって責任はないというわけではない。でも、被告人の寄与の程度からすると類似の立場にある人々の行為の集積の結果もたらされた被害者の損害全体に対する責任を認める「集合的原因理論」は採用できない。結局、それまで議論されていたどの解釈も否定したの。

つまり、最高裁は理論的によくわからない折衷説をとって、犯罪行為と損害との「因果経過において被告人の行為が果たした役割」に応じ、「被告人の行為の因果的重要性」を基礎に算定すべきといったの。

イ：結論は？　四億円の請求はどうなったのですか？

グ：率直にいうと、損失額評価は一〇〇％でもないし、〇％でもないと差し戻したので、最高裁がイメージすることの事件の具体的な結果はよくわからないの。一応、事実審裁判所に対してのガイドラインとして、イメージが流通していることによる被害者の損失額を決定し、この損失をもたらすことに対する被告人の行為の相対的因果関係上の意義に関わる要素、つまり、有罪となった人、ならなかった人の数、将来の違反者数の予測やそれでも有罪とならない人の数、被告人がイメージを複製したかどうか、何枚くらい所持したのかなど、損失に対する相対的な役割を考慮することになっていて……。この事件に関してはほんの僅かな名目的な損失という認定では不十分だといっているので、繰り返すようだけれども、最高裁の妥当だと考える結論はわからないというのが、判決文を読んだ法律家の本音なの。最高裁の判決として全く役に立たないという批判、私ももっともだと思うわ。

デ：刑事事件で有罪となった人を相手方当事者とするので、被害者には加害者を特定する義務はないというのは、損失額回復に相当役に立ちそうですけど、誰がどのくらい払わなければならないのかの立証が難しいということなのですか？　裁判所には損失塡補を命じる義務があるという規定があるので、有罪となったら、多かれ少なかれ損失を負担するという判決をしなければならないということなのですか？

イ：被害者は損失額全体を主張できるけれども、個別具体的な加害者の責任負担に関しては、政府が立証責任を負うことも問題を難しくしているということですか？

Ⅶ　四億円の内訳

ジャ：そもそも、どうして請求する損失額がそんなに大きくなるんですか？

グ：ちょっと待ってて。問題を整理しましょう。

まず、損失額の大きさね。四億円というか、$3,367,854という損失額は、あらゆる身体的精神的治療やリハビリに関する過去と将来の費用とそれに付随する交通費や宿泊費などもあるけれど、失われた収入約三〇〇万ドルというのが大きいの。他に弁護士費用などもあったけれど。

ジャ：失われた収入？

グ：チャイルド・ポルノグラフィの場合の被害は、子どもに対する性的虐待という犯罪がその場限りで終わりではなく、イメージがインターネット上で流布し、無数の人たちが繰り返しそれを見ることで被害者にとっては虐待の悪夢が繰り返されるという「被害者が被った影響についての供述」を基に考えるから、被害者と全く接点のない加害者が問題のイメージを所持しているという事実は、消去しても消去してもどこかにあのイメージが残っていて、「無限に増殖する癌細胞」みたいに、削除してもなくならない……。加害者自身の所持枚数が多くても少なくても関係はなく、被害は発生し続けるという議論なの。

被害者は、チャイルド・ポルノグラフィの被写体が現実の自分だとわかるのではないかと怯え、イメージと被害者とを結びつけた人が今の自分に対しても何かしようとするのではないかと心配して、知らない人が怖い、外に出ることもできない、虐待されていたときの無力な自分に戻ってしまうという心理状況に陥りやすい。だから、実際の身体に対する虐待が終わってからも、虐待の精神的な被害は日々繰り返され、終わりということがない……。当然、さまざまな治療やケアに一生通い続け、いつまでたっても普通に仕事につくことは難しいので、生涯所得が損失となるという説明なの。将来得られるはずであった収入や将来必要になる治療やケアも対象だから、実際にかかった治療費用や「得べかりし利益」に限定されていないというのも、損失額が非常に大きくなる理由だと思うわ。

エイミィは八歳のときに実際に虐待を受けただけでなく、一七歳になったときにインターネット上で自分のイメージが「有名」になっていたことを知って……これから一生、誰かが自分のことをあのイメージと結びつけるかもしれないとびくびくしながら生きていくと主張している。それで期待される生涯所得が「ゼロ」というだけでなく、普通の子ども時代、少女時代も失ってしまったという思いを持っている。そういう場合、生涯にわたって人間関係が上手くいかないことが多いということも、失った収入の算定に影響しているのかもしれないわね。

Ⅷ　刑事手続？　民事手続？

イ：有罪となった刑事被告人に対する被害者からの請求ということは刑事手続の一部ですか、それとも民事手続ですか？

グ：刑事責任から発生しているし、政府が損害についての挙証責任を負うけれども、損失塡補の主要な目的は被害者救済なので、「証拠の優越」という民事的な立証責任の基準が適用されているの。民事手続と理解していいと思うわ。

政府の起訴だけでなく、有罪という裁判所の判断が前提だから、損失額の請求は個人に支払われるけれども懲罰もその目的のひとつ。すると、罰金ではないけれども過大な支払額になれば、残酷かつ異常な刑罰であって憲法違反となる可能性も否定できないと、裁判所はとても歯切れが悪いの。率直に言うと、犯罪行為と立証責任が被害者にあるとしても、政府にあるとしても、この事件の第一審がしたように「この一枚が被害者の今の状況をもたらした」という立証が不十分と判断する裁判所は今後も続出すると思う。

複数の加害者がバラバラに加害行為に従事しているとき、個別の加害者による損失の割合なんて証明できないでしょ。結果として、裁判所は、全く損失の塡補を認めないか、加害者毎に損失額全体の支払いを命じる他選択肢はない……というのが論理的な結論で、最高裁の判決はおかしいとの批判はもっともだわ。どれだけ沢山問題のイメージがネットに流れていて、どれだけ多くの人がダウンロードしたのかはわからないのだから、個別の加害者による直接の損失がどの程度か判断しようがないので、被害者でも、政府でも、立証できないという結果は同じだと思うけど。

デ：四桁とか五桁のイメージが流布しているとすると、被害者は実際の損失額全額の何千倍もの支払いを受けることもあり得る？

グ：理論的にはあり得るでしょうね。でも、世界のどこかにあるスマートフォンに誰かが彼女のイメージをダウンロードしても、その全員がアメリカの裁判所で有罪と判断されるという可能性は……。

デ：まず、ないですね。

IX　立法ミス？

グ：加害者相互の求償が規定されていれば、損失補塡を命じられた加害者が他の加害者を捜し出す誘因となるので、被害者に対する過度な損失補償と犯罪の有責性と均衡のとれないほど重い責任という問題はなくなるわけだから、二〇一四年の判決それ自体は、議会に対して、早く問題の法律の文言を改正しなさいというメッセージだというのがこの判決の読み方のようよ。一応、「裁判所と議会との対話」を通じて、よりよい法システムを実現することができると積極的な評価もあるけど……。

イ：裁判所と議会との間の対話にあまり賛成ではない？

グ：少なくともこの場合は、稚拙な立法のせいで裁判所の解釈が混乱し、適切な立法であれば必要のない争いになったのだから、一般論として裁判所と議会との対話は重要だとしても、議会は立法する前に求償制度など制度設計について検討すべきだと思うわ。

ジャ：実際、議会は動いているのですか？

グ：判決の後、いろいろなところで、混乱の原因は条文の規定の仕方にあると指摘されたので、二〇一五年二月に連邦議会上院はチャイルド・ポルノグラフィ被害者損失塡補改善法案[29]を通過させているけれど、下院は三月になって司法委員会に付託し、公聴会[30]を開いただけで、審議は止まっている状況らしいの。

ジャ：実際、改正の実現可能性は？　この後、どうなりそうですか？

グ：政治日程というのはよくわからないけれども、子どもを対象とする犯罪の規制は偶数年、つまり、選挙の年に動くことが多いわ。子どもに対する犯罪に甘い政治家というのは選挙では致命的なの。だから本格的に動くとしたら二〇一六年ということね。

イ：法律改正の場面で、損失についての政府の立証責任のあり方が変わるという議論はあるのですか？

グ：いろいろな意見を見ても、それは出ていなかったようよ。政府に立証責任があるということ自体は文言の欠陥とはいえないでしょ。実際には、被害者の代理人が全面的に協力しているから、立証責任を政府から被害者に変更したからといって結果は同じでしょうし、民事的な「証拠の優越」の基準だから、被告人＝加害者に転換することで立証に関する問題が解決するとは思えないけれど……。

問題は、誰が立証するよりも、何を立証すれば、裁判所が十分と判断するのかがわからないことだと思う。これは私の推測だけど、「たった一枚だけで巨額の償いなの？　本当の悪者は虐待の実行犯でしょ」という反応と、「一枚でも虐待の悪夢は際限なく繰り返されるから、生涯に関わる損失を償うのは当然」という反応とが、立証責任を話したかどうかという評価と直結して判断されているように見える

(29)　Amy and Vicky Child Pornography Victim Restitution Improvement Act of 2015 (S. 295/H. R. 595).
(30)　二〇一五年三月一九日に開催された連邦議会下院司法委員会犯罪・テロリズム・国家安全・捜査小委員会公聴会　No. 114-8.

から、実は、因果関係での対立がここでも蒸し返されているといっていいわ。犯罪と被害との関係に対する実態判断でもあるというのが私の見方。エイミィに対して償うべき「適切な額」の判断が因果関係や立証責任という法理論となっているというように見えるわけ。実際に、チャイルド・ポルノグラフィに関して損失補填を請求しているのは、エイミィともう一人だけ。もっとも、エイミィだけで二五〇件以上、それぞれ四億円相当の損失填補の請求をしているからその影響力は過小評価すべきではないけれど……。

でも、多くの被害者は、自分のイメージを持っている人が有罪になったことも知らないかもしれないし、わかっても裁判にかかわって「被害者による影響評価報告」といったことをしたくない、もう思い出したくないという気持ちのほうが強いかもしれない。すると、実際には子どもに対する虐待抑止力は期待するほど凄くはない……。この法律をどう評価したらよいのかわからない原因のひとつではないかと思うの。法律は制定されるだけで問題が解決するわけではなくて、立法目的にしたがって施行されなければ、制定した目的は達成されない。チャイルド・ポルノグラフィ所持で有罪となっても「適当な金額を被害者に払えばいい」というのでは、子どもに対する虐待根絶については逆効果でしょ。被害者の「エンパワーメント」は被害者が法律を活用しなければ実現しないし……。

デ：子どもに対する虐待根絶の特効薬かと思ったのに……。

イ：日本ではどうしたらいいと思いますか？

グ：子どもに対する虐待根絶という目的を実現するための被害者からの巨額の損害賠償請求という仕組み

は、民事的制裁を被害者が活用するという手法、つまり、被害者にとっての「エンパワーメント」として重要だし、問題があると何でも刑事的に処理しようとする発想よりは圧倒的に望ましいと、私は考えているの。でも、日本的発想だと、比例原則や応分の負担という議論のほうが優位に立って、実効性は期待できないのではないかと……。

ジャ：リベンジポルノもそうでしたけど、法律をつくったというシンボリックな価値だけではダメですか？

イ：実効性のない法律を制定するって、立法不経済！　国会の時間をもっと有益なことに使うべきだよ、税金だぜ。

〔**参考文献**〕

犯罪行為を伴うあからさまな性的表現と被写体の性的搾取との「危険な関係」については、中里見博『ポルノグラフィと性暴力』（明石書店、二〇〇七年）

5.

集会をどこでするか

――集会・表現の自由とその行使場所

――内野正幸
Uchino Masayuki

憲法には「集会の自由」という言葉が出てくるが、それは、人々が集会を行うにあたり政府や地方自治体から制限を受けない、ということを意味するにとどまるのであろうか。それとも、くわえて、集会場所の提供を求める権利を含むのであろうか。

はじめに

本章は、前半で、集会・表現の自由などの一断面につき序論的に概説し、後半で、行使場所に関する問題を意識しながら集会や表現の自由につき考察する。[1]「行使場所」という言葉は、聞き慣れないかもしれないが、[2]そこでは、民間ではなく公的な場所（公共施設など）でも行使しうる人権としては、どのようなものが考えられるか、ということが意識されている。その場合、公共施設の管理者などもテーマになる。

あらかじめ一言するが、「集会・表現の自由」などという場合の「自由」は、国家（中央政府をさすが、地方自治体もここに含めて考えていい）による規制・制限・抑制を受けない自由を意味する。集会・表現は国家・地方自治体による法的規制を受けうるわけであるが、ここでいう法的規制とは、集会施設を貸さないということだけでなく、集会のテーマ、参加者その他につき特定の条件をつける、といったことなども含まれる。

Ⅰ　集会・表現の自由などと「知る権利」

1　集会・表現の自由

憲法二一条一項によると、「集会、結社及び言論、出版その他一切の表現の自由は、これを保障する」、とされる。ここで、「集会の自由」と「表現の自由」は区別される（なお、「表現の自由」は「表現行為の自由」といいかえてもいいが、主として言論すなわち意見表明の自由を内容とする。また、宣伝行為も、表現の重要な一態様である）。といっても、「集会」の場で「表現」が行われることはしばしばある。その限りで、（大部分の）「集会の自由」は「表現の自由」の一形態である、という命題Pを主張してもいい。しかし、この命題は、憲法二一条一項に出てくる文章の文法的な読み方からは出てこない。文法的な読み方をいえば、同項は集会、結社および表現という三つの自由を保障したものであり、「その他一切の表現」には「集会、結社」は含まれない（なお、「集会、結社」の直後に「、」を打つのも一案であった、と感じられる）。このことを承知した上でいえば、命題Pも実質論としてはまちがいでない。

ともあれ、集会・表現の自由は、主催者側の自由だけでなく参加者側の自由を含む。

なお、「結社の自由」は考察の範囲からはずした。それは、集会の自由とも表現の自由とも区別される。この世には、〝何とかの会〟とよばれるものが多い。それは「結社」に属する。「結社」は団体といいかえてもいい。「集会」は場所を同じくした人々の集まりであり、継続（恒常）性を要しないのに対して、「結社」は（場所を同じくすることを要件としない）人々の継続的な（いわば固定的に近い）組織のことである。

（1）　たとえば佐々木弘道「表現行為の自由・表現場所の理論・憲法判断回避準則」戸松秀典＝野坂泰司編『憲法訴訟の現状分析』（有斐閣、二〇一二年）二四六頁以下。
（2）　なお、本章のテーマから離れるが、選挙権（投票権）の場合、その行使のしやすさが大いに議論の対象になる。

「結社」には政治的結社だけでなく社交的結社なども含まれる（ただ、単なる同乗者や麻雀グループのような一時的なものは除かれる）。私が属している結社の一例としては、「日本公法学会」があげられる。なお、結社の自由は、加入したり脱会する自由を伴っている。したがって、家族や親族は、結社には属さない。結社は集会と比べて、表現行為を随伴する場合が多くない。

以上は大まかな説明であり、集まりであれば必ず「集会」に属する、とはいいきれない。たとえば、新車販売の説明会場に人々を集めるのは、「集会」というよりも「営業」である。

集会の自由も表現の自由も重要な人権である。成田空港建設関係の事件を扱った平成四年七月一日の最高裁大法廷判決（民集四六巻五号四三七頁）によると、集会の自由は「民主主義社会における重要な基本的人権の一つとして特に尊重」すべきものとされる。また、郵便局員による政治活動が問題視された猿払《さるふつ》事件を扱った昭和四九年一一月六日の最高裁大法廷判決（刑集二八巻九号三九三頁）によると、表現の自由は「民主主義国家の政治的基盤をなし、……人権のうちでもとりわけ重要」である、とされる。ただ、この二つの判決の引用部分は、単なる飾りの言葉としても感じられる（というのも、それらに続く文章部分では、厳しい人権制限が正当化されている）。政治活動といえば、政治献金も話題になりうる。[3]

2　表現の自由の重要性

表現の自由という重要な人権を基礎づける価値としては、第一に自己実現、第二に自己統治（＝民主政）、第三に真理や正義への接近という社会的効用をあげうる。といっても、表現の自由が絶対無制限ではないことは自明である。表現の自由につき、最高裁は、絶対無制限ではない、等といった言い方を古くからしており、それは現在でも受け継がれている。(4) このことは、表現の自由以外の人権に関する最高裁判例については必ずしもあてはまらない。

表現の自由に関しては、選挙運動、人格権侵害、性表現その他たくさんのテーマが話題になる。表現行為の仕方としても、一般市民への電話による情報提供、路上などでのビラ配り、各家庭への訪問、新聞その他の定期刊行物への投書、インターネットによる情報発信、等々が考えられる。ここではそれらを概説する余裕はない。なお、いわゆる謝罪広告事件を扱った昭和三一年七月四日の最高裁大法廷判決（民集一〇巻七号七八五頁）は冒頭で、本件の名誉毀損につき「言論の自由の乱用であって」「憲法の保障する言論の自由の範囲内に属すると認めることはできない」、と述べている。

なお、デモ行進（集団示威運動）は、憲法二一条一項の解釈によって導かれる（「集会」に属させるか、「表現」に属させるか、はさておき）。

ちなみに、集会・表現という場合、ある会場で行われる催し物であれば種類をとわない。たとえば、音楽舞踊集団による公演のための岡山シンフォニーホールの使用申請につき、岡山地裁は平成一九年一〇月

(3)　ある裁判例においては、「法人の政治資金の寄附を含む政治活動の自由も憲法二一条の表現の自由の一内容として保護されているとしても」、と述べられている（名古屋高（金沢支）判平成一八・一・一一判時一九三七号一四三頁）。

(4)　例として、犯罪の煽動に関する最大判昭和二四・五・一八刑集三巻六号八三九頁、破防法のせん動罪に関する最判平成二・九・二八刑集四四巻六号四六三頁、教科書検定訴訟に関する最判平成五・三・一六民集四七巻五号三四八三頁など。

一五日に、岡山市は本件ホールの使用を許可せよ、という判断を示した（判時一九九四号二六頁）。そこでは、「管理者が正当な理由もないのにその利用を拒否するときは、憲法の保障する集会の自由、表現の自由の不当な制限につながるおそれがある」、とも述べられていた。

3　学問の自由

憲法二三条には、「学問の自由は、これを保障する」、と定められている。ここで注目したいのは、学問という色彩の強い集会・表現である。学術集会とか研究発表会がその例である。それらは、大学の建物ふくめ公共施設の内部で行われることが多い。その意味で、学問の自由は、本章のテーマ全体に関連してくる。以下の説明では、学問の自由という趣旨は集会・表現の自由という言葉の中に暗黙のうちに含まれていることがある、と了解していただきたい（なお、学術書の出版の場合は、憲法二一条の「出版」と二三条の「学問」が関係する）。

4　労働組合（職員組合）の集会など

憲法二八条は、「勤労者の団結する権利及び団体交渉その他の団体行動をする権利は、これを保障する」、と定めている。とりあえず労働組合をイメージしていただきたい。この条文は労働三権（団結権、団体交渉権および争議権）を保障したものである。なお、そこにいう「勤労者」は、労働者とか職員といいかえることができる。ところで、「団体行動をする権利」という言葉は、労働運動の一環として行われる集会やデモ行進を含むものか。この言葉を文字通り受けとめれば、そうなりそうである。しかし、集会やデモ行進については、憲法二一条一項という別の条文がある。だとすると、集会やデモ行進は、労働運動であれ他の市民運動であれ、この条文によって保障される、と考えたほうがよい。ただ、労働組合などの行う集会につき、団結権の一環として位置づけられることはある。このことを承知した上で、本章では、あらゆる種類の集会を無差別に扱う。

5　「知る権利」

知る権利・自由は、表現の自由との関係で語られることが多いが、集会に参加する自由とも関係づけうる。集会の自由は、表現の自由や知る権利と深い関係をもつが、前に1でふれた成田新法事件の最高裁判決は、次のように述べる部分を含んでいる。「集会は、国民が様々な意見や情報等に接することにより自己の思想や人格を形成、発展させ、また、相互に意見や情報等を伝達、交流する場として必要であり、さらに、対外的に意見を表明するための有効な手段である」、と。この引用文の冒頭で語られているのは、理念としての知る権利である。知る権利が法的権利となるのは、いわば在監者の読む権利が問われる事例など、きわめて限られた場合にすぎない。知る権利・自由は、政治的スローガンとしては大切であるにしても、原則として理念的なものである。(5)

---

(5)　駒村圭吾『憲法訴訟の現代的転回』（日本評論社、二〇一三年）二七〇頁、藤井樹也「知る『権利』？」三重大学法経論叢一八巻二号五七頁以下（二〇〇一年）など参照。

6　営利的表現

表現の自由といえば、ほかに営利的表現なども視野に入りうる。営利的表現としては、何よりも商業広告が思いつくが、くわえて商品（飲食品など）への表示も営利的表現に含まれるか、ということが問題になる。また、医師業や弁護士業などの専門職の広告に対する規制はどこまで許されるか、も問われうる。なお、集会等の広告（参加の呼びかけ）を含め政治的宣伝は、営利的表現ではない。商業広告という宣伝は営利的表現であるが（では音楽会などの宣伝はどうであろうか）。

ともあれ、集会の自由や表現の自由を話題にする場合、不必要なまでに「知る権利」と関係づけるのは、慎むべきであろう。ただ、専門職の広告への規制は控え目にしてほしい、と主張する場面では、その業務広告を見る（読む）国民の知る権利を持ち出してもよい、といわれるかもしれないが。

Ⅱ　事前抑制の原則的禁止？

憲法二一条二項前段には、「検閲」禁止条項がおかれている。「検閲」という言葉は、憲法の条文に出てくる専門用語として受けとめる限り、それなりの説明が必要となる。

「検閲」に似たものとして、「事前抑制」という言葉がある。そして、検閲と事前抑制を合わせると、事前規制となる。この場合の対義語は事後規制である。事前規制と事後規制の違いは、集会や表現などの行為に対する規制を、行為より前の時期に行うか後の時期に行うか、という違いである。後の時期の規制としては、行為を理由とする刑罰や不利益処分などが考えられる。ここでは、行為を行うこと自体は直接的な妨害を受けなくてすむ。これに対し、行為より前の時期に行われる規制となると、行為そのものが事前に阻まれてしまう。事前規制は事後規制よりも、いっそう厳しい規制手段である、と感じられる。

〝事前抑制の原則的禁止〟という言葉がよく使われる。この言葉の裏には、一方で、事後規制は原則的禁止とはいえない、という含みがある。ここでは、事前抑制の原則的禁止および検閲の絶対的禁止というスローガンを確認するだけにしておこう。

「検閲」について、札幌税関ポルノ輸入事件を扱った昭和五九年一二月一二日の最高裁大法廷判決（民集三八巻一二号一三〇八頁）においては、「行政権が主体となって……対象とされる一定の表現物につき……発表前にその内容を審査した上で、不適当と認めるものの発表を禁止……」、という形で定義されている。ここで、大学当局が所定の学生新聞に掲載される予定の記事を内容面でチェックすることは検閲に当たるか、について考えてみよう。かりに当該記事の掲載が禁止されたとしても、所定の学生新聞以外の表現手段が考えられる、という理屈を使えれば、このようなチェックは検閲に当たらない、ということになりそうである。しかし、そうではない。前述のように、最高裁は、「一定の表現物」という言葉を使って絞りをかけており、この場合には、学生新聞以外の表現手段は含まれない。次に、検閲は集会やデモに関しても話題になるか、という問題点がある。デモ行進に関する東京都公安条例事件を扱った昭和三五年七月二〇日の最高裁大法廷判決（刑集一四巻九号一二四三頁）においては、検閲につき「純粋な意味における表現といえる出版等についての事前規制」という捉え方が示されていた。この捉え方を前提とすると、前述の問題点につき否定の答えが出される可能性がある。

事前抑制の原則的禁止は広く主張できる事柄ではない。本の出版などの表現行為に対して事前抑制があってはならないのは、当然である。出版物が広い社会の〝思想の自由市場〟に出る前に、その公表がさえぎられてしまうからである。映画の上映についても同様のことがいえる（なお、いわゆる映倫は、政府の行う事前抑制や検閲ではない）。しかし、自由の行使場所とセットになった集会・表現の自由については、同様のことはいえない。

私流に説明すると、事前抑制の原則的禁止には二つのタイプがある。第一は、事前に禁止や差止めを行うこと、第二は、事前許可制を採用することである。原則的禁止は、第一のタイプの事前抑制についていえる。第二のタイプの場合、原則不許可という実態を伴っていたり許否基準が非常に不明確であったりする事前許可制に限って、原則的禁止になる。

特定の場所での集会・表現の自由の場合、「広い社会にあって自由の行使場所がほかにもあるはずだ」という余地がある。ただ、ここで「ほかにもある」という場合、単なる建前から、場所の便利さを含めた現実上の話にいたるまで、いろいろ想定できる。

公民館などの建物の内部の一会場を利用して講演会などの催し物をしようとする場合、主催者側が事前に許可を得るべきことは当然である。その会場につき、すでに他人が予約していないか、また時間制限はどのようになっているか、などの話を事前に確認しておく必要があるからである。もちろん、ここでは、特段の事情がない限り許可を得られる、という状況を前提としている。では、この場面で、事前の許可に着目しながら、これは事前抑制であり、したがって原則的禁止になるはずである、と言うことはできるであろうか。できないであろう。だとすると、事前抑制の原則的禁止という言葉は、会議室利用（借用）にあたっての単なる事前許可のような場合にまで持ち出すべきでなかろう。

集会・表現の自由が事前許可制の下におかれるとき、許可を得られれば、禁止されなかったことになるのであるから、自由を行使する側は、萎縮効果を感じなくてすむであろう。

Ⅲ　集会の自由の憲法上の位置づけ⑥

1　管理権を忘れずに

集会・表現の自由は重要な人権であるが、その行使の際は通常、自由行使場所（土地・建物）の所有権・管理権の問題が出てくる（以下では主として管理権の問題として扱う）。集会・表現の自由を行使したい者が、自分の管理権の及ぶ場所を使う、ということであれば特段の問題は生じない。しかし、多くの場合は、それ以外の場所を使うことになろう。そこで、集会・表現の自由と、その行使場所（土地・建物）の管理権

(6)　なお、参考文献としては、小山剛ほか編『判例から考える憲法』（法学書院、二〇一四年）九七～一〇〇頁〔上村都執筆〕をお勧めしたい。そこでは、当該規制が「集会の自由に対する強度の制限か」、といった点が検討されている。

との衝突が論点になる。たとえば、電柱へのビラ貼りの場合、ビラ貼りを行おうとする側の自由（利益）と電柱の管理権とをどのように調整すべきか、が話題になった。

なお、表現の自由の中でも、出版の自由に限っては、出版の自由の行使場所というものを想定しにくい。というと、出版社とか出版地というものがある、と批判されそうである。しかし、出版の自由は、それ以外の場合の（たとえば公民館での）集会・表現の自由とは違い、何らかの自由行使場所とセットになるものではない。

2　積極的給付請求？

前述の成田新法事件では本人の私有地での集会が話題になったが、珍しい事例である。ほかの事例としては、市町村の施設を利用して行われる集会も多い。公民館のような建物の内部にある部屋を借りて行われる場合がその典型であるが、そのほかに国有・公有の敷地で行われる場合も、ここにとりこめうる。

市町村の施設における集会の場合、「集会の自由」は純粋な自由権なのか、それとも積極的給付請求（ここでは施設利用請求）を含むか、ということが問われる。有力な学説[7]によると、「集会の自由は、……〔道路、公園、広場、公会堂などの〕公共施設の管理者たる公権力に対し、集会をもとうとする者が、公共施設の利用を要求できる権利を含んでいる」、とされる（なお、ここでは「公共施設」という言葉は、広場などを含む広い意味で使われている）。この学説によると、「集会の自由」は、集会が公共の場所で行われれば建物の内外をとわず、集会場所利用請求権を含んでいる、とされることになる。

公共施設の利用に関する裁判として、泉佐野市民会館事件を扱った平成七年三月七日の最高裁判決（民集四九巻三号六八七頁）がある。この判決は、「集会の自由」を規制できる場合は非常に限られている、とする趣旨のもの（規制限定論）のように受けとられやすい。しかし、ここでの規制限定論には、「利用を不相当とする事由が認められ」る場合は別として、という留保がつけられていた。そこにいわれる「事由」は甘く解釈できそうである。たとえば夜九時以降は管理上の方針により利用を認めないことにしても、この「事由」に当たる、というように（なお、この夜九時以降不可という制限は、法的制限というよりも、集会施設利用のルール作りの問題である）。この裁判事件については以下のようにコメントする文献も見られる。「施設を利用する権利が集会の自由の保護範囲に含まれるというよりは、利用拒否が『集会の自由を実質的に否定することにならないか』という形で議論がなされてい〔る〕」[8]。「この事件は、集会のための場所（市民会館）の利用が拒否されたにすぎないため、集会の自由の『制約』と直ちにはいいにくい事案であった」[9]。そこからは、建物の内外で区別する立場も出てきうるが、それとは別に、集会用の施設か集会用でない施設かで区別する立場もありうる[10]。ただ、憲法二一条一項という条文の適用を持ち出せば、このような区別にこだわる必要はなかろう。

（7）野中俊彦ほか『憲法Ⅰ〔第五版〕』（有斐閣、二〇一二年）三六五頁〔中村睦男執筆〕。
（8）宍戸常寿『憲法 解釈論の応用と展開〔第二版〕』（日本評論社、二〇一四年）三一五頁。
（9）宍戸常寿編著『憲法演習ノート』（弘文堂、二〇一五年）一七六頁〔横大道執筆〕。
（10）宍戸・前掲注（8）所掲書三一五頁。

むしろ、当初から国家による援助や許可が得られなかった場合と、国家による援助や許可を前提として行われてきた活動が後に制限を受けた場合とを区別することこそ、重要であろう。違憲・違法になりやすいかにつき、前者の場合は否定に傾くのに対して、後者の場合は肯定に傾く。

3 貸し部屋とその費用

貸し部屋は、会議室のような形で、一般の公民館に備えられている場合が多いが、ときに、特定の施設に付随していることもある。いずれにせよ、屋内施設を借りて集会を行おうとする場合、お金がかかることが多い。集会の自由を実現するのにお金がかかるということだが、およそ人権の行使にお金がかかるのは筋違いである、という命題は成立しない。この命題は、時々成立することがあるにとどまる。刑事被告人の弁護人依頼権(憲法三七条三項参照)がその重要な例である。貸し部屋の話題にもどるが、代金が高いか安いかは、施設ごとに大いに異なる(地方自治体の施設か民間の施設か、という違いも含め)。ここでは、集会を実施するのに非常に高額の出費を余儀なくされた、という場合に限って、集会の自由に対する侵害が問題になりうる。

Ⅳ　憲法の周辺から(11)

1　地方自治法にかかわって

これまで主として憲法関係の話をしてきたが、いわば憲法の下にある法律へと話を移そう。ここで取り上げたいのは地方自治法であり、その中でも、二四四条である。早速、引用してみよう。

地方自治法二四四条一項：「普通地方公共団体は、住民の福祉を増進する目的をもってその利用に供するための施設（これを公の施設という。）を設けるものとする。」

二四四条二項：「普通地方公共団体（カッコ書き略）は、正当な理由がない限り、住民が公の施設を利用することを拒んではならない。」

二四四条三項：「普通地方公共団体は、住民が公の施設を利用することについて、不当な差別的取扱いをしてはならない。」

ここで「普通地方公共団体」という場合、おもに「市」をイメージしていただきたい。東京二三区とい

(11)　川岸令和「公物管理権と集会の自由」大石眞＝石川健治編『憲法の争点』（有斐閣、二〇〇八年）一三八頁以下および、そこに引用された諸文献を参照。

う特別地方公共団体については、「……市に関する規定は、特別区にこれを適用する」という条文がある（地方自治法二八三条一項）。このような特別区と、普通地方公共団体（都道府県・市町村）とを引っくるめて、地方自治体とよぶこともできる。

さて、地方自治法二四四条三項の差別禁止条項は、憲法一四条一項の平等（差別禁止）条項の趣旨を公の施設の利用の問題に及ぼしたものにほかならない。憲法の平等条項の場合、合理的理由があれば異なった扱いも許される、と解釈されているが、この点、地方自治法においては、不当な差別的取扱いの禁止という形で規定されているわけである。

それでは、公の施設の利用を求める住民の申請に対して施設側で拒否しようとする場合、地方自治法二四四条二項の利用拒否「正当な理由」条項を持ち出すことは、どこまでできるか。地方自治法二四四条三項の差別禁止条項に抵触しない場合であっても可能か。それは、何をもって「抵触」というか、という点に関係してくる。

2　公共用物と公用物の区別

これは学問上の区別であるが、その趣旨は、行政財産などの公有財産につき定める地方自治法二三八条四項にも出てくる。この区別は、一般市民（住民）の用に広く供されたものかどうか、ということにかかわる。とりあえず、公共用物としては公民館などの公の施設を、公用物としては市役所の建物を、それぞれイメージしていただきたい。場合により、行政財産の目的外利用という形式で、公用物である市役所の会議室などを公共用物のように一般住民に利用させることもある（地方自治法二三八条の四第七項により、「その用途又は目的を妨げない限度において」）。集会の自由は、目的内の公共用物の利用はもちろん、目的外の行政財産の利用の一部にも及ぶ（なお、目的外ならぬ目的内は「目的を妨げない」より狭い）。

3　公民館にかかわって

公の施設の代表例として公民館（市民会館、場合により隣保館）をとりあげよう。そこでの会議室の利用申請があった場合、「正当な理由」がない限り拒否できない。いいかえると、合理的理由があれば拒否してもいい。それでは、「合理的理由があれば」とは、どういう意味か。申請したのが暴力団とか過激派政治団体などの場合は拒否できるであろうか。

公民館を設置する市などは独自にルールを制定できる（この場合のルールは、市の教育委員会の規制という形をとるが）。たとえば、部屋を使えるのは夜九時までに限られる、というルールがその例である。この場合、部屋利用を申請したい側としては、勤務状況などの都合により会合を始められるのが夜七時以降なのであるから、せめて夜一〇時まで使わせてほしい（夜一〇時までOKとする市もあることだし）、と言いたくなるかもしれない。だが、このような言い分は通りにくい。というのも公民館の側は、その管理・運営のあり方につき大きな権限をもっているからである。

4　パブリック・フォーラム

法律などの条文には出てこないが、パブリック・フォーラムという概念がある。それについては、駅構内ビラ配付事件を扱った昭和五九年一二月一八日の最高裁判決（刑集三八巻一二号三〇二六頁）における伊藤正己裁判官の補足意見が注目される。しかし、それは、その後現在にいたるまで、裁判事件の具体的な解決に積極的に活用されていない（なお、最近では、卒業式妨害事件を扱った平成二三年七月七日の最高裁判決（刑集六五巻五号六一九頁）における宮川裁判官の補足意見において、言及がみられる）。パブリック・フォーラムに属するのは、主として地方自治体が設置した公共の施設であるが、それだけでなく、民間の設置した場所も、場合により属させられることがある（たとえば私立鉄道の駅前広場）。そもそも、集会・表現の自由は、その行使場所ともかかわって、何かと規制を受けやすい。そこで、パブリック・フォーラムという概念を使って、集会・表現の自由の人権性を確保・強化する必要が出てくる。というのも、公共施設たる建物の内部の部屋を借用して行う集会・表現行為は、必ずしも人権とはいえない、という一見正当な言い分がこの場で出てきうるのである。このような言い分に対抗するためには、その場所は実質上パブリック・フォーラムであるから集会・表現の自由が保障される、と論じればいい。

V　集会施設の提供拒否

1　公民館の利用ルール

公民館独自のルールについては、利用時間帯との関係で前にふれたが、それとは別に、利用テーマとの関係が問題になる。すなわち、市ごとの独自のルールとして、わが市の特定の公民館では、営利事業、政党支持活動や宗教活動を行ってはならない、という定めを設けることもできる。この定めの場合、企業や労組などの研修会・勉強会は当然には禁止されないことになる。

他方、社会教育法二三条によれば、大まかにいって、公民館は営利事業、政党支持活動や宗教活動をしてはならない、とされる。この条文は、公民館みずからがこれらの活動をしてはならない、という趣旨である。それは、これらの活動を行う私的団体に対し公民館が会場を提供することを全面的に禁止するものではない（一部の市町村で誤解が見られたが）。現に、宗教団体などに会場を貸している公民館もみられる。その場合、当該宗教団体と公民館の設置主体（市区町村）とのつながりを住民から疑われるようなことは、避けなければならないが。もちろん、公民館が宗教団体に会場を貸しても、当然に憲法の政教分離原則に違反することにはならない。

この社会教育法二三条は国家の統一的な規定であり、地方自治体ごとに独自にルールを定められることとは、別の話である。

2　限定的パブリック・フォーラム

前述したように、パブリック・フォーラムといえば、多くの場合、誰でも自由に利用できる広場、歩道などをさす。しかし、そのほかに、限定的パブリック・フォーラムというものが考えられる。それは、使用目的が限定された公会堂、公立の会館などである。その場合、「〔当該施設の〕開放性の限定を、本来的設置目的の合理的解釈に照らして、表現の〝主題〟の限定として行うことが考えられる。[12]」裏からいえば、一定の例外的場合を除き利用OKとされた会館である。すなわち、会館内の会場を住民に利用させるときは、会館設置目的に反する催しは認めない、とされた場合である。ここにいう例外的場合は、施設の種類に応じて狭かったり広かったりする。狭ければ、ごく一部の例外を除き、たいていの場合は、一般市民による会館の利用が認められる。とはいっても、政治、宗教や営利の活動を目的とする会合には施設を貸さない、という方針をとる会館は、数多い。というのも、公民館は、地域住民の親睦（いこい）の場として位置づけられる傾向にあるからである。実際、公民館は、多くの場合、そこで催される会合の種類や目的をとわない。

思い起こすに、Ⅲの中で前述した泉佐野市民会館事件最高裁判決は、集会の用に供する公の施設についで次のように述べていた。「住民は、その施設の設置目的に反しない限りその利用を原則的に認められる」、と。ここでは、「設置目的に反しない限り」という言葉に注目したい。この言葉は軽く読み流すべきか、それとも厳密に読むべきであろうか。

3　表現の自由への〝内容規制〟

表現の自由に関しては、通常、〝内容規制〟と〝時・所・方法の規制〟とが区別される。〝内容規制〟の場合は〝時・所・方法の規制〟の場合より違憲になりやすいのであり、前者の場合は、規制がなければ表現行為によって人々が重大な危険にさらされることが明白な場合にのみ当該規制は合憲になる、と論じられがちである（しかし、このような明白かつ現在の危険という考え方は、むしろ〝時・所・方法の規制〟の場合になじむであろう）。

さて、〝内容規制〟の対象となる表現内容は、類型的に大別すると、「政治的表現」、「芸術的（文学的を含む）表現」および「営利的表現」の三つに分けられる。この三つの類型は、より細かくは、テーマ（主題）ごとに細分化できる。そうすると、テーマの規制と、意見（典型的には賛否）の規制とを区別する必要も出てくる。公民館などで部屋を貸す際に表現行為のテーマ規制を行うことは場合により許される。ただ、表現行為の意見規制を行うことは、より許されにくいであろう。なお、政治的その他の宣伝に対する規制の場合には、テーマ規制と意見規制が混ざっているといえる。

とまれ、公民館の貸し部屋における表現行為については、何らかの〝内容規制〟を施す余地があろう。このようにいうと、前述した地方自治法の利用拒否「正当な理由」条項や差別禁止条項との緊張関係が問

(12)　駒村・前掲注（5）所掲書二四七頁。あわせて、小山剛『「憲法上の権利」の作法〔新版〕』（尚学社、二〇一一年）一九六頁も参照。

われる。また、そもそも、表現の自由に対する〝内容規制〟は〝時・所・方法の規制〟と比べて、いっそう慎重でなければならない、という一般論とも衝突してしまう。このような緊張関係や衝突に対処するためには、表現行為を行う場所はほかにもいろいろあるはずである、という主張をぶつければよかろう。

4　特定目的の会館において差別禁止はどこまで及ぶか

一般の公民館であっても、著しく不適切な主張（たとえば人種差別）を唱導する団体に限って、部屋借用の申出に拒否で対応することもあってよかろう。[13]というのも、公民館を運営する地方自治体としても、公正・中立性に対する住民の信頼を失ってはならないからである。一定の方針（たとえば民族共生、在住外国人配慮という方針）をもった公民館の場合（ウェブサイトで一定の方針を表明している場合を含め）、その方針に合わない部屋借用の申出に拒否で対応することもできよう。この点、前述した憲法や地方自治法の差別禁止条項がかかわってくるが。

あとは、問題を提出するにとどめておこう。たとえば、平和博物会館で会場貸出を検討するにあたり、安保法制に同調する者と批判する者とを差別的に扱ってもいいか。また、公民館などは、人種差別主義団体など特定の政治的傾向をもつ会合に限って施設を貸さない、とすることはできるか。たとえばヘイトスピーチ集団の人などに対し集会室を貸さないことは合憲か（関連しては、街頭ビラまき活動やデモ行進を許可しないことは合憲か）。[14]難民や移民の受入れに対して行政が寛容な態度をとっている場合、それに対して非寛容な団体から集会室の使用申請があったとき、拒否できるか。市の公民館が、市長の政治的見解を（建設的に批判するのではなく）一方的に非難する政治グループに対して、集会室の利用申請を拒否する、ということは合法・合憲か。考えていただきたい。

5　大学の教室を利用した集会

大学（とくに公立などの大学）の建物（校舎）についても、その中にある教室を授業・ゼミ以外で学生などが利用したい、という要望に備えて、大学独自にルールを制定できる。この場合、管理権をもつ大学当局の側に、かなり広い（行政）裁量が認められる。ここでのルール（規制）の定め方をどうするかについては、弱い理由があれば十分であり、強い理由は必要でない。たとえば、小教室なら学生を責任者として利用できるが、中教室や大教室は大学の教師を責任者としなければ利用できない、というルールがありうる。この場合、学生の「学問の自由」に対する行き過ぎた制限だ、などとする批判もあろうが、それは通りのいいものではない。

(13)　なお、大阪府門真市の事例につき、安田浩一『ヘイトスピーチ』（文藝春秋、二〇一五年）二四四頁参照。

(14)　市川正人「表現の自由とヘイトスピーチ」立命館法学三六〇号一二二頁以下（二〇一五年）および、そこに引用された諸文献のほかに、齊藤愛「表現の自由の現況」論究ジュリスト一三号五六頁以下（二〇一五年）を参照。

Ⅵ　若干の確認と補足

一般に、集会の自由や表現の自由は、人権行使場所の使用という法的利益を含むか。こう聞かれれば、次のように答えうる。すなわち、表現の自由は、集会の自由とは違い、人権行使場所の使用という法的利益を含まないが、集会の自由が保障された場所で表現行為を行う場合は、その限りでない、と。しかし、集会や表現の自由に対する制限・侵害が問題とされた事例につき、それは憲法二一条一項に違反しないか、という形で問題設定を行えばたりよう。あとは、集会や表現の自由を主張する側の言い分と、制限・侵害を正当化しようとする側の言い分を吟味して、適切な判断を下せばよい。あるいは、管理者による集会・表現への規制が適法な行政裁量の範囲を逸脱したものといえないか、と問うこともできる。

さて、表現の自由が保障されない市町村の催し場所というものは想定できるであろうか。平成二七年七月二四日の夕方、H市が管理する広場で、地元の労組が市の許可の下に「駅前文化祭」という催しを開いた。そこでは、政権批判の発言が続いた。市当局は、それを中止に追い込んだ。市は後になって、同年九月三〇日付の文書で、自らの中止指示が、集会や表現の自由を保障する憲法二一条に違反していた、と認めたようである⑮。この事例では、労組の活動の自由の根拠条文も話題になりうる（憲法二八条の労働基本権条項を持ち出すのは妥当であろうか）。

施設における集会の位置づけに関連しては、市町村の提供する掲示板や市町村の発行する広報において一般の人々が行う言論活動の位置づけいかんが問題になる。

国家の団体みずからが主催して行う集会の場合、集会に参加する（しない）自由に限って憲法二一条一項の問題になる。というのも、国家は原則的に、集会の自由という人権の（享有）主体に属さないからである。

なお、思想・良心の自由（憲法一九条）は、公的場所（たとえば学校教育の場）でも侵害されうる。その意味で、思想・良心の自由を行使する場所には公的場所も含まれうる、と論じる余地があるかもしれない。しかし、そもそも、思想・良心の自由は、集会の自由や表現の自由と違って、原則的に「行使」を語るになじまないであろう。例外的に「行使」を語るになじむことがあるとしたら、思想・良心に基づく外形的行動の自由も思想・良心の自由に含まれうる、という前提をとった場合であろう。

(15)　たとえば、朝日新聞二〇一五年一〇月二日付「天声人語」参照。

6.

「全国民の代表」とは何か

——国会議員の地位

——赤坂正浩
Akasaka Masahiro

日本国憲法四三条一項によると、国会は「全国民を代表する……議員」で組織される。これまでこの規定は、フランスの憲法理論を下敷きにして解釈されてきた。しかしそこには不明確な点もある。そこで、全国民を代表するのは誰か、代表される全国民とは誰か、代表するとはどういうことかという三つの視点から、この規定について改めて考えてみたい。

I　はじめに

二〇一五年七月、集団的自衛権行使の限定的容認を含む自衛隊法などの関連法の改正案が衆議院で可決され、九月には参議院でも可決されて改正法が成立した。六月四日に衆議院憲法審査会に参考人として招致された三人の憲法学者が、民主党委員の質問に答えて、今回のいわゆる「安保法案」には違憲の点があると一致して指摘したのを契機として、法案に対する反対運動が大きな高まりをみせ、各種の世論調査でもその成立に対しては反対のパーセンテージが高かった。しかし、自民・公明連立与党が議席の三分の二を占める衆議院、過半数を占める参議院での審議が、予想どおり終始政権与党の主導権のもとに進められた結果である。

このような議会多数派と世論との乖離現象は、日本国憲法のもとでは、一九六〇年の日米安保条約改定のときにも顕著だった。しかし、人々の耳目を引きやすい安全保障問題に限らず、原発再稼働や消費税率引上げの是非といった重要な政策課題についても、議会多数派の方針とその時々の世論調査の結果にギャップが生ずることは必ずしも異例ではない。

日本国憲法四三条一項は、「両議院は、全国民を代表する選挙された議員でこれを組織する」と規定しているが、現実にはこうしたギャップもめずらしくないとすると、「全国民の代表」とは何を意味するのだろうかという、素朴な疑問が湧いてもおかしくない。あらためてこの疑問について考えてみたい。

II　憲法四三条一項のこれまでの理解

1　純粋代表制・半代表制・半直接制

これまで、日本の憲法学は、憲法四三条一項の「全国民の代表」規定を、フランスの憲法理論を前提として解釈してきた。一般に「代表制」は、「直接（民主）制」と対比されるが、フランス憲法学では、「代表制」と「直接制」が、さらに「身分代表制」「（純粋）代表制」「半代表制」「半直接制」「直接制」に類型化されてきた。専門家の間では周知の事柄だが、その内容をもう一度私なりにまとめておこう。

① 中世のヨーロッパには、イギリスに限らず各地に、現在の議会制度のルーツである「身分制議会」とよばれる機関が存在した。ヨーロッパ中世の「身分制議会」では、大貴族や高位聖職者自身のほか、自治都市上層市民と農村地主層の代表者も、身分別に集会し議事に参加した。選挙された代表者は、自分の選挙区の代表として、選挙区の指図どおりに意見を表明し投票に参加したとされる。これが、いわゆる「命令委任（訓令委任）」制度である。(1)

② これに対して、フランス革命を契機に成立した「近代議会」は、身分や選挙区の代表ではなく、国

（1）たとえば小泉八二頁参照。以下、本稿では、末尾の〔参考文献〕に掲げた文献をこのように引用する。

民全体の利益を担う「全国民の代表」と位置づけられた。議員は、自分の選挙区の代表ではないから、選挙区の有権者の指図を受けず（命令委任の禁止＝「自由委任」）、国民の利益に関する自分の判断にもとづいて議事に参加するものとされた。フランスの憲法理論は、このような近代的な代表制を「純粋代表制」とよんだ。純粋代表制は、有権者が議員を選挙する以外に、国民投票などで直接意思表明をする制度とは相容れず、選挙制度としては制限選挙制がこれに対応するとされる。(2)

③ ところが、フランスでも一八四八年の第二共和制憲法以降、普通選挙が実現されたことを主要なメルクマールとして、「全国民の代表」「命令委任の禁止」といった憲法規定には変化がなくても、代表制に関する人々の規範意識が変化し、「代表者と被代表者の意思に一致関係があることをその理念的たてまえとすることになる」(3)。フランスの憲法理論は、このような代表民主制を「半代表制」とよぶ。

④ さらに、現代欧米諸国の議会制では、立法権などの権限が議会と有権者との間で分有され、場合によって国民発案や国民投票が認められていることが多い(4)。代表制と直接（民主）制が結合したこの種のシステムが、フランス憲法理論のいう「半直接制」である。

⑤ また、理念としては、議会が存在せず、有権者が立法をはじめとする重要事項をみずから決定する純粋な「直接制」も想定することができる。

フランス憲法理論のこのような類型論の特徴は、それらが任意の時代、任意の国家において、どれでも選択可能な横並びの統治機構モデルと考えられているわけではなく、西欧型立憲民主制の歴史的発展傾向と理解されていることである。すなわち、フランスの憲法理論を受容した日本の学説は、直接民主制を実現可能な最終的統治形態とみなしているかどうかは別として、[5]「身分代表制」→「純粋代表制」→「半代表制」→「半直接制」という発展経路を想定しているとみてよいだろう。

2　日本国憲法四三条一項の「全国民の代表」はどの類型か

では、学説は、フランス憲法理論のこうした類型論を受容した上で、日本国憲法の議会制、とりわけ四三条一項の「全国民の代表」規定をどのように理解してきたのだろうか。

この点については、四三条一項には、命令委任の禁止という「禁止的規範意味」と、代表者意思と有権者意思の一致の要請という「積極的規範意味」の二つが含まれるという見解が、憲法学界の多数説であろう。その主唱者の文章を引用しておく。

「近代憲法が議会と国民の関係について『代表』という言葉を使うとき、それはまず何よりも、中世身分制議会で選出母体に拘束されていた旧来のあり方を克服するために命令委任（mandat impératif）を否定する、という禁止的規範意味を担っていた。その後、普通選挙制の成立を見る段階になって、現実の国民の意思ができるだけ

(2)　杉原・憲法I二一五頁、岡田二四頁、大石・立憲民主制一五五頁、小泉八三頁。
(3)　樋口・議会制四五頁。杉原・憲法I二一六頁、岡田二四頁、大石・立憲民主制一五五頁、小泉八四頁も参照。
(4)　岡田二五頁、大石・立憲民主制一五六頁。
(5)　杉原・憲法I二一八～二一九頁の人民主権・人民代表制の説明は、その方向性を示している。

議会に反映されなければならない、という積極的規範意味が、『代表』という観念に託されるようになった。日本国憲法四三条一項が『全国民を代表する選挙された議員』とのべるとき、そこでの定式化は、議員が地域や職能などの部分代表であることを禁止すると同時に、全国民の意思をできるだけ反映すべしという積極的要請を含む[6]」。

四三条一項の意味をこのように理解した場合、日本国憲法の議会制は、学説が下敷きとするフランス憲法理論上のどの統治類型に属するのか。この点も当然問題となってきた。しかし、これに関しては学説の一致がみられず、日本国憲法の議会制を純粋代表制と半代表制の折衷型とみなす見解[7]、半代表制とみなす見解[8]、憲法に地方特別法の住民投票制（九五条）と憲法改正国民投票制（九六条）が存在することを根拠として半直接制とみなす見解[9]などがある。

3　学説に対する疑問

フランスの憲法理論に暗い者には、歴史的な発展段階を想定した上述の類型論と、これにもとづく日本国憲法の理解には、正直言ってわかりにくい点が多い。

半代表制の観念

そもそも、「代表者と被代表者の意思に一致関係があることをその理念的たてまえとする[10]」、「議会・議員が、その法的建前にもかかわらず、事実上、『人民』とその単位からの独立性を失いつつある……[11]」、「半代表政にあっては、議員が事実上選挙民の政治的な意向に従属する[12]」という半代表制の観念からして、素人には難解である。

まずもって、「半代表制下の代表者は、実在する人民の意思に事実上拘束される」という説明が、たとえば「東京の八月は、最高気温が摂氏三〇度以上になる日が多い」という説明と同様、単に事実を述べたものなのか、それとも、「全国民の代表」「命令委任の禁止」という条文には変化がなくても、その条文の規範的意味は変わったという法的言明なのか、この点も明確ではない。しかし、「理念的たてまえ」という樋口説の表現や、四三条一項に「積極的規範意味」を認める多数説の立場から推測すると、学説の半代表制理解は後者だと解される。ここに、単なる事実の記述である「社会学的代表」との相違があるということなのであろう。

純粋代表制と半代表制の識別

さらに、「半代表政は、法的にみると、純粋代表政の要素をそのまま維持している。両者の異なるところは、半代表政にあっては、議員が事実上選挙民の政治的な意向に従属する、という点にのみある」[13]のだとすると、ある成文憲法が採用する代表

(6)　樋口・憲法Ｉ一五二〜一五三頁。辻村三五九頁、本秀紀一四八頁も同旨。
(7)　芦部・叢説2二四三〜二四四頁。
(8)　樋口・憲法Ｉ一五九頁、本六七頁。
(9)　大石・立憲民主制一六六〜一六七頁。
(10)　樋口・議会制四五頁。
(11)　杉原・憲法Ｉ二一六頁。
(12)　大石・立憲民主制一五六頁。
(13)　大石・立憲民主制一五六頁。

制が純粋代表制なのか半代表制なのかを識別する基準は何なのかも疑問になる。樋口説では、「全国民の代表」規定や「命令委任の禁止」規定はそのままでも、普通選挙制を採用する憲法は、すでに半代表制の憲法だとされ[14]、杉原説では、普通選挙制・解散制度・比例代表制などの民意を反映させる諸制度の有無が純粋代表制と半代表制とを分かつとされる[15]。他方、大石説は、「法的な関係を重視する限り、両者の間に質的な区別は立てられず、代表民主制三分法〔「純粋代表政」「半代表政」「半直接制」〕は妥当ではないということになる」という[16]。

このように、純粋代表制と半代表制の識別基準について一致が存在しないこと自体が当惑をよぶが、それぞれの見解についても疑問点が出てくる。普通選挙制の導入を半代表制の識別基準とする見解は、普通選挙制を有権者意思と代表者意思の一致を求める規範意識の産物だとみなしていると考えられる。しかし、フランス史の歴史的事実の問題ではなく、より一般的な理論の次元で考えれば、制限選挙制のもとでも、制限された範囲の有権者の意思は可能な限り近似的に議会に反映されるべきだという要請は成り立ちうる。むしろ、全人口のごく一部にすぎない有権者から選挙された議員が、なぜ「全国民の代表」を名乗れるのかが、制限選挙制の理論的な疑問点なのであって、有権者と代表者の意思の一致が求められれば有権者の範囲が広がり（普通選挙制）、一致が求められなければ有権者の範囲が限定されてもよい（制限選挙制）という理論的関係が存在するわけではないのではなかろうか。

普通選挙制・解散制度・比例代表制など、有権者意思の分布をなるべく近似的に反映する諸制度の導入を半代表制の識別基準と捉える見解にも、上述と同様の疑問があてはまるのみならず、解散制度なども制限選挙制と理念的・理論的に矛盾するとは言えないだろう。また、複数の制度の存在を総合判断するとなると、純粋代表制と半代表制を不可逆的な歴史の発展段階とは考えにくい現象も出てくる可能性がある。ある国の議会の選挙制度が比例代表制から小選挙区制に改められた場合や、それまでの下院の解散制度を根本的に改め、原則的には首相の下院解散権を廃止した二〇一一年のイギリスの法改正[17]のような場合である。

他方、法的な関係を重視すれば半代表制と純粋代表制との質的区別は成り立たないという見解は、純粋代表制という独自の類型の否定も含意することになろう。とすると、成文憲法に「全国民の代表」規定や「命令委任の禁止」規定があっても、それが当然に有権者意思と代表者意思の一致を要請しない趣旨だとは限らないことになる。そもそも、純粋代表制を「国民からの議会の独立宣言」だとし、その条文上の表現が「全国民の代表」「命令委任の禁止」規定だとする見解は、純粋代表制はいわゆる「ナシオン主権」原理の憲法で採用される代表制であり、「ナシオン主権」原理では、全国民（ナシオン）とは意思能力をもちえない観念的な想定物だという前提に立っている[18]。しかし、主権原理と代表制との間に論理必然的関係

(14)　樋口・憲法Ⅰ一五五頁。
(15)　杉原・憲法Ⅰ二一五～二一六頁。
(16)　大石・立憲民主制一五六頁。
(17)　小堀一四〇～一四一頁。
(18)　樋口・議会制三七～三八頁、杉原・憲法Ⅰ一六三頁。

が存在するとは限らない。ここでもフランス史の歴史的事実を離れれば、観念的存在としてのナシオン→その具体的な代表者としてのプープル（有権者）→さらにプープルによって選挙された代表者としての議会という法的構成も可能だからである（後述、Ⅲ2のドイツの学説を参照）。現に、近年のフランス憲法学では、主権原理と代表制を切り離す見解も増えてきているという[19]。

以上要するに、普通選挙制（等）の導入を半代表制のメルクマールとし、半代表制のもとでは、「全国民の代表」規定は、純粋代表制と同様、命令委任の禁止を意味すると同時に、有権者意思と代表者意思の一致も求めるのだという四三条一項解釈は、フランス憲法史の事実関係に関する一定の理解を前提にしないと、辿ることの難しい険路に思えるということである。

半代表制と半直接制の識別

次に、半代表制と半直接制の判別基準もみてみると、フランス憲法理論の専門家によれば、それは当該憲法が議会制とともに立法に関する国民投票などの直接民主制の制度を規定しているか否かである[20]。この基準自体は明確だが、肝心の日本国憲法の評価は論者によって分かれている。すなわち、上述のように地方特別法の住民投票制（九五条）と憲法改正国民投票制（九六条）が存在することを根拠として、日本国憲法の統治類型を半直接制とみなす見解[21]がある一方で、『立法をめぐる国民と議会の間の権限分配』に着目して半代表制と半直接制の区分を考えるならば」、立法の国民投票制度を認めていない日本国憲法を「半直接制と位置づけるにはいささか困難が伴う」とする見解[22]がこれと対立している。

いずれにせよ、日本国憲法を「半直接制」の憲法だとみなす見解も、四三条一項の「全国民の代表」規定が「命令委任の禁止」を含意することを認める点には違いがない[23]。杉原説が、人民主権・人民代表制の段階では命令委任の禁止は認められないと明言するのを例外として[24]、学説は共通に、純粋代表制・半代表制・半直接制という三つの歴史的段階のいずれにおいても、命令委任は禁止されるとする。だからこそ、学説は、憲法四三条一項の「全国民の代表」規定が命令委任の禁止を含意することを認めつつ、日本国憲法の統治類型を半代表制だとか、半直接制だと判断できるわけである。しかし、半代表制・半直接制においても命令委任が禁止されるのは、単に純粋代表制の惰性的な遺物としてなのか、命令委任の禁止は、半代表制・半直接制の構造を支える何らかの理論的根拠をもっているのか、この点について、学説の説明は明瞭を欠くように思われる。

以上のように、半直接制論に立っても、四三条一項解釈の峻険な道が平坦になったとは必ずしも言えないようである。

(19) 岡田二五頁。
(20) 大石・立憲民主制一五九〜一六三頁、岡田二五頁。
(21) 大石・立憲民主制一六六〜一六七頁。
(22) 岡田二六頁。
(23) 大石・講義Ⅰ一三六頁。
(24) 杉原・憲法Ⅱ一六九頁。

Ⅲ 基本法三八条一項二文の解釈

1 代表するのは誰か

じつは現在のドイツの憲法である「ドイツ連邦共和国基本法」（以下では単に基本法とよぶことにする）にも、日本国憲法四三条一項と同様の規定がある。「［ドイツ連邦議会の］議員は全国民の代表者であって、委任及び指図に拘束されることはなく、自己の良心のみに従う」という規定である（基本法三八条一項二文：高田＝初宿二三三頁）。そこで、四三条一項の理解に新たな視角を得るために、フランス憲法理論を前提としたこれまでの議論からいったん離れて、ドイツの学説が基本法のこの規定をどう理解してきたのかを瞥見してみたい。

「個別代表」と「集合代表」

憲法四三条一項は、「全国民を代表する選挙された議員」と規定しているが、「全国民を代表する」のはいったい誰なのかをあらためて考えてみると、それには、一人一人の議員という答えと、議員全員の集合すなわち議会という答えの二つの可能性がある。日本のこれまでの学説は、じつはこの点については明確ではなかった。たとえば、Ⅱ3「半代表制の観念」の冒頭部分で引用したように、杉原泰雄の説明では、しばしば「議会・議員」という表現が用いられている。

しかし、選挙区の指図を受けずに、何が国民の利益なのかを自分で判断するのが純粋代表制下の議員であるなら、純粋代表制で想定されている「全国民の代表」は、一人一人の議員であろう。これに対して、有権者意思を正確に反映するのが半代表制下の議員であるなら、議員があるテーマに関する有権者の意見分布を一人で反映すべきだと考えるのは不合理であるから（ある議員が「私は集団的自衛権行使の限定的容認について、六〇％は反対、二〇％は賛成、二〇％は不明だ」というわけにはいかない）、半代表制で想定されている「全国民の代表」は、議員全体としての議会であろう。この相違は、議員一人一人の行動規範にも影響を与えると考えられるので、本来はあいまいにできないはずの問題である。

この点について、基本法三八条一項二文に関するドイツの学説・判例は、きわめて明確に、「全国民の代表」とは議員全体としての議会だと解釈している。㉕全国民の代表という「この重要な機能は、議員の全体によってのみ果たされうる」㉖。「議会代表の特徴は、……個々の議員ではなく（個別代表制）、連邦議会の全議員が全体として（**集合代表制**）、国民を現前させることだと強調されてきた」㉗。「個々の議員が——見かけ上はあらゆる束縛を離れて——『理想的な全体代表』として、競合する社会的な立場を自分の人格のなかで調整し、民主的な公共の福祉を一身で体現すべきだという、ほとんど超人的なことを個々の議員に要求する」のは、「希望がないほど理想主義的な基本法三八条一項理解である」㉘。

㉕　Butzer, Rn. 8. 1; Magiera, Rn. 4; Meyer, Rn. 8; Morlok, Rn. 123; Trute, Rn. 78a. BVerfGE 44, 308 (315f.); 56, 396 (405); 80, 188 (217f.); 92, 130 (135); 102, 224 (237); 104, 310 (329f.); 118, 277 (324).
㉖　Meyer, Rn. 8.
㉗　Butzer, Rn. 8. 1. ゴチックは原文。
㉘　Dreier, S. 464f.

このように「全国民の代表」であるのは全体としての議会だとすると，個々の議員は必ずしも国民全体の利益を代弁せず，議会で何らかの部分利益を主張しても，「全国民の代表」規定に反するとは言えないことになりそうだ。

個々の議員の行動規範

じっさい，高橋和之『立憲主義と日本国憲法〔第三版〕』には，個々の議員が部分利益を代表することで，議会が全体として国民全体の利益を反映することになるという説明が見出されるが，私の調べた限りでは，こうした見解は日本の憲法学ではきわめて例外的である。

「普通選挙の実現により……選挙権が下層の民衆にまで拡大されると，有権者の間の社会階級的な同質性が失われ，利害対立が先鋭化した。そうなると選挙民は，自分たちが選んだ代表者が全国民利益の代表を標榜して，自分たちの利益を無視して行動することを，もはや許そうとしない。議員は選挙区や支持者あるいは政党の利益を代表し，それを議会に反映する役割を担うべきだとされる。様々な部分利益が議会に忠実に反映されることを通じて，議会は全国民の利益を反映することが可能となると考えられたのである[29]」。

これに対して，ドイツの学説は一般に，「全国民の代表」は全体としての議会であるから，個々の議員は部分利益を主張することが憲法上許されると正面から認めている[30]。しかし，ドイツの学説には，二つの点で高橋説との相違がある。一つは，個々の議員が部分利益を主張することで，全体としての議会が部分利益の総計としての全国民の利益を代表するということにはならないと考えている点である。「代表制が，対立する意見や利害の比例的な模写にほかならないとすれば、代表制の帰結は、統一ではなく不和の倍加であり先鋭化であろう(31)」。

高橋説とのもう一つの相違は、議会全体が「全国民の代表」であることは、個々の議員も法的には「ある州や選挙区、職業集団、宗教団体、あるいは政党のような……国民の一部の代表者ではない(32)」ことを意味するので、部分利益の主張が許されると言っても、そこには憲法上の限界があると考えられていることである。「連邦議会の議員たちは、**全体として国民の代表者**である。このことは、議員たちがみずからを、特殊な集団や特殊な利益、自分の選挙区、選挙民または政党の代表と規定することを排除するが、ある特殊利益の観点から全体の利益を表現することには、三八条一項二文との抵触は見出されないであろう(33)」。

「ある特殊利益の観点から全体の利益を表現する」とはどういうことだろうか。トルーテの解説にはその点の説明は見出されない。私が調べた文献で、この点に言及しているのはブーツァーだけであった。「基本法は集合代表制ないし全体代表制の思想に従っているので……、全国民の代表という議員のこの地位と、ある議員が、たとえば政党、地域、団体または利益集団の利益のような、ある一つの特殊な利益の

(29) 高橋・立憲主義三四二頁。
(30) Stern I. S. 1071; Butzer, Rn. 93; Magiera, Rn. 45; Trute, Rn. 77.
(31) Hofmann/Dreier, Rn. 17.
(32) Magiera, Rn. 45.
(33) Trute, Rn. 77, ゴチックは原文。

観点から国民の利益を表現すること、つまり、ある議員が、国民の一部分だけの利益（**特殊利益ないし部分利益、ロビーの利益**）を、議会の場で、他の代表者たちとの討議において表明することとは両立する。これに対して、ある議員が、この種の特殊利益を単に討議において表明するのみならず、票決においても全体の利益に取って替えることとは、（当然のことながら実際にそれを確認することはほとんどできないにしても）国民代表の地位と両立しない[34]」。

議員は、ある特殊利益を擁護することが全体の利益にも適うと判断した場合には、討議の場面ではこの特殊利益を主張してもよいが、票決においては討議の結果得た知見を無視してこの特殊利益に固執してはならない。ブーツァーの理解する「全国民の代表」規定のもとでの議員の行動規範がこのようなものであるとすれば、その解釈には共感を覚えるが、彼自身が指摘するように、個別の事案ごとにこの規範の遵守を確認することは難しいだろう。しかし、いずれにせよ、個々の議員が、支持者・選挙区・圧力団体・政党といった自分の支持母体の単なるメッセンジャーであれば、議会は部分利益のぶつかり合いの場となるだけであって、全国民の利益が代表される場とはならない。ドイツの学説によれば、このリスクを回避するために憲法が定めた仕組みが、自由委任（命令委任の禁止）なのである。

命令委任の禁止＝自由委任の意義　上述のように、基本法三八条一項二文は、「議員は……委任及び指図に拘束されることはなく、自己の良心のみに従う」と規定して、命令委任の禁止を明文化している。これを受けて、ドイツの学説が命令委任の禁止の意義を強調する点は、日本とドイツの学説による代表民主制理解の大きな相違点であろう。

たとえばホフマンとドライヤーの共著論文は、「自由委任は……政党国家ではもはや存在意義をもたない時代錯誤の『遺物』などではない」とした上で[35]、自由委任は、議員が相互の自由なコミュニケーションを通じて柔軟な調整と決定をおこない、「統合作用」を営むための制度的基盤であること、自由委任は、議員と有権者とのフィードバックが可能になり、議員が有権者に対して議員活動について説明責任を果たすための制度的基盤であること、自由委任は、投票に敗れた少数派に属する議員も多数決に拘束されることを説明する理論的基盤であること、自由委任は、各政党の党内民主主義の制度的基盤であることなどを指摘している[36]。

同様にマギーラも、次のように述べている。「自由委任は、議員を被代表者の指図から解放し、議会の集会に妥協と決定の能力を与えようとするものだ。その主たる目標は、他者の決定からの議員の自由を確保し、議会で国家意思を法的拘束力を伴って自律的に形成させることである。……自由委任は、議員に対して、代表機能を遂行する能力、特に社会意思形成と国家意思形成の相互作用によって選挙民とコミュニケーションをとる能力を与える」[37]。

こうした自由委任制度の意義の強調は、政党の存在を前提とした現代議会制の現実と相容れないのでは

(34) Butzer, Rn. 93, ゴチックは原文。
(35) Hofmann/Dreier, Rn. 40.
(36) Hofmann/Dreier, Rn. 41-45.
(37) Magiera, Rn. 46. Morlok, Rn. 123; Trute, Rn. 74 も参照。

ないか。ドイツ基本法は、二一条一項一文で「政党は、国民の政治的意思形成に協力する」として[38]政党の役割を正面から認めているので、自由委任制度と政党民主主義との緊張関係はまさに憲法問題である。

この点について詳論する準備はないが、ドイツの学説は、議会内会派の意思形成に対する所属議員の同権的な参加を前提とする「会派規律」Fraktionsdisziplin は自由委任制度と矛盾しないが、「会派強制」Fraktionszwang は基本法三八条一項二文に反するとしている。[39]両者の境界線は議員身分の喪失に求められ、会派の決定に反する議員に対して、会派からの除名、議会内の委員会の委員の差し替え、次期選挙での公認の拒否といったサンクションを加えることは、自由委任に違反しないとされている。[40]

日本の学説では、命令委任の禁止が、現代代表民主制にとって有する意義に触れる解説は例外的だと思われるが、[41]命令委任の禁止が有する制度的意義はもっと重視されてもよいのではないだろうか。

2　代表されるのは誰か

代表する者は誰かという問題と並んで、じつは代表される者は誰かという問題もある。

日本の場合

日本国憲法もドイツ基本法も、「全国民の代表」と規定しているのであるから、その答えは当然「全国民」だが、それでは「全国民」とは誰なのか。

日本の学説は、この点でもフランスの憲法理論研究を前提として、国民主権原理には、より細かくみると「ナシオン（国民）主権」原理と「プープル（人民）主権」原理の区別があり、「ナシオン」とは、過去および将来の世代を含む観念的存在としての全国民であるのに対し、「プープル」とは、実在の有権者の総体ないし有権者にふさわしい個々人の総体を意味するとしてきた(42)。

この理解を前提に、日本国憲法の主権原理と代表制の関係について、プープル主権原理－半代表制という解釈をとるならば、四三条一項の「全国民」は、有権者の総体を意味することになる。しかし、実際の多数説はもっと複雑で、日本国憲法の国民主権原理には「権力的契機」と「正当性の契機」が含まれ、主権者国民も、最高権力の所在の指定という面では有権者の総体、権力の正当性根拠の指定という面では観念的存在としての全国民を意味するとされる(43)。その上で、憲法の代表制は国民意思と代表者意思の一致を求めるとして、四三条一項の「全国民」は有権者の総体だと理解している(44)。

ドイツの学説

これに対して、ドイツの学説の場合には、国民代表は、日本の憲法学では評判の悪い国家法人説を前提として、機関説的に理解されているように見受けられる。こうした学説のあり方は、ドイツ基本法の条文構造にも条件づけられていると言えるだろう。基本法は、二〇条二項一文の国民主権の宣言（「すべての国家権力は、国民に由来する。」）に続く二〇条二項二文で、「国家権力は、

(38)　高田＝初宿二二三頁。
(39)　Magiera, Rn. 50.
(40)　Magiera, Rn. 50; Stern I, S. 1073-1077; 加藤一〇三～一〇五頁。
(41)　たとえば小泉八六頁。
(42)　樋口・議会制三七頁、杉原・憲法Ⅰ一〇三頁、一二六～一二七頁。
(43)　芦部・憲法四一～四二頁。
(44)　芦部・憲法二九二～二九五頁。

選挙及び投票において国民により、また、立法、執行権及び裁判の個別の諸機関を通じて行使される」と規定する。[45]

基本法二〇条二項一文にいう主権の主体としての「国民」は、学説によればドイツ国籍保有者の総体である。[46] しかし、基本法二〇条二項二文の選挙・投票によって国家権力を行使する「国民」とは、事の性質上、国家機関としての有権者団を指すほかない。たとえば、ザックスは、二〇条二項二文の「『国民』とは、公民権〔参政権〕を有する能動市民だけのことである」と解説し、この文章に付した注において、同様の解釈を示す多くの判例・学説をあげている。[47] そして、連邦議会は、ここにいう「立法……の機関」の具体化であることから、連邦議会の章の冒頭にある三八条一項二文も、二〇条二項二文と関連づけて読まれてきた。「**基本法三八条一項二文の意味での憲法的『代表』**は、全体としての議員たちが、基本法一一六条一項によって原則として国籍で特定されたドイツ連邦共和国の全国民を全体として、かつ排他的に代表することを意味する」[48]。「代表制は、支配権行使における国民と議会の『二元性』を前提としている」[49]。「連邦議会は……一つの独立した国家機関である。連邦議会は、それ自体として、基本法から直接導かれる固有の権限を行使する。……連邦議会は、……委任によって委ねられ、任意に撤回されうる法的な意味で国民から導かれた権能を行使するわけではない。国民〔有権者団〕もまた、限定された権限だけを行使する。これには連邦議会選挙と特定の投票が含まれるが、それを超えて、連邦議会に対する――法的拘束力を伴う――影響力を行使するわけではない」[50]。他方、議会は国民の名において活動するが、議会意思が国民に帰属すると言っても、「ここから生ずる国民〔有権者団〕の義務は、単に政治的‐イデオロギー的なものにすぎない。国家機関としての連邦議会が、法的拘束力を伴って義務づけることができるのは、国家すなわち連邦共和国だけだからである」(51)。

ドイツの学説が示す以上のような基本法の構図を私なりに整理すると、次のようになるだろう。主権者は国籍保有者の総体であるが、具体的に国家権力を行使するのは国家機関としての有権者団である。有権者団は、選挙・投票によってみずから国家権力を行使し、国籍保有者の総体＝「全国民」を代表する連邦議会を通じて立法権を行使する。すなわち、国民（有権者団）と議会は、それぞれ独立の国家機関として、憲法上の権限を行使し、その限りで国家意思を形成・表示する。国民（有権者団）によって議会が創設されたあとのこの二つの国家機関相互の関係は、法的ではなく政治的なものである。この構図は、「ナシオン（国籍保有者の総体）」主権原理のもとで、機関としての「プープル（有権者団）」と機関としての「全国民の代表（議会）」が憲法に従って国家意思を表示し、互いに政治的に影響しあう仕組み、と言い換える

(45)　高田＝初宿二一三頁。
(46)　Sachs, Rn. 27a. ザックスはこの文章の注で、BVerfGE 83, 37 (50ff.) などの判例と多くの文献をあげている。
(47)　Sachs, Rn. 28.
(48)　Butzer, Rn. 8. ブーツァーは、BVerfGE 44, 308 (315f.) など、この点に言及する四つの連邦憲法裁判所判決と、学説としては Magiera, Rn. 4; Meyer, Rn. 9 などをあげている。ゴチックは原文。
(49)　Magiera, Rn. 6.
(50)　Magiera, Rn. 8.
(51)　Butzer, Rn8. 1; Magiera, Rn. 9.

ことも可能だろう。そう考えると、ドイツの学説には、ナシオン主権原理＝純粋代表制とプープル主権原理＝半代表制という二項図式は存在しないということになる。近代憲法史の歴史的発展の認識という問題設定から離れて、実定日本憲法・ドイツ憲法の解釈論に視野を限局するならば、ドイツの学説が依って立つと解されるこうした国家法人＝機関説的構成のほうが、シンプルで明快だとは言えないだろうか。

3　代表するとは何か

上述のように、日本の学説は、半代表制論・半直接制論を前提として、「憲法四三条の『代表』は、同時に、実在する国民〔有権者の総体〕の意思をできるだけ反映すべきだとする積極的規範意味を含む……」と理解してきた(52)。ここには、有権者の意思が所与のものとして実在し、客観的に認識可能だという前提があり、議会は所与の有権者意思を反映できるし、すべきだという「反映説」とも言うべき発想が見て取れる。

しかし、近年では、有権者意思はつねに確定的に先在しているわけではないとして、有権者と議会の相互行為性を重視する学説も見受けられるようになった。「生身の国民が生きるのは、激しい利害対立の錯綜する多様で多元的な大規模社会である。もはやあらかじめ統一的意思をもつ国民の存在を想定することはできない(53)」。「民意がさまざまな意味で『多様』であるとしても、代表されるべき『多様性』が、あらかじめ所与のものとして存在するわけではない。政党や選挙制度というフィルターを通じて、やはりある種の『意思』が表明されることで、代表されるものと代表するものとの相互作用により、『民意の多様性』

が明確になるのではないか」[54]。

これに対して、基本法三八条一項二文に関するドイツの学説では、「代表する」とは、議員全員としての議会が、全国民を「現前させる」vergegenwärtigenこととされ、そのためには、定期的な選挙のみならず、「市民との恒常的なコンタクト」が求められるとして[55]、有権者と議会との対話が「全国民の代表」規定の規範内容として明確に重視されている。

「国民による選挙を補完するために必要なのが、選挙における合理的な決定を可能にし、議会における国家意思の形成を国民の政治的意思形成によって拘束するための、国民と議会の恒常的な民主的コミュニケーションである。したがって、民主的コミュニケーションは、国民から議会への一方通行に尽きるものではなく、まったく逆に、恒常的な対話によって達成される」[56]。

「現代社会の個人主義化、多元化、社会的・政治的・文化的・宗教的細分化のゆえに、統一の形成と維持が中心問題となった。フランス革命で主権的国民の意思が絶対君主の意思に取って代わったというよく使われる表現は、

(52)　樋口・憲法三二四頁。同旨、高橋・立憲主義三四三頁、辻村三六〇頁、本秀紀一四八頁。
(53)　糠塚一九三頁。
(54)　只野六三～六四頁。
(55)　Magiera, Rn. 6.
(56)　Magiera, Rn. 44.

……同質的国民の人民意思なるものが神話でありフィクションであることから目をそらさせるのに適している。同質的でない社会においては、……一般的な拘束力をもち、統一を創出すると同時に維持する人民の『意思』は、組織され、形成され、形を与えられる必要がある……。」「したがって、人民『意思』の民主的代表制とは、少なくとも潜在的には何らかの形で存在する静態的な統一を、単に反映し、凝縮し、現実化し、言い換え、変形させることとは考えられない(57)」。

基本法の代表民主制に関する以下のようなホフマン／ドライヤーの要約は、こうした「対話的」代表像を遺憾なく示していると言えるだろう。

「基本法の意味での代表民主制は、多角的に組織された自由な政治的コミュニケーションという、法的に保護された環境のなかで、民主的な諸原則に従った選挙を通じて出現し、つねに更新される、有権者が体現する国民と、統治システムの基盤であり中心である選挙された議員によって構成された国民代表の間の、権威を与え承認するとともに、コントロールし批判する関係として理解されるべきである(58)」。

Ⅳ　おわりに

以上のようなドイツ基本法の「全国民の代表」規定に関するドイツの学説は、日本国憲法四三条一項の理解にあたって、以下の点で示唆的なように思われる。「全国民の代表」規定のもとでは、個々の議員は自分を選挙区や政党などの代表と位置づけることは許されない。しかし、「全国民の代表」であるのは、あくまで議員全体としての議会である。

個々の議員は、議会において特殊利益を主張することは許されるが、議会全体が「全国民の代表」と称するにふさわしいものであるためには、個々の議員が単に支持母体のメッセンジャーや所属政党・会派の投票マシーンに甘んじることは許されない。会派規律は、会派の意思決定に対する会派所属議員の同権的な参加の確保を前提としてはじめて許容される。個々の議員が選挙区や政党の単なるメッセンジャーとならないための制度的基盤として、命令委任の禁止は、現代代表民主制にとっても不可欠の仕組みである。

代表される「全国民」とは、国籍保有者の総体であるが、これを体現するのは有権者である。しかし、全体としての有権者意思が所与のものとして議会に先在し、議会は単にこれを反映すべきだと考えるのは現実的ではない。議会が「全国民の代表」と称するにふさわしいような統合機能を果たすためには、その自覚をもった個々の議員による有権者との恒常的なコミュニケーションが不可欠であり、「全国民の代表」規定は有権者と議員、議員同士の双方向的なコミュニケーションを要請している。

仮に、日本国憲法四三条一項の規範的要請もこのようなものだと理解したとすれば、現在の国会議員の行動様式と国会全体の状況は、果たしてこの規範的要請を満たしていると言えるだろうか。

(57) Hofmann/Dreier, Rn. 16f.
(58) Hofmann/Dreier, Rn. 23.

〔参考文献〕

芦部信喜「全国民の代表――憲法四三条」（初出一九八六年、のちに芦部『憲法叢説2』（信山社、一九九五年）に再録。引用は叢説2と略称）
芦部信喜／高橋和之補訂『憲法〔第六版〕』（岩波書店、二〇一五年。引用は憲法と略称）
大石眞『立憲民主制』（信山社、一九九六年）
大石眞『憲法講義Ⅰ〔第三版〕』（有斐閣、二〇一四年。引用は講義Ⅰと略称）
岡田信弘「代表民主制の構造」大石眞＝石川健治編『憲法の争点』（有斐閣、二〇〇八年）
加藤一彦『議会政治の憲法学』（日本評論社、二〇〇九年）
毛利透＝小泉良幸＝淺野博宣＝松本哲治『リーガルクエスト憲法Ⅰ 統治』（有斐閣、二〇一一年。引用は小泉と略称）
小堀眞裕『国会改造論』（文春新書、二〇一三年）
杉原泰雄『憲法Ⅰ』（有斐閣、一九八七年）
杉原泰雄『憲法Ⅱ』（有斐閣、一九八九年）
高田敏＝初宿正典『ドイツ憲法集〔第七版〕』（信山社、二〇一六年。引用は高田＝初宿と略称）
高橋和之「国民代表」（初出一九八三年、のちに高橋『国民内閣制の理念と運用』（有斐閣、一九九四年）に再録）
高橋和之「代表制論からみた現代民主政の基本問題」（初出一九八三年、のちに高橋『国民内閣制の理念と運用』（有斐閣、一九九四年）に再録）
高橋和之『立憲主義と日本国憲法〔第三版〕』（有斐閣、二〇一三年。引用は立憲主義と略称）

只野雅人『憲法の基本原理から考える』（日本評論社、二〇〇六年）
辻村みよ子『憲法〔第四版〕』（日本評論社、二〇一二年）
糠塚康江「国民代表の概念」大石眞＝石川健治編『憲法の争点』（有斐閣、二〇〇八年）
長谷部恭男「国民代表の概念について」（初出二〇一二年、のちに長谷部『憲法の円環』〔岩波書店、二〇一三年〕に再録）
長谷部恭男「世代間の均衡と全国民の代表」（初出二〇一三年、のちに長谷部『憲法の円環』〔岩波書店、二〇一三年〕に再録）
樋口陽一「現代の『代表民主制』における直接民主制的諸傾向」（初出一九六四年。のちに樋口『議会制の構造と動態』〔木鐸社、一九七三年〕に再録。引用は議会制と略称）
樋口陽一『憲法Ⅰ』（青林書院、一九九八年）
樋口陽一『憲法〔第三版〕』（創文社、二〇〇七年）
棟居快行「二院制の意義ならびに参議院の独自性」レファレンス七七一号（二〇一五年）
本秀紀編『憲法講義』（日本評論社、二〇一五年。引用は本秀紀）
H. Butzer, in: Epping/Hillgruber (Hrsg.), Grundgesetz, 2. Aufl., 2013, Art. 38 GG.
H. Dreier, Demokratische Repräsentation und vernünftiger Allgemeinwille, AöR 113, 1988, S. 450ff.
H. Hofmann/H. Dreier, Repräsentation, Mehrheitsprinzip und Minderheitenschutz, in: H.-P. Schneider/W. Zeh (Hrsg.), Parlamentsrecht und Parlamentspraxis in der Bundesrepublik Deutschland, 1989.
S. Magiera, in: Sachs (Hrsg.), Grundgesetz, 7. Aufl., 2014, Art. 38.
H. Meyer, Die Stellung der Parlamente in der Verfassungsordnung des Grundgesetzes, in: H.-P. Schneider/W. Zeh

(Hrsg.), Parlamentsrecht und Parlamentspraxis in der Bundesrepublik Deutschland, 1989.
M. Morlok, in: H. Dreier (Hrsg.), Grundgesetz-Kommentar, Bd. 2, 1998, Art. 38.
M. Sachs, in: Sachs (Hrsg.), Grundgesetz, 7. Aufl., 2014, Art. 20.
K. Stern, Das Staatsrecht der Bundesrepublik Deutschland, Bd. I, 2. Aufl., 1984.
H.-H. Trute, in: v. Münch/Kunig (Hrsg.), Grundgesetz, 6. Aufl., 2012, Art. 38 GG.

7.

Short, Tall, Grande, or Venti?

——現代の行政権

——棟居快行
Munesue Toshiyuki

われわれの暮らしは、どっぷりと行政に浸かっている。空気も大気汚染防止法、水も水道法など、当たり前の存在であり人間の生存のミニマムも行政に依存しているといえるほどである。これでも「自由」なのだろうか？

Ⅰ 「行政国家」のいま、を生きる

1 身近な「行政」を探して

この本のタイトルどおり、スターバックスなどのコーヒーショップに今あなたがいるとしよう(1)。こうした飲食店を開店するには、食品衛生法という法律が定める「営業許可」を所在地の都道府県知事にしてもらわなければならない（食品衛生法五二条）。店内の壁に同法の下で置かなければならない「食品衛生責任者」の表示をしたプレートがあるから（「東京都食品衛生法施行条例別表第一」など条例の規定による）、周りを見渡してみるといいだろう。

「許可」というのはいうまでもなく法律用語であり、一定の許可要件（主に衛生面からの安全性確保のため）をクリアしなければならない。また、「許可処分」によってはじめて営業が可能になるということは、衛生面などの許可要件に反した営業を行っている場合には営業許可を取り消したり停止したりすることができるということでもある（同法五五条）。こういう法制度は、食品安全行政という古くからある行政の権限の元となっている。いま、この身近な行政権限を例として、行政とは何か、それはどういった存在であるべきか、について考えてみよう。

2 もし「行政」が存在しなければ

スターバックスは、アメリカの西海岸北部のおしゃれな街シアトル（シアトル・マリナーズでイチロー選手が長い間プレーしていた）で生まれた比較的新しい会社だ。いまや世界のどこでも、緑のマーメイドのロゴを掲げた店構え、おいしいコーヒー、それと世界共通のWi-Fiといったウリで、都会のちょっとした空き時間を自宅のリビングのようにくつろぎながらPCやネット、リアルのおしゃべりに使える店として愛されている。

こうした店がはやるのは、雰囲気や味だけが理由ではない。どこのスターバックスでも、同じ基準のサービス、そしてなによりも、水準の高い衛生管理が一見《いちげん》の客にも安心感を与えるのである。いわゆるグローバル・スタンダードを地でいく店舗であり、見知らぬ土地でも安心して入れる。こちらにその店に入った経験がなくても、同じだけの衛生管理や味が期待できるから、消費者は楽なのである。

本当は、すぐそばにある狭い間口の古めかしい喫茶店のほうが、ずっとおいしいコーヒーを出し、しかも音響抜群のジャズを聴かせてくれるかもしれない。しかし、その逆というリスクもないわけではないので、忙しい人や安全第一の人、とにかく座って仕事がしたい人は、迷わずスターバックスに、ということになるのだろう。

(1) タイトルは、スターバックスのサイズの四種類である。http://www.starbucks.co.jp/howto/store/order.html 本稿ではいうまでもなく、行政権の役割の大小に引っ掛けている。

なぜ長々とスターバックスの話をするのかと言えば、スターバックス（正確にはその経営本部）は今ここで取りあげようとしている「行政」によく似ているからだ。行政が一定の基準ですべての飲食店を規律してくれていることで、客ははじめて入る店でも安心して飲食ができる。もちろん、行政はコーヒーの味やサービスの良さは保証してくれないが。

衛生施設を平気で手抜きする悪質な業者は、客が食中毒になったりすることでやがて誰も寄りつかなくなる。その意味では、自然淘汰にまかせておけば行政は不要である。客が食中毒になったら、刑事罰で事後的に制裁を加える（「事後規制」）という手もある。しかし、「実験台」になった客はたまったものではない。営業許可のような「事前規制」によって、事が起きる前に規制して一定の安全水準を確保しておくこと。これが、日常生活を安全にするために必要である。いちいち調べたり、つねに用心深く料理を毒味するようなまねを客がする必要もない。その意味では、安全なだけでなく情報収集に余計なコストをかけずに済む。新規開業する店に客が入ってくれるのも、こうした規制があるからで、規制は営業の邪魔なのではなく、営業しやすくしているとも言えるのだ。

3 法治行政の原則

行政のおかげで、スターバックスのような評判の確立したチェーン店でなくても、街角で偶然見つけた怪しげな雰囲気のマスターのいる店でも、客は安心して利用できる。客にとっては、行政は衛生面の安全基準をすべての店が守るように、その許可権限（そこから派生する立ち入り検査〔＝「臨検」〕の権限や許可の撤回や一時停止の権限。食品衛生法二六条・五五条）を上手に使ってくれればそれでよい。

しかし、業者の側からすると、許可基準が不明確だと開業する際にどこまで設備投資をすれば営業許可が出るのか分からないし、許可権限が既存の店舗の既得権を守るために恣意的に使われたりするのも困る。時代劇に出てくる江戸時代のお代官のような行政では、自由な経済活動が認められた現代資本主義社会ではダメなのである。そこで、行政による権限行使の予測可能性、透明性を確保する必要がある。誰の店でも同じ要件で許可を受けられるという、公平性・一般性も必要だ。

また、衛生上の安全を確保するという目的が大事であることは誰にも否定できないが、そのために過剰な設備や人員まで要求されたら、業者は無意味なコストを強いられて開業を諦めるしかない。目的とそれを実現するための規制手段が、バランスのとれた関係になくてはならない。

さらに、安全性確保というと専門家の意見をベースにすればよいようだが、どこまでを行政の介入で確保し、どこからは個人の判断や市場原理に委ねるか、というのは政治的決定でもある。こうした政治決断を、行政を担当する役人に任せるわけにはいかない。彼らには、国民に対する政治責任はないからである。

こうしたいろいろな理由から、一つの要請が導かれる。それは、行政の規制権限は法律を根拠にしなければならない、という「法治行政の原則」である。あるいはより一般的に「法治国家原理」と呼んだり、もっとテクニカルに「行政の法律適合性原則」と言ったりもするが、同じことである。

4 「行政国家」に生まれて

以上から、「お上」（＝行政機関）の規制だらけで国民生活を守ることを指して「行政国家」と呼ぶのかと思った読者の方がいるかもしれないが、現代の行政国家はもっと守備範囲が大きい。二〇世紀初頭のドイツ・ワイマール共和国憲法にはじまる「社会国家」という考え方は、行政に以上のような「規制行政」だけでなく、国民の生存を支えるためにさまざまな福祉行政などを行う「給付行政」の任務も担わせている。社会国家という理念的なネーミングの実態は、肥大化した行政国家なのである。

現代の給付行政には、生活保護や社会保障はもとより、国公立学校や公共図書館、公民館、公共放送など、市民の精神面の生活を支えるインフラの整備も含まれる。もちろん、道路や橋といった公共事業も、市民生活を下支えする基盤である以上、給付行政のテーマである。引っ越しなどで市役所の窓口に行ったら、「市民生活課」などと案内板に書かれているだろう。「市民生活」がまるごと行政マターになっているようなネーミングが、あながち誇張でもないわけだ。

われわれは、こうして、水や空気と同じような身近で必須の存在として、「行政」というものと毎日かかわっている。しかし、それには当然費用がかかり、われわれは税金という形でそれを負担している。どうせなら民間に任せれば、欲しい人だけがお金を払って手に入れればよいし、おかしなサービスは淘汰される。税金なら所得が多いほど累進課税で税率があがり、不公平感を持つ人もいる。

このように考えると、いろいろな問題が浮かび上がってくる。特に、次の二点が問題だろう。

① 行政＝国家の守備範囲はどこまでか
あれもこれも行政がすべきなのか。また、そもそも国のあり方として、国民をサービス漬けにして自立心をなくさせてしまうことは、よいことなのか。
② 法治行政の原則／行政の民主的コントロールの可能性
行政を法律でどこまでちゃんとコントロールできるのか。国民を代表する国会は、行政を束ねる内閣を民主的にコントロールできるのか。

Ⅱ 行政＝国家の守備範囲はどこまでか

1 小さな政府と大きな自由

大きな政府と小さな自由という現状

みなさんのなかには、ＩＴ企業に就職して将来は起業したい、という方もいるだろう。新しい時代には新しいライフスタイルがあり、新しいライフスタイルには新しいツールが要る。新しいツールは、さらに新しい時代を作る（かもしれない）。こうしたプラスの循環の波に乗れば、現代のゴールドラッシュだ。ぜひ新しい時代を、みなさんの創意工夫によるツールの開発で切り拓いてほしい。私もいまの時代の若者なら……（などとつぶやくと、「就活で楽をしてきた世代が何を言うか」と怒られるかもしれないが）。

さて、起業するのは、いろんな法律でがんじがらめだというのは想像できるだろう。文字通り会社を始めるだけなら、法務局で登記申請、税金・社会保険の届け出、業種によっては飲食店のように営業許可、といったあたりだが、問題は事業として成り立つかだ。ライバルがいるのは当然として、それはアイデアや企画で乗り切って頑張るしかない。ところが、そもそも行政が独占していたり、行政との取引が一般に開放されていなかったりする領域がある。あるいは、安全性を確保するという名目で過剰な規制行政が行われてきている分野もある。

規制緩和の例としての医薬品通信販売

こうした、これまで行政が独り占めにしたり過剰に規制を加えたりしてきたせいで新規参入が困難だった事業分野に対して、「規制緩和」というスローガンの下で、規制をこじ開けるというのが最近のトレンドである。政府自身も、規制改革推進会議といった場で、そうした事業分野の開放の可能性を外部専門家を交えて熱心に議論している。

最近はやりのネット通販の対象を広げる例として、医薬品の通販がある。薬には医療用医薬品と一般用医薬品という区別が、「医薬品医療機器法」（従来「薬事法」という名前の法律であったが、対象を拡大するなどした二〇一四年改正に際して名称も変更された）などの法律でなされている。効能や効果が専門家にしか判断できない薬は「医療用医薬品」と呼ばれ、医師の処方箋が必要で病院や薬局しか出せない。そこまで薬としての効果や副作用が大きくなく一般人にも判断可能な「一般用医薬品」は、一類、二類、三類と分けて一番効果の軽い三類はこれまでも通信販売可能とされてきたが、一類二類は薬局での対面販売が必要とされていた。

このような医薬品の通信販売規制に対して業者が営業の自由の拡大を強く求めて訴訟を起こし（ケンコーコム事件）、東京地裁平成二二年三月三〇日判決（民集六七巻一号四五頁）では敗訴したものの、東京高裁平成二四年四月二六日判決（民集六七巻一号二二一頁）で省令の分類が薬事法（当時）の委任の範囲を逸脱しているとして逆転勝訴、最高裁平成二五年一月一一日判決（民集六七巻一号一頁）でも高裁判決が維持され、その結果、一類二類についても（一類で医療用から一般用に移行して間もない「スイッチ直後品目」を除いて）、通信販売可能とされた。ただし、誰でも薬の通販業に参入できるわけではなく、薬局等の店舗に限定し、専門家（薬剤師）が関与するなど、ネット上でも薬局での対面販売的な要素をなるべく残すような形式を維持している。(2)

自由のコストを消費者が負うこと　薬の製造や販売の場合には、消費者の安全がかかっているだけに、規制がなければ万事めでたしというわけにはいかない。しかし、大規模薬局の一部には量販電器店などと同じ雰囲気もないわけではないし、零細の古い薬局も高齢の薬剤師が面倒臭そうに奥から出てきたりと、厚労省のように薬局での対面販売にこだわることで消費者の安全に本当にプラスなのかは疑う余地もあるだろう。むしろ安全を錦の御旗にして、実際には既存の薬局の既得権を守るというヌルイことをしているのではないか。こうした規制の正当性・必要性を疑うという目線は、

(2)　厚生労働省医薬品局「一般用医薬品のインターネット販売について」平成二六年二月。http://www.mhlw.go.jp/bunya/iyakuhin/ippanyou/pdf/140214-1-3.pdf

行政国家の水ぶくれを防止するためには不可欠だ。

他方で、行き過ぎた規制緩和のツケは、消費者、とくに知識や判断力に乏しい高齢者などに及びやすい。忙しいサラリーマンも、そのとき熱が下がれば内臓への副作用の心配は後回しとなりがちである。

「あれか、これか」の二択だけなのか？

このように、自由と規制のベストバランスをどう見つけるか、というのが課題なのである。その際、気を付けなければならないのは、行政はすぐに「自由か、それとも安全か」のように、「あれか、これか」の二者択一として問題を見せたがる、ということである。実際には、自由と安全を上手に両立させたり、規制はやむをえないがより少ない規制手段を工夫する余地があったり、という第三の方法が見つかる場合もある。新しい職域を見つけて起業するには、単に商品やサービスで新規性を競うだけではなく、これまでの規制行政に異議を申し立てて、規制をどかせて新しいビジネスチャンスを自分で作り出す、という方法もあるのである。そこで大事なのは、消費者と事業者がwin-winの関係に立てるような業態のブレイクスルーだろう。

2 そもそも（行政）国家の権限はどこまでのものか？

「国家の領域」の国境線

行政国家はどこまでのことをすべきか。逆にいえば、どこから市民の自治や市場原理や個人の自己決定など、要するに国家がお呼びでないエリアが始まるのか。

この、いわば行政国家の「国境線」の見つけ方には、いくつかの観点がある。第一は、憲法の条文を頼りに、憲法が国家の課題としているもので線を引くやり方である。第二は、なぜ民間任せでなく国家の役割とされるべきであるのか、ということを理屈で考えるやり方である。以下では、第一の方法で国家の領域――それは次に述べるようにほぼ行政の領域と重なる――について憲法の条文を手がかりにまとめ、第二の方法は章を改めて論じることとする。

国家の領域＝行政の領域

そこでまず、第一の観点に立って、憲法の条文をよりどころに国家の課題を探ってみよう。憲法は国家の基本法であり、法の体系の「最高法規」（憲法九八条一項）である。しかし、なにからなにまで憲法で決めているわけではない。国家権力を制約するのが憲法の役割だ、というのが「立憲主義」の意味するところだが、これを裏から見れば、憲法は国家権力の及ぶ事柄について、そこでの国家権力の振る舞い方について制約を記している、ということになる。

なお、「行政国家」という言葉からスタートして、ここでは国家そのものが行政だというニュアンスで説明している。もちろん、国家権力には立法権、司法権、行政権という三権があり、それらが相互に抑制と均衡をはかることで、国家権力の濫用を抑止し、国民の権利・自由を擁護する、というのが普通の説明である。

ところが、立法権は前述したように法律を制定して行政に活動根拠を提供するから（法治行政の原則）、その具体的な働きとしては行政活動と一体となって国家としての役割を果たしたり、裁判所に裁判規範を提供して民間の活動を規律したりすることにある。つまり、立法が単独でなにか国家としての作用を国民や外国に向けて打ち出すわけではなく、実際に動くのは行政であり司法（あわせて「法適用機関」と呼ばれる）なのである。

また司法権は、そのような立法権が人権侵害など違憲の内容を含んでいないかを、個別の事件を法的に解決するなかでチェックするという司法審査権（憲法八一条）を内包するが、その働きは当事者間の権利義務、法律関係に関する紛争を法（これは法律を中心とするが、もう少し広く裁判所が発見する「条理」なども含まれる）を適用して解決するというもので、法律を具体的事件に当てはめたり法律の合憲性を審査したりはするが、とくに新しく何かを作り出すというものではない。

以上に対して行政権は、憲法六五条に「行政権は、内閣に属する。」というシンプルな規定が置かれているのだが、ここでの「行政権」は国家権力の総体から立法権と司法権とを引き算した残りを意味するという「行政控除説」が昔から支持されてきた。上記のように立法権も司法権も自ら新しい現実をその手で作り出すという性質の権限ではないのだから、国家権力の及ぶ範囲はほぼ行政権の及ぶ範囲とイコールだと考えてよいことになる。

ここでようやく行政≒国家という粗い等式にたどり着いたが、すると国家の領域を憲法の条文から探るという課題は、憲法のなかから行政作用の出番について述べている規定を抽出すればよいということになる。

行政とは何か――憲法から回答を引き出す

憲法七三条は、「内閣は、他の一般行政事務の外、左の事務を行ふ。」として、〔一号〕法律の誠実な執行・国務の総理、

〔二号〕外交関係の処理、〔三号〕条約の締結、〔四号〕官吏（＝公務員）に関する事務、〔五号〕予算作成・国会への提出、〔六号〕政令の制定、〔七号〕恩赦の決定、を列挙している。これらは「一般行政事務」のなかの典型的なものの例示列挙であり、行政の範囲を限定列挙するものではない。しかし、行政とは何か、国家は何をする存在であると歴史的に考えられてきたのか、についての重要なヒントを提供してくれる。

ここに列挙された事項からは、一号の「法律の誠実な執行」、およびそれに連なる六号の政令の制定と、一号の「国務の総理」、およびそれに連なる二号の外交関係の処理、三号の条約の締結、五号の予算作成・国会への提出、という二つの系統の権限が、いずれも内閣に属する「行政」とされていることが分かる。なお、四号および七号は、いずれも伝統的には君主権ないし固有の行政権に属するとされてきた国家行政組織権、恩赦権であるが、今日ではこれらも法律によって縛られており（国家行政組織法、恩赦法）、ここでは触れない。

「法律の誠実な執行」

一号のうち、まず「法律の誠実な執行」というのは、国民の人権を制約する規制立法だけではなく、国民の生存権や教育を受ける権利などを実現する社会権立法についても、もちろん法律によって根拠づけられた権限を誠実に行使するということである。法治国家原理の下では、伝統的に国民の権利や自由に制約を及ぼす「侵害行政」には法律の根拠が必要だとされてきた（一般に法律の根拠が必要である場合を「法律の留保」といい、侵害行政に法律の根拠を要求することを特に「侵害留保」という）。

国民の権利や自由に負荷をかける行政は、法律で明確な基準を定め、国民に予測可能性を保障しなければばならない。さらに、行政国家の活動領域が「社会国家」においては福祉など授益的作用にも及ぶようになると、こうした「給付行政」にも法律の根拠を要求する見解が有力になる。

そもそも侵害行政に限定して法律の根拠を要求するというのは、行政権が君主に属していた立憲君主制（議会は存在するが、新たな課税などの君主の侵害行政を法律で縛ったり、予算を承認することしかできない）の時代の産物であって、国民主権の今日ではあらゆる権力作用に法律の留保を要求する「権力留保説」とか、本質的に重要な事柄の決定は法律の根拠を必要とするという「本質性理論」などの考え方のほうが筋がとおっている。

以上をまとめると、行政はまずもって、国民の自由権を侵害したり逆に社会権を実現したりする、要するに国民の権利義務に直接かつ具体的な変動を及ぼす国家作用ということになる。

なお、六号の政令は、内閣が制定する法令であり、法律を執行するためのマニュアルというべき「執行命令」、および法律の委任を受けて要件等を独自に規範定立する「委任命令」の二種類からなるが、いずれも法律を誠実に執行するために必要である。とくに委任命令は、法律の委任の趣旨が明確であり、かつこの趣旨を命令が忠実に守っていることが、その有効性の要件である。

「国務の総理」　憲法七三条一号には、もうひとつ、行政の果たすべき役割として「国務の総理」というのが挙がっている。これは高次の政策形成のことであり、行政権を有する内閣がこうした国の基本的な政策決定（「執政」と呼ばれる）を行うべきだということが、この規定には込められているという見方もできる。これは、法律の単なる執行という法治国家的な行政とはずいぶん異なる行政の姿であり、こうした政策形成は国民代表機関である国会の仕事である、という反対説もある。

しかし、とくに衆議院議員選挙は小選挙区と比例代表の組み合わせだが、このうち小選挙区の選挙は二大政党のいずれの党首を首班（首相）とする内閣を望むか、という政権選択選挙の性格をもつ。有権者国民は、議員を所属政党のマニフェストなどによって選び、同時に内閣を選択している。内閣が国会に対して政治責任を負い（憲法六六条三項）、とくに衆議院との関係では不信任決議権と解散権との両すくみの緊張関係に立つ（同六九条）のが議院内閣制である（なお、実際の解散権は同七条三号を根拠として、六九条の場合に限定されずに行われており〔七条解散〕、議院内閣制の主導権はその意味で内閣に握られている）。

ところが、選挙を通じて国民は内閣を選んでおり、国会とりわけ衆議院（の野党）と内閣とはいずれが民意に近いかの競争関係にあると考えれば、内閣はもはや国会に対してというよりは端的に国民に対して政治責任を負っている格好になる。こうした議院内閣制の今日的な形態を、「国民内閣制」と呼ぶ見解も有力である。(3)

グローバル化の進行や政策の専門化にともない、国会よりもむしろ内閣・行政の政策形成機能がますます重要になっている。そこで、内閣に国民に対する政治責任（およびその前提としての説明責任）を十分に果たさせることを条件に、内閣に高次の政策形成機能、すなわち執政権を担わせるのが、ひとつの合理的な権力の配分策ということになる。

(3) その内容につき参照、高橋和之『立憲主義と日本国憲法〔第三版〕』（有斐閣、二〇一三年）三二〇頁。

他方で、多数派と少数派の間の利害の調整や、議論を深めて政策の是非をクリアにしてゆく熟議のプロセスは、いずれも議会制の重要な役割であり、内閣・行政がまるごと国会に取って代わることなどは、肝心の政策の合理性の観点からも許されない。執政権は、国会と内閣の議院内閣制の緊張関係のなかで、両者により協働して行使されるべき権限であるともいいうる。

七三条の二号ならびに三号は、外交交渉および条約締結権を内閣に帰属する行政権とする。これは、他国との対外的な関係は高次の政策形成に当たるものを多く含むうえに、対外的には内閣が国を代表することから、内閣の専属的権限とし、国会は議院内閣制の下での政治責任の追及と条約承認権で後ろから関与するのが合理的なためである。五号の予算作成・提出権は、これも高次の政策形成の要素をもつうえに、予算作成は専門技術的な観点からの統一的な方針を要するのであり、国会には減額修正を中心とする予算修正権はなじむとしても、ゼロから予算案の作成自体を国会に委ねると国の施策を財政面から裏付けることが危ぶまれる。それゆえ、予算の議決権は財政民主主義の下で当然に国会にあるにもかかわらず、予算案については内閣の専属的権限とされているのである。

3　そもそも国家の領域＝行政の領域とは？

われわれは、健康なときや仕事に恵まれているとき、人生がうまくいっているときは、「自分のことは自分で決める。」という自己決定権を主張する。中学生や高校生だと、仮に人生がうまく行っていなくても――まあそもそも自分のこともよく分かっていないというのもあるのだが――、親や教師に介入されるのがなによりも嫌で、おなじ言葉を「決め台詞」として使うだろう。

しかし、人生は山あり谷あり。病気やケガ、その他の出来事で自分で自分の面倒を見られない状態になってしまったり、体は健康でも仕事を失ったりする。そうした下降線のときには、人は「行政」にすぐ頼り、たとえば生活保護を求める。これが悪いというのではない。しかし、同じ人間でも、健康で仕事があるときには「税金高いな。将来の年金も少ないし。生活保護受けてる連中は怠け者じゃないか。俺の納めた税金使うなよ。」などと思い、病気で失業していよいよ保護申請をするときには、「憲法二五条一項には、『すべて国民は、健康で文化的な最低限度の生活を営む権利を有する。』と書いてあるのだから、まあもらえるものはもらっておこう。」と思ったりする。

そこで、どこで線を引くかが問題になる。答は直接には憲法二五条一項の解釈の問題なのだが、これも「健康で文化的な最低限度」を誰が決めるのか、という権限の問題に置き換わり、立法者（生活保護法を制定する国会だけでなく同法八条一項により委任を受けて保護基準を制定する厚労大臣も含む）の立法裁量に基本的には委ねられていると考えられている。すると、結局は大回りをして、「国家とは何か。」という漠然とした問題を考えることから、こうした各論的な問いの回答を導くほかはない。

J・ロールズという哲学者は、「正義の二原理」と称して、以下の原則を打ち立てた。

第一原理　「各人は、基本的自由に対する平等の権利をもつべきである。その基本的自由は、他の人びとの同様な自由と両立しうる限りにおいて、最大限広範囲にわたる自由でなければならない。」

第二原理 「社会的・経済的不平等は、次の二条件を満たすものでなければならない。（1）（格差原理）それらの不平等が最も不遇な立場にある人の期待便益を最大化すること。（2）（公正な機会均等原理）公正な機会の均等という条件のもとで、すべての人に開かれている職務や地位に付随するものでしかないこと。」(4)

これはロールズの専売特許ではなく、合理的な人間が互いの能力や財産・健康など諸条件の差を知らないとすれば互いに納得する共通のルールとして、近代立憲主義の憲法の基本原則にもおおむね取り込まれている基本的な人権保障の考え方である。

このような発想から、国家や行政の役割を考えると、次のように言えると思われる。

第一に、各人の「基本的自由に対する平等の権利」を保障するための法律の根拠に基づいた行政による介入は許される。ただし、この権限は各人の「基本的自由に対する平等の権利」そのものを損なうことは許されないから、基本的自由を平等に享受できるようにするための交通整理的な介入のみが、一般的には行政の役割となる。

第二に、経済的にもっとも貧しい人のためにのみ、経済的平等取扱いの原則に変更を加えることが行政には許されている。つまり、弱者保護のために強者の経済的自由の平等な活動に法律に基づいて是正を加えてもよい。また、経済的に公正な機会均等のために、各自の地位や職務に付随する経済的な機会の平等に法律に基づいて変更を加えてもよい。

こうしてみると、行政の役割は、市場経済での自由競争に対して、その結果をゆがめるように大胆に介入することではなく、たえず「やり直し」の機会が実質的に平等になるように介入することである。このような介入は、強い者が競争を勝ち抜く際の形式的な機会均等（チャンスの平等）に対しては、それでもむしろそれを邪魔するように見えるかもしれないが、強い者の強さは、実は恵まれた環境のおかげであり、また強い者がその成果を独り占めすると、最初の競争以外はすべてスタートラインの時点で差がついてしまい、本当の実力の競争にもならない。そこで、たえず実質的に自由で平等な競争状態を実現し、誰にでもいつでも競争に立ち向かえるようにするために、行政が介入する必要があるのである。

開かれた社会の開かれた競争のために、行政が奥の手として介入する。生活保護さえも、こうした観点から捉えることが可能であり、保護は固定的なものではなく、自分で自分の生活を成り立たせる能力をふたたび身に付けられるように、スタートラインに戻れるように支援するという補助的な役割にとどまるのが本来の姿である。

ただ、社会が競争に対して硬直し、貧困の連鎖が次世代にも悪影響を与えるようだと、生活保護も固定化してしまうことになる。生活保護を叩く前に、社会の側の動脈硬化にもメスを入れる必要があるのである。

（4）川本隆史『ロールズ——正義の原理』（講談社、一九九七年）一三二〜一三四頁。

かかわりにおける行政の役割を緻密に考えてゆくことによって、一定のブレーキをかける必要があり、また可能でもある。

こうして肥大化する行政国家には、憲法の条文上の根拠をつねに問いただすことや、憲法上の人権との

Ⅲ　行政が独走するとき

1　行政＝国家を取り巻く現状

なお、以上では扱わなかったが、地方自治レベルでは、「行政国家」という分類にさえなじまないような節操のないサービス行政（国民の権利義務には直接的な影響を及ぼさない、単なる事実行為）もてんこ盛りである。「婚活行政」はその典型例だろう。税金で個人の人生設計に余計なお世話をし、婚活サービスの民業を圧迫し、それだけでなく同性愛者や性同一性障害の人々に（彼らをＬＧＢＴなどと総称して保護するのが世界的トレンドであるのに）孤立感を与える点で、やはり愚策というほかない。が、しかし若者の定住人口の減少を食い止めたい地方自治体にとっては、個人の人権保障の実現や憲法上の行政の役割に即した活動であることは二の次なのだろう。

とはいえ、最近のこの国の大きな政治課題といえば、安保法制・ＴＰＰ・原発再稼働・財政問題などであり、いずれもど真ん中の行政マターばかりである。

安保法制

安保法制は、法律としてはもちろん国会が制定する権限をもつが、その前に二〇一四年七月一日の「閣議決定」でこれまでの政府の憲法九条解釈の変更がなされ、「我が国に対する武力攻撃が発生した場合のみならず、我が国と密接な関係にある他国に対する武力攻撃が発生し、これにより我が国の存立が脅かされ、国民の生命、自由及び幸福追求の権利が根底から覆される明白な危険がある場合において、これを排除し、我が国の存立を全うし、国民を守るために他に適当な手段がないときに、必要最小限度の実力を行使することは、従来の政府見解の基本的な論理に基づく自衛のための措置として、憲法上許容されると考えるべきであると判断するに至った。」とされた[(5)]。つまり、内閣＝行政の憲法解釈が、国会による法律制定に先行して示され、そのような憲法解釈（これはいままでは個別的自衛権のみが九条によって許され集団的自衛権は当然に違憲であるとしてきた政府見解を変更し、部分的に集団的自衛権行使を可能とするものである）をベースとした法律の制定（法改正を含む）が、いわば後追いでなされたのであった。

ＴＰＰ

ＴＰＰは、外交交渉として内閣の権限で内容が詰められたが、その過程で国会はまったく蚊帳の外に置かれた。きたるべき輸入農産品の急増に対処するために、国内農業の競争力を強化する必要がある。それへの対策として、農協法等の改革法が二〇一五年に成立したが、その要点は、農協の中央集権的体質を改め、地域農協の経営の自由度を高めるものである。

（5）「国の存立を全うし、国民を守るための切れ目のない安全保障法制の整備について」http://www.cas.go.jp/jp/gaiyou/jimu/pdf/anpohosei.pdf

原発再稼働　原発再稼働は、原子炉等規制法（核原料物質、核燃料物質及び原子炉の規制に関する法律）の改正により、規制権限の担い手を経済産業大臣から環境省の外局である原子力規制委員会に移すとともに規制基準を強化するなどしたうえで、基準をクリアしたものから再稼働が許可されることになっている。その第一号として、九州電力川内原子力発電所が二〇一五年八月に再稼働された。原子力規制委員会には、専門性と同時に一定の独立性が期待されているが、同委員会の規制権限もやはり、最終的には内閣に属するところの「行政権」（憲法六五条）であることは否定しがたい。

財政問題　財政については、国債の発行残高が積み上がり、最近では日銀が多額の国債を購入していることはよく知られている。日本銀行は、法律上は「半官半民」の認可法人であり（日本銀行法六条・七条参照）、行政機関ではなく、その自主性（同法三条一項）が保障されている。しかし実際には、「アベノミクス」の下で政府（財務省）の発行する国債を気前よく引き受けている。こうした日銀＝中央銀行の中立性を疑わせる通貨・財政政策を続けると円の信用がなくなり、ハイパーインフレに突入するリスクがあるので、財政規律が必要だなどと批判されている。

2　行政が国家を超える？

こうした一連の行政課題を見ると、いずれももともと国会の関与が限定的な事項ばかりであることに気づくだろう。安全保障政策は、国の高次元の政策形成すなわち「執政」に含まれるし、ＴＰＰは外交交渉・条約マターであるし、原発再稼働は法律の運用という問題であるから「法律の誠実な執行」として行政権の権限に属するし、財政問題は国会の財政民主主義によるコントロールは受けるが（憲法八三条以下）、国債発行を前提とした予算は内閣が作成し国会に提出して、国会の議決を受けて成立している（同七三条五号・八六条）。

すなわち、こうした今日の重要課題はすべて、法律の根拠がある事項であっても、実際の判断権・決定権は国会ではなく内閣・行政の手にあるのである。

そして、内閣すらも、その一存では決定できないことも多い。グローバル化の下で、日本をとにかく国際環境の激変にキャッチアップさせるために内閣は必死に施策を繰り出すのだが、いずれも国際ルールとして確立したものを受け容れているにすぎない、といった面もあるのである。

安全保障については、国民の未来に直結することから、国際社会に引きずられずに慎重に考えられてしかるべきであるが、首相が日本の国会で法律が成立する以前のタイミングで、アメリカの議会でその成立を約束したような演説をしてしまう（そうするほかないと思い込んでしまう）というのが、日本を取り巻く安全環境の厳しさということだろう。

TPPは国際的な取引ルールの変更と大きな貿易圏の登場に、日本が食らいつきたいというのが正直なところで（「バスに乗り遅れるな!」）、国内農家の保護などは、今後に持ち越されている。

原発再稼働の建前は、CO_2排出抑制や天然ガス輸入による貿易収支の改善などだが、これまで国内の原発メーカーや規制官庁が国の原子力政策にぶら下がってきたことは否めない。もっと格好よくいえば、石油や天然ガスが多く産出される中東などの政治情勢に左右されずにエネルギーを確保し、国際政治へのフリーハンドを確保したいということもあるだろう。こうなると、海外でどんどん物事が進むグローバル化の動きに対して、必死に抵抗する行政の一面が表れているともいえる。ともあれ、原子炉等規制法そのものを廃止でもしないかぎり、法律が存在すれば、あとは安全審査という専門的審査を経て、行政の手でゴーサインが出されてしまうのである。

財政問題は、これまでの「大きな政府」、いいかえれば「大きな行政」のツケにほかならない。いままでも行政は、福祉や社会保障費などの支出を減らすことで、この国に自分たちの考える未来を実現させることを夢見ているだろう。なぜかといえば、行政は過去の負債に引きずられずに、白紙に絵を描くようにこの国のかたちを決めてゆきたいと考えるからで（いわゆる「計画行政」）、それが官僚の本能でもある。

しかし、こうした「未来志向」の行政は右肩上がりの成長の時代の産物なのだ。これからは、ますます目減りする財政収入を、どうやって配分してゆくのか、という「正義論」が、行政にも求められることになる。もちろん、官僚の正義感によってではなく、憲法上の価値の体系（これも個人の平等な自由を中心に考えるか、福祉の平等を中心に考えるかでずいぶん違う）や国会での民主的な討議を経た法律制定によって、こうした正義を実現しなければならない。

行政国家の時代は、そろそろ卒業し、市民のＮＰＯ活動などによる自発的な創意工夫で財政支出に頼らない国づくりをすることが必要になるだろう。

Ⅳ　「議会留保」という発想

1　議会留保の意義

こうして独走する行政を、どのようにコントロールするか。

ひとつの回答は、大統領制なり首相公選制によって、政府を国民が直接に選べるようにするという仕組みである。政府を国民の直接の民主的コントロールの下に置くのである。ただし、日本国憲法は議会の信任に政府の存立が依拠するという議院内閣制の仕組みをとっており、大統領制などの導入には憲法改正を必要とする。それに、カリスマ的なリーダーが大統領や公選された首相に就任すると、逆に行政の独走が加速する可能性さえある。

そこで、いまひとつの方法として、議会の権限を強化し、本来は内閣・行政の権限である事柄の最終的決定権を議会の手に委ねるというやり方が注目される。ドイツなどの「議会留保」がそれに相当する。(6)

議会留保とは、広義のそれとしては、政府単独による決定を許さず議会の承認を決定の要件とするという制度である。一定の重要な事項についての最終的決定権は政府でなく議会に留保されなければならない、という考えである。このような考えは、単に議会権限の拡大を求める政治的主張としてではなく、ドイツ

(6)　参照、国立国会図書館調査及び立法考査局「調査資料 2015-2　国会による行政統制――ドイツの「議会留保」をめぐる憲法理論と実務」http://dl.ndl.go.jp/view/download/digidepo_9481672_po_201508.pdf?contentNo=1

においては連邦憲法裁判所による憲法解釈として、つまり憲法上の要請として説かれている。

2 ドイツで議会留保が認められている事項

ドイツで議会留保が認められている事項は、いずれも欧州の一員としての外交がらみの事項である。具体的には、①欧州統合に関するドイツ連邦議会の関与、②ＮＡＴＯの一員としてのドイツ国防軍の国外派遣、③ユーロ救済のための保証引受、の三項目である。

これらの事項で議会留保が特に要請されるのは、それぞれ、①欧州統合の進展は国内の議会の権限を弱めかねないが、そうだとすると議会を通じて国家権力が正当化されるという民主制原理そのものが脅かされることになる、という「民主制原理」に基づく理由、②もともと「議会の軍隊」として軍隊の軍事的出動については議会の形成的留保（議会が同意してはじめて軍の出動が可能になる）という考えがとられてきた伝統があり、基本法〔ドイツ憲法〕は兵力につき、計画と展開のコントロールおよび基本的な制御を議会に留保しているだけでなく、それらの適用についての具体的な決定をも議会に留保している、という理由、③国際的な領域またはＥＵの領域において、ドイツの国家支出に影響を及ぼす連帯融資措置はすべて、連邦議会によって個別に承認されなければならない、という理由であった。

ここで、わが国の安保法制との関係で興味深い、軍隊の国外派遣についての議会留保の具体的な有り様を紹介しておこう。この点については、以下のような規定を含む「議会関与法」（筆者仮訳）が具体的な手続を定めている。

第一条（基本原則） 第二項 ドイツの武装兵力の基本法の適用領域外への派遣は連邦議会の承認を要するものとする。

第三条（申立て） 第一項 連邦政府は、武装兵力の派遣への同意の申立てを、派遣開始前のしかるべき時機に連邦議会に送付する。

第二項 連邦政府の申立ては、とりわけ以下の事柄についての記載を含む。〔派遣任務、派遣地域、派遣の法的根拠、投入される兵力の最大数、投入される武装兵力の能力、派遣の予定期間、費用の見積もりならびに財源〕

第五条（事後同意） 第一項 危険が迫り猶予の余地がない場合の派遣に際しては、連邦議会の同意を必要としない。特別に危険な状態から人を救出するための派遣の場合も、連邦議会による公の取扱いが救出されるべき人の生命に危険を及ぼしうるかぎりにおいて、同様とする。

第二項 連邦議会は、派遣前ならびに派遣期間中、適切な方法で報告を受けるものとする。

第三項 同意を求める申立ては、事後すみやかになされるものとする。連邦議会が申立てを拒んだ場合、派遣は終了する。

第八条（撤回権） 連邦議会は、武装兵力の派遣に対する同意を取り消すことができる。

3 議会留保という考え方の背景

こうした考えは、日本国憲法からは出てこないのだろうか。すでに述べたように、ドイツでも軍隊の国外派遣について、憲法自身に「議会の事前承認」が規定されているわけではない。また、議会が法律でそう決めたからそうなったというのでもない。議会自身がこうした「議会関与法」を制定する前に、憲法裁判所が「憲法解釈」と称して、「個別の軍隊の国外派遣の機会ごとに、政府は原則として事前に議会の承認を取り付けなければならない」という判決を下したのである。

もちろん、憲法裁判所のないわが国で、こうしたダイナミックな判決は期待できない。そもそも、こうした判決を下すことによって当事者の具体的な権利利益を救済すべき事件が、付随審査制のわが国の裁判所の前には現れにくいだろう。しかしそれでも、憲法解釈としては、わが国の九条の「解釈」――すでに政府の解釈は相当に文言から離れている――としても考える余地はある。

そもそも議会留保という考えは、いわゆる安保法制関連法の制定などで議会の関与が尽きるものではない、という点に特徴がある。むしろ、さらにその法律の具体的な執行の段階で、通常は政府が法律による授権に基づいて行う個別の執行行為までも、議会が個々に判断し承認することではじめて可能になる、という考え方である。いわば議会が、本来政府がなすべき個別の執行行為の権限まで、自ら行使する。しかも、こうした個々の議会留保権限は、議会自身によって法律などで確立されたのではない。前述のように、憲法裁判所が事柄の重大さに鑑みて、憲法上も政府がこうした重大な決定を単独で行うことは許されず、議会が個別に決定権を留保していないと違憲になる、という形で、政府の権限行使に議会による個別承認という条件を付加することで議会留保が成立した。

こうした個別の判断は、その作用の性質上、本来的には議会でなく政府の仕事であり、そうした個々の行政判断が根拠法における一般的授権の適用行為としてなされる、というのが権力分立原則からも、通常の姿である。ところが、ドイツの議会留保という考え方は、議会による一般的な法律制定等による授権とは別に、それに加えて、行政的な個別判断までも議会自身に行わせようとするのである。

その場合、もちろん議会が単独で自分の一般的法律を個別に執行するのではない。あくまで原案は政府が作成する。しかしながら、その是非の決定は、議会に政治責任を負う議院内閣制の下での政府ではなくして、直接に議会そのものによって行われる。

4 議会と行政の新しい関係？

ここに見て取れるのは、議会の役割は国民代表機関として国家権力の民主的正当性を確保することにあるという思想である。通常は法律の制定や政治責任の追及で議会が政府を統制することにより、この国家権力の民主的コントロールという課題は達成されているのであるが、軍隊の国外派遣のような、国民の将来に影響を及ぼしうる重要な局面では、議会が直接に個別の判断を下すことで、国民代表である議会が国民に代わり国の将来の運命を直接に決めるべきだ、というわけである。

日本国憲法四一条は、国会を「国権の最高機関」であると同時に「唯一の立法機関」であると規定している。ところが、このうち前者については法規範性のない美称にとどまるという政治的美称説が通説である。つまり、三権分立を否定しかねないような「国権の最高機関」という国会の位置づけは、憲法解釈としては等閑視（無視）するというのがお約束になっている。

しかし、内閣だけでは民主的な正当性の点で責任を負いきれないような重大な決定が、このグローバル化においては日常的に求められている。議院内閣制の仕組みによって、国会は内閣の下した決定に対して政治責任を追及し、内閣はときに衆議院に対して解散権を行使して国民の信を問う、という民主制の回路だけで、はたして十分なのか。

むしろ、国会自身が内閣の提案を受けて個別の判断を下すこと（「議会留保」）により、国会と内閣とで「執政」権限を制度の上でも協働行使するというのが、きわめて重要な事項に関する決定に対して民主的正当性を確保する手法として妥当なのではないだろうか。

こういう形で国会が「国権の最高機関」という美称を実質化してゆくことは、決して三権分立原則を破壊し国会を突出させるということにはならないだろう。そもそも内閣による単独の決定では、荷が重すぎるのである。それくらい重要な決定が、今日の行政には課されるようになっている。行政そのものの領域をなるべく整理し合理化するとともに、その担い手の民主的正当性を見定めてゆくことが、今日強く求められているといえるだろう。

8.

顔ぶれが変われば憲法判例も変わる?

——憲法判例と最高裁裁判官人事

市川正人
Ichikawa Masato

長らく最高裁判所は「極端な司法消極主義」に陥っていると批判されてきたが、最近は違憲審査権を従来より積極的に行使するようになってきた。これは、最高裁判所の裁判官が変わってきているということである。果たしてどのように変わってきているのだろうか。裁判官の出身・経歴は変わり方にどう関係しているのだろうか。

はじめに

憲法八一条は、最高裁判所（以下、最高裁）は「一切の法律、命令、規則又は処分が憲法に適合するかしないかを決定する権限を有する終審裁判所」であると定めているが、一般に、この規定は、最高裁を含む司法裁判所が、司法権を行使し判決を下すのに必要な場合に国家の行為が憲法に適合するか否かを判断する権限を有すること（付随的違憲審査制）を前提としたものと解されている。そして、最上級の裁判所である最高裁は、訴訟で争われた憲法問題について最終的な判断を下す機関であり、「憲法の番人」と呼ばれている。

最高裁による（付随的）違憲審査権の行使については、「極端な司法消極主義」に陥っており、「憲法の番人」としての役割を適切に果たしていないと批判が向けられてきたが、今世紀に入ってから最高裁によって違憲審査権が以前より積極的に行使されている。違憲判決を比較的頻繁に出すだけでなく、投票価値の不平等問題について従来の立場を実質的に変更したり、法令による禁止の範囲を限定する大胆な合憲限定解釈を加えており、さらに、最高裁裁判官による個別意見[1]も従来より頻繁に書かれるようになっている。

最高裁判決は最高裁を構成する裁判官によって下されるものであるから、最高裁における違憲審査権行使の変化は最高裁を構成する最高裁裁判官の変化ということでもある。そこで、以下では、最高裁裁判官の構成について概観した上で、二〇〇〇年以降の最高裁における違憲審査権行使の変化を最高裁裁判官の構成という視点から分析することにしたい[2]。

Ⅰ　最高裁裁判官――概観

最高裁は、その長たる裁判官（最高裁長官）と一四名のその他の裁判官（最高裁判事）の計一五名の裁判官によって構成される（憲法七九条一項、裁判所法五条一項・三項）。最高裁は、一五名の裁判官全員によって構成され、長官が裁判長となる大法廷と、五名の裁判官によって構成される三つの小法廷（裁判所法九条、最高裁判所裁判事務処理規則一条・二条）とからなる。最高裁が受理した事件は、まず各小法廷に配分され審理されるのであって（最高裁判所裁判事務処理規則九条一項）、ほとんどの最高裁判決は小法廷判決である。ただし、①当事者の主張に基づいて、法律・命令・規則・処分が憲法に適合するかしないかを判断するとき（ただし、意見が前に大法廷でした、その法律・命令・規則・処分が憲法に適合するとの判断と同じである場合は除く）、②右の場合を除いて、法律・命令・規則・処分が憲法に適合しないと認めるとき、③憲法その

（1）　最高裁判決には裁判官の個別意見が付されうる。個別意見のうち反対意見は、過半数以上の裁判官で構成される多数意見（法廷意見）の結論に反対するもの、意見は、多数意見の結論には賛成するが理由には同調しないもの、補足意見は、多数意見に加わる裁判官が、多数意見になお付加して自己の見解を述べるものである。

（2）　二〇〇〇年以降の最高裁憲法判例の展開については、市川正人「憲法判例の展開――司法制度改革以降を中心に――」公法研究七七号（二〇一五年）一頁、各法領域における最近の最高裁裁判官の判決行動については、市川正人ほか編著『日本の最高裁判所』（日本評論社、二〇一五年）の「第Ⅰ部　最高裁判所判決の現状分析――判決と人的構成」参照。

他の法令の解釈適用について、意見が前の最高裁のした裁判に反するときには、大法廷でなければ裁判することができない（裁判所法一〇条）。そこで、小法廷で審理した結果、裁判所法一〇条各号に当たると認められた場合、小法廷の裁判官の意見が二説に分かれ、各々同数の場合、大法廷で裁判するのを相当と認めた場合には、事件は大法廷で審理される（最高裁判所裁判事務処理規則九条二項・三項）。ただ、大法廷判決は年一、二件といった状態が続いている。

裁判所法は、最高裁の裁判官は「識見の高い、法律の素養のある年齢四十年以上の者」の中から任命されると定めている（四一条一項）が、六五歳ないしその直前に任命される者が多い。また、裁判所法では、一〇名以上の者が一定年数法律関係の職にあった者であることを求めているのみであるが、実際には、下級裁判所裁判官経験者六名、弁護士経験者四名、検察官経験者二名、官僚経験者二名、法律学教授一名の比率がほぼ固定している。

最高裁の裁判官のうち、長官は内閣の指名に基づき天皇が任命する（憲法六条二項）が、最高裁判事は内閣が任命する（憲法七九条一項）。ただし、内閣が最高裁裁判官の任命・指名を行うといっても、実際には、最高裁長官が最高裁事務総長を通じて内閣と相談しつつ、人選を行っているようであり、こうした運用の結果、現在では、上記のような出身別の枠が事実上できあがっている。そして、下級裁判所裁判官から任命される者は、その前職が高等裁判所長官であり、そこに至るまで最高裁事務総局勤務などを長く経験したエリート裁判官、「司法官僚」であるが、その多くは、最高裁事務総長、最高裁首席調査官(3)、司法研修所長のいずれかを経ている。検察官出身者については、東京高検または大阪高検の検事長から就任する例が多い。

最高裁長官による最高裁裁判官候補の選考の過程はあまり明らかではない(4)。最高裁裁判官のうち弁護士出身者については、日弁連の会長が、推薦諮問委員会による最高裁裁判官推薦候補の決定を受けて候補者を最高裁長官に伝えており、弁護士出身者の被推薦者選考過程はオープンなものである。しかし、日弁連会長が候補者を推薦諮問委員会が決定した順位通りに最高裁長官に推薦しているのか、また、最高裁長官が日弁連会長が第一位の候補者として伝えた者を内閣に推薦しているのかは、不明である。検察官出身者については、法務省からの推薦を受けているようであるが、その推薦は非公式なものであり、法務省内での選考の経緯も不明である。下級裁判所裁判官出身者の選考については、最高裁長官（さらには最高裁事務総局幹部）の意向がストレートに反映しているのであろうが、その選考の経緯、理由は明らかでない。学者出身者についても、なぜその人物が最高裁裁判官として推薦されたのか、その理由も経緯も明らかでない。このように最高裁裁判官選任過程の透明性が著しく低く、最高裁裁判官選任の過程、理由が明らかでない点は問題である。

最高裁裁判官は、官出身者一〇名、弁護士出身者四名、学者出身者一名からなるので、従来、官出身者

(3)　最高裁には三九名（二〇一四年四月現在）の調査官がおり、最高裁裁判官を補助し、最高裁の審議、判決に重要な役割を果たしている。調査官のトップが首席調査官である。

(4)　最高裁裁判官の選任の過程について、市川正人「最高裁判所審理の現状と課題」市川ほか編著・前掲注（2）二〇九頁以下参照。

が保守的、弁護士出身者・学者がリベラルな立場をとりがちであると見られてきた。弁護士出身の最高裁裁判官経験者からも、裁判官や検察官のキャリアを上り詰め、「それまでの最高裁の憲法判断を含むあらゆる法的判断を忠実に守ろうとしてきた……人が過半数を占めている中で、変化を求めることについてはおのずから限度があるのではないか(5)」、といった指摘がなされている。では、こうした指摘はどの程度正しいのであろうか。こうした「限度」の中で、最高裁の違憲審査権行使のある程度の積極化はどのように生じているのであろうか。

Ⅱ　弁護士出身者

1　投票価値不平等問題

最近の最高裁による違憲審査権行使の積極化をもたらすことに大きく寄与したのは、弁護士出身の最高裁裁判官である。弁護士出身の最高裁裁判官は、一定の領域で反対意見を継続して執筆し、結果として最高裁判決の変化をもたらした。そうした領域としては、まず、選挙区間の有権者数のアンバランスである投票価値の不平等問題が挙げられる。

小選挙区選挙の場合、選挙区間の投票価値の平等を図ることは容易なはずだが、衆議院の小選挙区選挙において投票価値に二倍以上の較差が存在している。それは、各都道府県における小選挙区選出議員数を決定するにあたり都道府県一人別枠方式（小選挙区選出議員数から都道府県の数を控除した数を人口に比例して各都道府県に配当した数に一を加えた数を、各都道府県の小選挙区の数とする制度）を採用していたからである。しかし、最高裁は、一九九九年の判決において、「相対的に人口の少ない県に定数を多めに配分し、人口の少ない県に居住する国民の意見をも十分に国政に反映させることができるようにすること」を目的として都道府県一人別枠方式を用いて区割りの基準を定めたことが投票価値の平等との関係において国会の裁量の範囲を逸脱するとは言えない、としていた（最大判平成一一年一一月一〇日民集五三巻八号一四四一頁）。この判決には弁護士出身の裁判官四人と外交官出身の福田博裁判官（在職一九九五年～二〇〇五年（以下、裁判官名の後ろのカッコ内の数字は在職期間を表す））の五裁判官の反対意見が付されていたが、最大判平成一九年六月一三日（民集六一巻四号一六一七頁）でも、弁護士出身の中川了滋（二〇〇五～二〇〇九）、田原睦夫裁判官（二〇〇六～二〇一三）が他の二名の裁判官と共同で都道府県一人別枠方式に基づく選挙区割規定（公選法別表）を違憲状態とする見解を述べている。[6]

そして、最高裁は、ついに、相対的に人口の少ない地域に対する配慮といった「地域性に係る問題のために、殊更にある地域（都道府県）の選挙人と他の地域（都道府県）の選挙人との間に投票価値の不平等

（5）　滝井繁男「わが国最高裁判所の役割をどう考えるか」法律時報八二巻四号（二〇一〇年）五五～五六頁。

（6）　最高裁は、①具体的に決定された選挙区割・議員定数配分の下における選挙人の投票価値の不平等が、憲法に違反する程度に達しており（違憲状態）、さらに、②合理的期間内における是正が行われない場合に初めて、公職選挙法別表（選挙区割規定・議員定数配分規定）が法の下の平等を定める憲法一四条一項違反と断ぜられる、としている。

を生じさせるだけの合理性があるとはいい難い」とし、「遅くとも本件（二〇〇九年八月）選挙時においては、その立法時の〔抜本的な選挙制度改革のための経過措置としての〕合理性が失われたにもかかわらず、投票価値の平等と相容れない作用を及ぼすものとして、それ自体、憲法の投票価値の平等の要求に反する状態に至っていた」、とするに至った（最大判平成二三年三月二三日民集六五巻二号七五五頁）。

この判決においては、一二人の裁判官からなる多数意見が違憲状態とするにとどめたのに対して、弁護士出身の田原、宮川光治裁判官（二〇〇八～二〇一二）が区割規定を違憲とする反対意見を執筆している。さらに、最大判平成二五年一一月二〇日民集六七巻八号一五〇三頁の一〇人の裁判官（弁護士出身者を含む）からなる多数意見は、最高裁が違憲状態とした区割規定の下で実施された衆議院議員総選挙について再び違憲状態判決を下したが、弁護士出身の大橋正春（二〇一二～）、木内道祥裁判官（二〇一三～）は選挙区割規定を違憲とする各反対意見を執筆しており、鬼丸かおる裁判官（二〇一三～）は、投票価値の平等を厳格に要求する立場から意見を執筆している。最近の最大判平成二七年一一月二五日判時二二八一号二〇頁は、選挙区割規定改正後も二・一二九倍の最大較差が生じていた衆議院議員総選挙について、投票価値不平等の是正に向け国会が努力していることを考慮して、違憲状態判決にとどめた。この判決においても、弁護士出身の大橋、鬼丸、木内裁判官が違憲とする反対意見をそれぞれ執筆している。

次に、参議院の選挙区（旧地方区）について、最高裁は、投票価値の平等は選挙制度の仕組みと密接に関連するとの立場から、二〇〇〇年以降も五倍以上の投票価値の較差を容認してきた。しかし、こうした最高裁判決には、福田裁判官と弁護士出身の裁判官を中心とする強力な反対意見が付された。(7) そしてついに、最高裁は、最大判平成二四年一〇月一七日民集六六巻一〇号三三五七頁において、五・〇〇倍の較差を生ぜしめていた議員定数配分規定について憲法に違反する状態にあるとの判断を示すに至り、最大判平成二六年一一月二六日民集六八巻九号一三六三頁では最大較差四・七五倍についても違憲の状態にあるとした。この両判決は、議員定数配分規定自体は違憲としなかったので、その点につき弁護士出身の裁判官らによる各反対意見が付されている（前者には、田原、大橋、須藤正彦裁判官〔二〇〇九〜二〇一二〕の三名、後者には弁護士出身の大橋、鬼丸、木内裁判官と官僚出身〔元内閣法制局長官〕の山本庸幸裁判官〔二〇一三〜〕の四名）。

このように弁護士出身の裁判官の――全員ではないが――多くが投票価値の平等を厳格に要求する立場をとり、結局、最高裁の立場を変化させることに成功していることは注目される。

(7)　最大判平成一二年九月六日民集五四巻七号一九九七頁（最大較差四・九八倍）には、福田裁判官のほか弁護士出身の河合伸一（一九九四〜二〇〇二）、遠藤光男（一九九五〜二〇〇〇）、元原利文（一九九七〜二〇〇一）、梶谷玄（一九九九〜二〇〇五）の五裁判官の反対意見、最大判平成一六年一月一四日民集五八巻一号五六頁（最大較差五・〇六倍）には、福田裁判官と裁判官出身の泉徳治裁判官（二〇〇二〜二〇〇九）のほか、弁護士出身の梶谷、深沢武久（二〇〇〇〜二〇〇四）、滝井繁男（二〇〇二〜二〇〇六）、浜田邦夫裁判官（二〇〇一〜二〇〇六）の六裁判官の反対意見、最大判平成一八年一〇月四日民集六〇巻八号二六九六頁（最大較差五・一三倍）には、官僚出身の横尾和子裁判官（二〇〇一〜二〇〇八）、裁判官出身の泉裁判官と弁護士出身の滝井、中川、才口千晴裁判官（二〇〇四〜二〇〇八）の計五名の各反対意見、最大判平成二一年九月三〇日民集六三巻七号一五二〇頁（最大較差四・八六倍）には、裁判官出身の近藤崇晴裁判官（二〇〇七〜二〇一〇）の他、弁護士出身の中川、田原、宮川、那須弘平裁判官（二〇〇六〜二〇一二）の計五名の各反対意見が付された。

2　家族に関する法制度

最高裁は、当初、非嫡出子の法定相続分を嫡出子のそれの半分とする民法の規定（九〇〇条四号ただし書）は、法律上の配偶者との間に出生した嫡出子の立場を尊重するとともに、被相続人の子である非嫡出子の立場にも配慮して、非嫡出子に嫡出子の二分の一の法定相続分を認めることにより、非嫡出子を保護しようとしたものであり、法律婚の尊重と非嫡出子の保護の調整を図ったものであって、憲法一四条一項に違反しないとした（最大決平成七年七月五日民集四九巻七号一七八九頁）。この決定には、弁護士出身の三裁判官を含む五裁判官が違憲とする共同の反対意見を書いていたが、その後も、民法九〇〇条四号ただし書を合憲とする最高裁判決・決定には弁護士出身の裁判官による反対意見が付され続けた。最一小判平成一二年一月二七日家月五二巻七号七八頁には遠藤光男裁判官、最二小判平成一五年三月二八日家月五五巻九号五一頁には梶谷玄、滝井繁男裁判官、最一小判平成一五年三月三一日家月五五巻九号五三頁には深沢武久裁判官、最一小判平成一六年一〇月一四日判時一八八四号四〇頁には才口千晴裁判官が反対意見を書いている。

その中で、裁判官出身者の中から違憲とする裁判官も現れ（泉徳治裁判官〔平成一五年一小判決、平成一六年判決〕、今井功裁判官〔二〇〇四～二〇〇九〕〔最二小決平成二一年九月三〇日家月六一巻一二号五五頁〕）、また、裁判官出身の裁判官や官僚出身の裁判官から極めて違憲の疑いが強いとする補足意見も付され（裁判官出身の島田仁郎裁判官〔二〇〇二～二〇〇八。二〇〇六年から長官〕〔平成一五年一小判決、平成一六年判決〕、外交官出身の竹内行夫裁判官（二〇〇八〜二〇一三）（平成二一年決定））、ついに最高裁は、民法九〇〇条四号ただし書が憲法一四条一項に違反するとの決定を下すに至った（最大決平成二五年九月四日民集六七巻六号一三二〇頁）。ここでも、弁護士出身の裁判官は、最高裁の立場を違憲とする方向に変更させる上で大きな役割を果たした。

最高裁は、二〇一五年一二月に、離婚した女性の再婚を六ヵ月間禁止する民法七三三条一項の規定のうち、一〇〇日を超えて再婚を禁止する部分が憲法一四条一項、家族に関する事項が「個人の尊厳と両性の本質的平等に立脚して」法律で定められなければならないとする二四条二項に違反するという違憲判決を下した（最大判平成二七年一二月一六日裁判所ウェブサイト）。しかし、離婚後一〇〇日間については、前婚と後婚の嫡出推定（民法七七二条）が重複する可能性があるので、「女性の再婚後に生まれた子につき父性の推定の重複を回避し、もって父子関係をめぐる紛争の発生を未然に防ぐ」という立法目的で再婚を禁止しうるというのであった。それに対して、弁護士出身の裁判官のうち鬼丸、山浦善樹裁判官（二〇一二〜）は一〇〇日まで再婚を禁止する部分を含め、民法七三三条一項が全体として違憲であるとする立場をとった（鬼丸意見、山浦反対意見）。

同じ日に最高裁は、夫婦同姓を定める民法七五〇条が憲法に違反しないとする大法廷判決を下した。それに対して、弁護士出身者のうち、木内、鬼丸、山浦裁判官は憲法二四条に違反するという立場をとった（木内意見、山浦反対意見。鬼丸裁判官は違憲とする岡部喜代子裁判官（二〇一〇〜）の意見に同調）。

弁護士出身の裁判官が、他の裁判官に比べて新しい家族の形態や女性の自己決定に理解を示す傾向があることがうかがえる。

3　他の違憲判決

二〇〇〇年以降の違憲判決においては、弁護士出身の裁判官は、たいてい多数意見に属しているが、違憲判決の形成に指導的な役割を果たしたことがうかがわれる場合もある。

郵便法違憲判決（最大判平成一四年九月一一日民集五六巻七号一四三九頁）は、郵便事故についての損害賠償責任を限定していた郵便法の規定の意味の一部が憲法一七条に違反するとしたものであるが、滝井裁判官が多数意見の趣旨を補足する補足意見を執筆しており、多数意見の論理を形成するにあたり指導的な役割を果たしたのではないかと推測される。国籍法違憲判決（最大判平成二〇年六月四日民集六二巻六号一三六七頁）は、日本国民の父親と外国人の母親との間に非嫡出子として生まれた者に、出生後に父親から認知されており、かつ、両親が婚姻して嫡出子としての身分を取得した場合に、届出により日本国籍を取得することを認めていた国籍法の規定が、憲法一四条一項に違反するとしたものであるが、この事件が小法廷に係属していた際の主任が弁護士出身の才口裁判官であり、大法廷審理にあたっても重要な役割を果たしたと指摘されている⑧。

4　精神的自由の制限

最高裁は二〇〇〇年以降、弁護士出身の裁判官の寄与もあって、いくつかの違憲判決を下し、憲法判例を展開させてきているが、表現の自由を初めとした精神的自由、市民的自由の守り手として積極的に行動しているとは必ずしも言えない。最高裁は、表現の自由の侵害が主張された事例において、しばしば弁護士出身の裁判官を含む全員一致で合憲とする判断を下している。そのようなものとしては、たとえば、集合住宅へのビラ戸別配布のための立ち入りを「人の看守する邸宅」への侵入（刑法一三〇条前段）に当たるとして処罰することが表現の自由を保障する憲法二一条一項に違反しないとした諸判決（立川自衛官宿舎事件判決・最二小判平成二〇年四月一一日刑集六二巻五号一二一七頁、葛飾事件判決・最二小判平成二一年一一月三〇日刑集六三巻九号一七六五頁）がある。こうした事例では、弁護士出身の裁判官は、補足意見を執筆し憲法判例を展開させようという姿勢も示していない。

表現の自由規制法令の合憲違憲につき弁護士出身の裁判官の立場が分かれた事例として、広島市暴走族追放条例事件判決（最三小判平成一九年九月一八日刑集六一巻六号六〇一頁）がある。そこでは、何人も「公共の場所において、当該場所の所有者又は管理者の承諾又は許可を得ないで、公衆に不安又は恐怖を覚えさせるような集会又は集会を行うこと」が禁止されるとした上で、そうした「行為が、本市の管理する公共の場所において、特異な服装をし、顔面の全部若しくは一部を覆い隠し、円陣を組み、又は旗を立てる等威勢を示すことにより行われた」として市長から当該行為の中止または当該場所からの退去を命じられたにもかかわらず、市長の命令に違反した者を処罰すると規定する条例の規定が憲法二一条一項等に違反し

（8）　山口進ほか『最高裁の暗闘　少数意見が時代を切り開く』（朝日新聞出版、二〇一一年）一七二頁以下参照。

ないかが、問題となった。それに対して、最高裁は当該規定に強引な限定解釈をすることによって、合憲であるとした。この判決には、学者出身の藤田宙靖裁判官（二〇〇二～二〇一〇）と弁護士出身の田原裁判官がそれぞれ違憲であるとの反対意見を執筆しているが、それに対して、刑事裁判官出身の堀籠幸男裁判官（二〇〇五～二〇一〇）と弁護士出身の那須弘平裁判官が、それぞれ反対意見に反論する補足意見を書いている。

最高裁は、公立学校の教師に入学式・卒業式において起立して国歌を斉唱することを義務づけることが思想・良心の自由（憲法一九条）の侵害に当たらないか争われた一連の事件において、二〇一一年五月から六月にかけて三つの小法廷で下されたほぼ同内容の判決（最二小判平成二三年五月三〇日民集六五巻四号一七八〇頁、最一小判平成二三年六月六日民集六五巻四号一八五五頁、最三小判平成二三年六月一四日民集六五巻四号二一四八頁等）で、教師への起立斉唱強制がその思想・良心の自由についての間接的な制約となる面があることを認めた上で、総合的な較量の結果、強制の合憲性を認めた。これらの判決は、思想・良心の自由に対する間接的な制約となることを認めた点で人権保障を一歩進めたと言えるが、緩やかな比較衡量によって合憲性を認めてしまっている。それに対して、弁護士出身の裁判官のうち宮川裁判官と田原裁判官は強制を違憲とする反対意見を執筆しているが、須藤、那須裁判官は合憲とする多数意見に与し、補足意見を執筆している。須藤補足意見は、多数意見を敷衍するとともに、職務命令の合憲性と教育委員会による懲戒処分の適法性の判断は別物であるとするものであり、その後の最高裁判例はこの線で進んでいくことになった。

弁護士出身の裁判官が精神的自由の裁判的保障に積極的な姿勢を示した事例として、国公法二事件に関する判決（堀越事件判決・最二小判平成二四年一二月七日刑集六六巻一二号一三三七頁、国公法世田谷事件判決・最二小判平成二四年一二月七日刑集六六巻一二号一七二二頁）が挙げられる。この二判決は、国家公務員の政治的行為を禁止し処罰する国家公務員法の規定とその委任を受けて制定された人事院規則について、限定解釈を加え、猿払事件判決（最大判昭和四九年一一月六日刑集二八巻九号三九三頁）を実質上変更した。多数意見は、政治活動の自由の重要性をも踏まえ、国家公務員法一〇二条一項「にいう『政治的行為』とは、公務員の職務の遂行の政治的中立性を損なうおそれが……現実的に起こり得るものとして実質的に認められるものを指し、同項はそのような行為の類型の具体的な定めを人事院規則に委任したものと解するのが相当である」との限定解釈を行い、同条項の委任に基づき禁止される「政治的行為」を定めた人事院規則一四―七についても限定解釈を加えたのであって、これは表現の自由の保障を強化する方向で判例を展開させたものと評価できる。しかし、須藤裁判官は、多数意見に加わらず、公務員の勤務外の政治的行為は禁止の対象とならないとする、処罰範囲をさらに限定する立場をとり、堀越事件判決では意見、国公法世田谷事件判決では被告人を無罪とする反対意見を執筆している。

以上見てきたように、精神的自由の領域では、田原、宮川、須藤裁判官などが精神的自由擁護の立場をとっているが、そうした姿勢が弁護士出身の裁判官の大勢を占めているわけではない。

弁護士出身の裁判官は最高裁の憲法判例の展開に大きく寄与したが、最高裁裁判官のうち六人を占める下級裁判所裁判官出身の裁判官たちが違憲審査権行使の積極化の方向に動いたからこそ、最高裁憲法判例において変化が生じたのである。

Ⅲ　下級裁判所裁判官出身者

1　最高裁事務総長経験者

下級裁判所裁判官出身の裁判官の中で最も目立った動きをしたのは、泉徳治裁判官である。泉裁判官は、先に見たように、参議院の議員定数配分規定を違憲とする反対意見を弁護士出身の裁判官達と共同で、あるいは、単独で執筆している（参院平成一六年判決、参院平成一八年判決）し、非嫡出子法定相続分差別規定を違憲とする反対意見を執筆している（平成一五年一小判決、平成一六年判決）。また、非嫡出子法定相続分差別規定違憲決定の多数意見に加わっているだけでなく、国籍法違憲判決では、「立法目的が国にとり重要なものであり、この立法目的と……手段との間に、事実上の実質的関連性が存することが必要である」とする基準（厳格な合理性の基準）を用いて判断すべきとする補足意見を執筆している。さらに、東京都外国人管理職昇任試験拒否訴訟では、多数意見が東京都職員の管理職昇任試験からの外国人の排除を憲法一四条一項に違反しないとするのに対して、厳格な合理性の基準を用いて、特別永住者⑨の管理職昇任試験からの排除は法の下の平等および職業選択の自由の原則に反するとする反対意見を執筆している（最大判平成一七年一月二六日民集五九巻一号一二八頁)。このように泉裁判官が、最高裁の違憲審査権行使の積極化、客観化のためには違憲審査基準の確立が必要であるとして、厳格な合理性の基準の適用を提唱したことは注目される。

泉裁判官は最高裁事務総長経験者であるが、最高裁事務総長経験者でここまで人権保障、平等実現に積極的な姿勢をとった裁判官は他にいない。泉裁判官の前任者である最高裁事務総長経験者の金谷利広裁判官(一九九七~二〇〇五)は違憲審査権行使活性化に寄与するような働きはしていない。泉裁判官より後で任命された堀籠幸男裁判官は保守的な判決姿勢が目立った。たとえば、連合町内会に無償貸与した市有地に神社が設置されていたことが争われた空知太神社訴訟(最大判平成二二年一月二〇日民集六四巻一号一頁)では、多数意見が憲法八九条の禁止する公の財産の利用提供に当たるなどとしたのに対して、合憲とする反対意見、国籍法違憲判決での原告への国籍確認までは認められないとの反対意見、メイプルソープ写真集のわいせつ性を否定した最三小判平成二〇年二月一九日民集六二巻二号四四五頁における反対意見を執筆している。

もっとも、最高裁事務総長経験者であり、高裁長官から直接任命された竹崎博允長官(二〇〇八~二〇一四)の下で、最高裁大法廷は、民法九〇〇条四号ただし書違憲決定、空知太神社訴訟判決といった違憲判決のほか、衆議院、参議院の投票価値平等についての立場を大きく転換させる違憲状態判決を下している。

(9) 旧植民地出身者で戦後もわが国にとどまっている者とその子孫であり、日本国との平和条約に基づき日本の国籍を離脱した者等の出入国管理に関する特例法に基づき永住権を認められている。

こうした大法廷の判決に竹崎長官が指導力を発揮したことは十分想定される。また、最高裁事務総長経験者で現職の大谷剛彦裁判官（二〇一〇〜）は、選挙区間の投票価値不平等をもたらしている衆議院小選挙区の区割規定を違憲とする反対意見（衆院平成二五年判決）を執筆するとともに、ある程度積極的に補足意見を執筆している（君が代拒否訴訟についての前掲最三小判平成二三年六月一四日等）が、山﨑敏充（二〇一四〜）、大谷直人裁判官（二〇一五〜）は、下級裁判所裁判官出身者の多数と基本的に同じ判決行動をしており、目立った個別意見もない。このように泉裁判官は別格としても、最高裁事務総長経験者の中に、最高裁の違憲審査権行使の積極化に一定寄与している裁判官もいることは確認できる。

2　最高裁首席調査官経験者

さらに、下級裁判所裁判官出身者では、今井功、近藤崇晴、千葉勝美裁判官（二〇〇九〜）といった最高裁首席調査官経験者が最高裁における最近の変化に、特に理論面で貢献していることが確認できる。⑽ まず、今井裁判官は、非嫡出子法定相続分差別規定を違憲とする反対意見を執筆しており（平成二一年決定）、後の最高裁の違憲決定への道を切り開いた一人である。また、空知太神社訴訟判決においては、神社施設の撤去を命じた原判決を支持する反対意見を執筆しており、最も政教分離原則に忠実な立場をとっている。さらに、外国人の母親から出生した非嫡出子で出生後に日本国民たる父から認知されたが、両親が婚姻していない者に、「過剰な要件」を除去して法律を合理的に解釈するという巧みな理由付けによって日本国籍を確認した国籍法違憲判決において、今井裁判官は、こうした救済面での非常に革新的な手法について、それを説明する補足意見を執筆しており、今井裁判官が理論面で貢献をしたのではないかと思われる。

次に、近藤裁判官は、参議院議員定数不均衡訴訟において、定数配分規定を違憲とする反対意見を執筆しており（参院平成二一年判決）、最高裁の立場の変更に道を開いた。他方、政教分離原則に忠実でありつつも現実的な解決策を探ろうとする空知太神社訴訟判決において、多数意見を敷衍しつつ、意見・反対意見に反論する補足意見を書いており、近藤裁判官は、多数意見の論理の形成にあたり中心的な役割を果たしたのではないかと推測される。

千葉裁判官については、まず、国家公務員の政治的行為を禁止し処罰する国家公務員法の規定とその委任を受けて制定された人事院規則について、大胆な限定解釈を加えた堀越事件判決において、多数意見を敷衍する長い補足意見を執筆していることが注目される。猿払事件判決の実質上の変更に、千葉裁判官が指導的な役割を果たしたものと推測される。今井裁判官、近藤裁判官は、必ずしも精神的自由に対する裁判的保障の拡大に積極的でなかっただけに、千葉裁判官が表現の自由の裁判的保障の拡大に寄与していることは注目される。また、法定相続分差別規定違憲決定への理論的寄与もあったと思われる。最高裁は、民法九〇〇条四号ただし書が違憲であるとの最高裁の判断は、本件相続の時点以降に開始した他の相続に

(10)　もっとも、この三裁判官に先立って最高裁判事に任命された首席調査官経験者の上田豊三裁判官（二〇〇二〜二〇〇七）は、論客であったと言われているが、郵便法違憲判決において違憲とされる範囲を限定する意見、在外国民選挙権訴訟判決（最大判平成一七年九月一四日民集五九巻七号二〇八七頁）において在外選挙制度の対象の限定を合憲とする共同反対意見を執筆しており、違憲審査権行使についてより消極的・保守的であった。

つき確定した法律関係を覆すものではない、との宣言をしているが、これは、判決の遡及効の制限という革新的な手法を用いることによって、違憲判断が相続をめぐって確定した法律関係を壊滅することがないようにし、そうした心配をなくすことによって全員一致での違憲判断に至ったものと思われる。遡及効の制限については、千葉裁判官と司法研修所長官経験者である金築誠志裁判官（二〇〇九～）がそれぞれ補足意見を書いていることからして、この点については千葉裁判官が金築裁判官とともにイニシアチブを発揮したのではないかと推測される。さらに、千葉裁判官は、再婚禁止期間規定違憲判決においても、当該規定の合憲性審査についての考え方を述べる補足意見を執筆しており、やはり多数意見の違憲の論理の形成に貢献したのではないかと推測される。

3　他の下級裁判所裁判官出身者

最近の下級裁判所裁判官出身の最高裁裁判官には、他に司法研修所長経験者、法務省民事局長経験者や、最高裁事務総局の局長経験者がいる。司法研修所長経験者である島田仁郎裁判官が非嫡出子差別規定が極めて違憲の疑いが強いとする補足意見を二度執筆している（平成一五年一小判決、平成一六年判決）ように、違憲審査権行使の活性化に寄与した例もあるが、そうした例はそれほど多くない。しかし、こうした最高裁裁判官も、最近の最高裁の違憲判決や違憲状態判決に加わっているのであるから、下級裁判所裁判官出身の最高裁裁判官全体の変化が最近の最高裁における違憲審査権行使の活性化につながったことは確かである。

Ⅳ　その他の最高裁裁判官

1　検察官出身者

検察官出身者は、違憲審査権行使にあたってたいていの場合、多数意見に与しているが、違憲判断が示される場合、それに反対するなどより保守的な傾向にある。たとえば、国籍法違憲判決において、古田佑紀裁判官（二〇〇五〜二〇一二）が合憲とする反対意見を、甲斐中辰夫裁判官（二〇〇二〜二〇一〇）が国籍確認に反対する反対意見を、他の裁判官と共同で執筆している。空知太神社訴訟判決では、古田、甲斐中裁判官は、多数意見が違憲とする点に賛成せず、神社施設への利用提供行為の憲法適合性を判断するための事情について下級審でさらに審理を尽くさせる必要があるとする意見を他の裁判官と共同で執筆しており、政教分離原則に対して多数意見よりも消極的な立場をとった。

投票価値不平等問題に関しては、古田裁判官が、衆議院の投票価値不平等に関する平成二三年判決（違憲状態判決）において、違憲状態ではなかったとする意見を執筆し、衆議院についての平成二七年判決において池上政幸裁判官（二〇一四〜）が官僚出身の櫻井龍子裁判官（二〇〇八〜）とともに違憲状態であることを否定する意見を執筆するなど、検察官出身者は多数派の裁判官よりも投票価値の平等に消極的な姿勢を示しがちである。

2　官僚出身者

官僚出身者のうち、元外交官では、福田博裁判官が選挙権の擁護に極めて積極的であった点が注目される。福田裁判官は、投票価値の平等の要請を貫徹させようと多くの反対意見を執筆している（衆院平成一一年判決、参院平成一二年判決、参院平成一六年判決）だけでなく、在外国民選挙権訴訟では当初の小法廷配属時の主任として大法廷回付や大法廷での評議において、在外選挙制度の不存在とその対象の限定を違憲とする判断に至る上で積極的な役割を果たしたことが知られている。(11) また、元外交官の竹内行夫裁判官も、福田裁判官ほどではないが、投票価値の平等の実現に関して比較的積極的な姿勢を示している（衆院平成二三年判決補足意見、参院平成二一年判決補足意見、参院平成二四年判決意見）。さらに、竹内裁判官については、非嫡出子法定相続分差別規定が、時代の変化の結果、「少なくとも現時点においては、本件規定は、違憲の疑いが極めて強い」とする補足意見を執筆しており（平成二一年決定）、後の違憲決定に直接つながる立場をとっていることも注目される。

元内閣法制局長官は、法律を合憲とする立場をとるのが通例である。津野修裁判官（二〇〇四〜二〇〇八）は、国籍法違憲判決において合憲とする共同反対意見を執筆しており、投票価値不平等問題でも、小選挙区・選挙区と比例代表とを一体として捉え、小選挙区、選挙区における投票価値の不平等を軽視する立場をとっており（参院平成一八年判決補足意見、衆院平成一九年判決補足意見）、消極的な立場に終始した。ただし、現職の山本庸幸裁判官は、元内閣法制局長官としては例外的に、参議院の選挙区割規定を違憲とする反対意見を執筆しており（参院平成二六年判決）、今後の動向が注目される。

一般の官僚出身者では、横尾和子裁判官は投票価値の平等については積極的な姿勢をとった（参院平成一六年判決の補足意見二、参院平成一八年判決反対意見、衆院平成一九年判決反対意見）が、在外国民の選挙権行使や届出による国籍取得における差別をめぐっては、違憲とする多数意見に反対した。旧厚生省畑を歩んできた生粋の官僚であった横尾裁判官は、国家主権に関わる問題については保守的であったようである。それに対して、旧労働省系の櫻井龍子裁判官は、違憲判決や投票価値不平等問題についての最近の判決の多数意見に加わっており、横尾裁判官ほど国家主権に関してナーバスでないようである。ただ、最近の判決において夫婦同姓規定を違憲とする岡部喜代子裁判官の意見に同調してはいるが、衆議院投票価値不平等問題についての平成二七年判決で合憲とする意見を池上裁判官と共同で執筆するなど、多数派裁判官よりやや保守的な立場を示すこともあり、最高裁の違憲審査権行使の積極化をリードしているとまでは言えない。

3　学者出身者

学者出身者では、民法学者である奥田昌道裁判官（一九九九〜二〇〇二）は、合憲とする多数意見に与しているのがほとんどであり、合憲判決に補足意見を書くこともなく、最高裁の違憲審査権行使にあたり積

(11)　山口ほか・前掲注（8）一一六頁以下参照。

極的な役割を果たしたことはあまりなかった。それに対して、行政法学者である後任の藤田宙靖裁判官は人権保障に比較的積極的な立場を示し、最高裁における違憲審査権行使の活性化に大きく寄与した。たとえば、投票価値の平等に比較的積極的な姿勢を示した（衆院平成一九年判決意見、参院平成一六年判決補足意見二、参院平成一八年判決補足意見、参院平成二一年判決補足意見）。また、公立学校の音楽教師に入学式における国歌斉唱時にピアノ伴奏を命ずることが争われた事件の判決（最三小判平成一九年二月二七日民集六一巻一号二九一頁）において、多数意見が憲法一九条に違反しないとしたのに対して、憲法一九条との関係で許されるかにつき本件事案の内容に即した、より詳細かつ具体的な検討がなされるべきとして原審への差し戻しを主張する反対意見を執筆したり、広島市暴走族追放条例事件判決でも違憲とする反対意見を執筆するなど、精神的自由の保障に積極的な立場をとった。さらに、国籍法違憲判決では、多数意見とは別の論理で原告に日本国籍を確認できるとする意見、空知太神社訴訟判決では、多数意見が「目的効果基準⑫」を用いていない理由を説明する補足意見を執筆している。この補足意見が多数意見に与する裁判官の共通理解を表しているのか疑問があるようであるが、こうした意見、補足意見が人権侵害に対する救済のあり方や、政教分離規定違反か否かの判断のあり方についての議論を豊かにするものであることは確かである。

現職の岡部喜代子裁判官は一七年間の裁判官経験（弁護士を含むと二一年間の法曹歴）の後、一三年間の大学教員歴を有する家族法研究者であるが、「学者枠」との理解で最高裁裁判官に選任されたようである。岡部裁判官は、非嫡出子法定相続分差別規定違憲決定で補足意見を執筆したほか、最近の判決で夫婦同姓規定を憲法二四条に違反するとする意見を執筆しており、家族に関する法制度の憲法適合性を立ち入って審査する立場を示している。しかし、他の憲法問題については若干の補足意見はあるが、藤田裁判官ほどの影響力を有していないように見える。やはり最高裁による違憲審査権行使の積極化という見地からは、公法学者の最高裁裁判官が望まれるところである。

終わりに

以上、二〇〇〇年以降の最高裁における違憲審査権行使の変化を最高裁裁判官の構成という視点から分析してきたが、憲法問題についての判決行動と最高裁裁判官の出身とが一定の関係にあることは示せたと思う。違憲審査制の活性化をより進めていくためには、今後、最高裁裁判官の選考のあり方、仕組みについて検討を加えていくことが重要である。その際、これまで見てきたような最高裁裁判官の判決行動の実状が十分に踏まえられていなければならないのである。

(12)「目的効果基準」とは、最高裁が津地鎮祭訴訟最高裁判決・最大判昭和五二年七月一三日民集三一巻四号五三三頁以来用いてきた基準であり、宗教とかかわり合いを有する国家の行為が、その目的が宗教的意義をもち、効果が宗教に対する援助、助長、促進または圧迫、干渉等になる場合に、憲法の政教分離規定に違反したことになる、とするものである。

9.

裁判のことを知っていますか？

――「裁判の公開」原則は裁判情報を伝達する役割を果たしているか

笹田栄司
Sasada Eiji

サスペンスドラマを見ていると、検事と弁護士が白熱の弁論を交わす法廷が登場する。この法廷空間が憲法によって保障されているということはご存じだろうか。それは「裁判の公開」と呼ばれ、裁判情報が国民に伝えられていくうえで重要な役割を果たしている。ところが最近、「裁判の公開」を制約する法律や裁判実務が目につく。このような動きは憲法上認められるだろうか。

はじめに

裁判情報とは何か

裁判所が提供する情報として、裁判所の組織や裁判官などに関する司法行政情報のほか、判例情報、裁判員裁判などの裁判手続の仕組みに関する情報がある。こういった情報は、司法への理解を得るため、裁判所のウエッブサイトで一定程度提供されている（第一類型）。一方、おもに国民が裁判にアクセスを試みるものとして、裁判傍聴や訴訟記録の閲覧がある（第二類型）。また、メディアについては、裁判の写真撮影の制限緩和（あるいは裁判のテレビ中継導入）が関係する（第三類型）。

これらのうち第一類型は「司法の情報公開」と見ることができ、憲法七六条以下が定める「司法権」にその憲法上の根拠がある。公権力の主体としての司法は、その組織・（裁判という）権力行使の在り方について説明する責任を負うのである。ところで、最高裁は二〇一五年七月一日に第三者機関である「情報公開・個人情報保護審査委員会」を設置し、司法行政文書の開示を進めることを明らかにした。これまで、とかく批判の多かった司法の情報公開が今後どのように改善されるのか注目される(1)。

第二類型は「裁判の公開」を定める憲法八二条および刑事被告人の「公開裁判を受ける権利」を定める三七条に根拠を有し、裁判手続における公正な裁判を保障し、国民の権利保護に資するものである。第三類型は報道の自由が裁判手続の場面で現れてくるもので、憲法二一条と八二条・三七条を複合的に検討する必要がある。さらに、第二類型（「裁判の公開」）は国民による裁判の監視という民主的コントロールにつながるが、これは第三類型についても言えることで、報道を通じての（国民の）民主的コントロールも見過ごしてはならない(2)。

憲法八二条と非訟事件

本稿は、第二類型の「裁判の公開」を中心に検討を行う。ここで留意しておきたいのは、具体的な裁判では「裁判の公開」（憲法八二条）以外の憲法規定との調整が問題になるということである。例えば、プライバシーや営業秘密が法廷で明らかになるのを恐れ、訴訟の提起を思いとどまることがある。この場合、裁判を受ける権利の行使が制約されているわけで、裁判傍聴を認める「裁判公開原則」との調整が必要になる。また、訴訟記録を無制約に公開する場合、犯罪被害者のプライバシーが侵害される可能性がある。この場合、訴訟記録の公開に対する制約が検討の対象となろう。

ここで最も重要な憲法条文は「裁判公開の原則」を定める八二条だ。その特徴は、非公開にする場合、裁判官全員一致を求めるなど、明治憲法に比しより厳格な要件を置いている点であろう。これに対し、わ

（1） 「最高裁判所の保有する司法行政文書の開示等に関する事務の取扱要綱」（二〇〇一年）によって司法行政文書の公開が始まったが、開示不開示の判断主体の中立性に対する不満や情報開示の受付部署が不明などといった批判があった。これらの点を含め、司法の情報公開について、右崎［二〇〇三］六八頁以下および櫻井［二〇〇五］一六頁以下が参考になる。本稿では以後、末尾の〔参考文献〕掲記のものをこのように引用する。

（2） 民主的コントロールの重要なピースである最高裁判所判事の国民審査（憲法七九条二項）は、対象とされた最高裁判所判事の情報なくして不可能である。司法の情報公開（第一類型）はここでも重要な意味をもつ。

が国の民事訴訟法のモデルだったドイツでは憲法ではなく法律で裁判の公開を規定している。裁判手続の公開は「法治国家上の基本的な制度に属するが、基本法上の憲法原則ではない」[3]。ところで、憲法八二条の規定する厳格な「裁判公開」原則が実際の裁判で注目を集めたのは、「非訟事件の限界」であった。

非訟事件を理解するには、対概念である訴訟事件が重要だ。最高裁は、「当事者の意思いかんに拘わらず終局的に、事実を確定し当事者の主張する権利義務の存否を確定するような裁判」を訴訟とする（最大決昭和三五・七・六民集一四巻九号一六五七頁）。これに対し、非訟とは、「実体的権利義務の存することを前提として、例えば夫婦の同居についていえば、その同居の時期、場所、態様等について具体的内容を定める処分であり、また必要に応じてこれに基づき給付を命ずる処分」をいう（最大決昭和四〇・六・三〇民集一九巻四号一〇八九頁）。非訟事件の例としては、この他、「婚姻費用の分担に関する審判」や「親権者変更の審判」などがある。訴訟事件と非訟事件では、訴訟当事者の手続保障が格段に違うと言ってよい。Ⅰで見るように、訴訟事件では公開・対審・判決がスタンダードなのに対し、非訟事件は、裁判の非公開の下、決定で事案が処理されるのである。また、非訟事件では裁判所による迅速な決定が志向される。

このような訴訟・非訟事件についての判例は、厳格な「裁判公開」原則（憲法八二条）を緩和することになる。

仮処分手続と裁判公開

最近、注目されている出版や放映の差止めを求める仮処分手続も、この文脈で読み解くことができよう[4]。出版やＴＶ放映により自己のプライバシーや名誉の侵害にさらされている者にとって、迅速な防御の必要性は大きい。仮処分手続では、審理の迅速性と合理性を求めて、すべて決定の形式で裁判が行われ、口頭弁論を開くかどうかは担当裁判官の裁量である。確かにこのような仮処分手続の必要性は認められるが、決定手続だから「裁判公開」原則は妥当しないとの論法は性急に過ぎるだろう。この問題は「おわりに」で再度とりあげよう。

以下では、「裁判の公開」について問題となった最近の事例も射程に入れて検討を加える。まずは、裁判の公開について全体の枠組みを見ておこう。

I 原則としての裁判公開

1 公開・非公開の仕組み

憲法八二条の解釈

憲法八二条一項は「裁判の対審及び判決は、公開法廷でこれを行ふ。」と規定する。ここで「対審」とは、民事訴訟における口頭弁論や刑事訴訟における公判手続を意味し、裁判官の面前で原告（検察官）や被告（被告人）が口頭でそれぞれの主張を行うことである。(5)また、同条二項は「例外」である対審の非公開について、「裁判官の全員一致で、公の秩序又は善良の風俗を害する虞があると決した場合」に認めている。これが具体的に何を意味するかが問題になろう。こ

(3) 笹田〔二〇〇八〕一九五頁。
(4) 笹田〔二〇〇八〕二三六頁。
(5) 笹田＝井上＝大沢＝工藤〔二〇〇六〕二六三頁。

の点について、「対審」の公開によって「公衆を直接に騒擾その他の犯罪の実行にあおるおそれがある場合」、あるいは「わいせつその他の理由で一般の習俗上の見地から公衆にいちじるしく不快の念を与えるおそれがある場合」が指摘されている。[6]もっとも、実際には非公開にする事件は多くない。最近、「交際相手の女性を汚泥タンクに落とし窒息死させたとして、殺人罪に問われた」事件で、大津地裁は、被告人質問が「公序良俗に反する恐れがある」として「対審」を非公開とした。[7]これは、「一般の習俗上の見地から公衆にいちじるしく不快の念を与えるおそれがある場合」に該当するものだろう。

刑事裁判の公開　憲法八二条二項ただし書は、「政治犯罪、出版に関する犯罪又はこの憲法第三章で保障する国民の権利が問題となってゐる事件」は常に公開しなければならないとする。ここで、「憲法第三章で保障する国民の権利」を基準にすると、人権が関わる多くの民事および刑事裁判が絶対的公開とされよう。これでは、「公の秩序又は善良の風俗を害する虞がある」事件については非公開とする同条一項の意味が大きく損なわれることになる。そこで、「『政治犯罪、出版に関する犯罪』の語との関連から『国民の権利が問題となってゐる事件』は刑事事件に限られる[8]」のである。

憲法は、刑事裁判については民事裁判に比べ「非公開」を限定的にしている。その現れが刑事裁判について「被告人の公開裁判を受ける権利」を規定する憲法三七条である。もっとも、憲法三七条は非公開か公開かを被告人が決めることを認めたものではない。刑事裁判の公開は厳格な原則なのである。

2　傍聴の自由

裁判の公開は、国民一般に公開されるという意味である。そうすると、裁判を「傍聴する権利」が認められているかというと、最高裁判所はそうは考えていない。裁判を傍聴する外国人研究者が、審理内容についてメモ採取を認められなかった件について国家賠償訴訟を提起したところ、最高裁判所は請求を棄却したが、傍聴する権利・メモを取る行為について次のように判示した（最大判平成元・三・八民集四三巻二号八九頁）。

憲法八二条一項の趣旨は、「裁判を一般に公開して裁判が公正に行われることを制度として保障し、ひいては裁判に対する国民の信頼を確保しようとする」ことにあり、「各人が裁判所に対して傍聴することを権利として要求できることまでを認めたものでないことはもとより、傍聴人に対して法廷においてメモを取ることを権利として保障しているものでない」。もっとも、「裁判長は傍聴人がメモを取ることをその自由に任せるべきであり、それが憲法二一条一項の規定の精神に合致する」。「裁判長としては、特に具体的に公正かつ円滑な訴訟の運営の妨げとなるおそれがある場合においてのみ、法廷警察権によりこれを制限又は禁止するという取扱いをすることが望ましい」。

最高裁判所は、裁判の傍聴を権利として構成するのではなく、裁判長の法廷警察権の行使の問題と見て

（6）　宮澤〔一九七八〕七〇〇頁。
（7）　日本経済新聞二〇一〇年一一月一一日。
（8）　三井〔二〇〇三〕三四五頁。

いる。ただ、裁判の傍聴が持つ「憲法上の価値」は認めており、それは法廷警察権の行使が違法かどうかの判断に際して考慮要素となる。現在では、裁判所においてメモを取ることは原則として許されている。

3　立法による審理非公開手続の導入

裁判の提起を妨げる裁判公開原則

裁判の公開を理由として裁判の提起を断念することがある。例えば、離婚訴訟において、夫婦間の性生活についての陳述が求められることから、これを避けるために訴訟を提起しないことがありえた。あるいは、営業秘密の保護を裁判で求める場合、営業秘密を特定し、この秘密に関わる不正行為の主張が求められることから、訴訟の提起が困難と主張されていた。それでは、これらのケースが、非公開が認められる「公の秩序又は善良の風俗を害する虞がある」（憲法八二条二項本文）場合に該当するかというと、それは難しい。というのも、公開によって「公衆を直接に騒擾その他の犯罪の実行にあおるおそれがある場合」、あるいは「わいせつその他の理由で一般の習俗上の見地から公衆にいちじるしく不快の念を与えるおそれがある場合[9]」とまでは言えないからだ。

審理公開停止の要件

憲法八二条は裁判の公開を厳格に規定している。したがって、審理公開停止の必要性が認められるとしても、それが認められるためには厳しい要件が求められよう。改正人事訴訟法（二〇〇三年制定）は、「当事者尋問等の公開停止」を定めたが、それは二つの要件を満たす場合に認めるものだった（同法二二条）。第一の要件は、「当事者等又は証人が公開の法廷で当該事項について陳述をすることにより社会生活を営むのに著しい支障を生ずることが明らかであることから当該事項について十分な陳述をすることができ」ない場合である。ここでは、上記離婚訴訟における「夫婦間の異常な性生活」が想定されている。第二の要件は、「当該陳述を欠くことにより他の証拠のみによっては当該身分関係の形成又は存否の確認のための適正な裁判をすることができない」場合である。換言すれば、この陳述が、離婚訴訟において適正な裁判を実現するために不可欠であることが求められている。以上の二要件がいずれも満たされることを、裁判官が全員一致で認めた場合に、職権によって公開停止を決定する。

この法改正は、憲法八二条の「公序（公の秩序）」の枠内にあり、これを具体化したものとの説明が立案担当者（小野瀬厚）によってなされている。「裁判を公開することによって、現に誤った身分関係の形成等が行われるおそれがある場合は、憲法八二条二項にいう『公の秩序……を害する虞がある』場合に該当すると解することで、何とか憲法の認める範囲内で、公開停止の規定を置く(10)ことができるのである。

この法改正は公開原則とプライバシー保護の調整を行うとともに、裁判を受ける権利の実効化に資するものである。裁判を受ける権利と裁判公開原則の対抗関係は、裁判公開原則の「一方的譲歩」によって解消されることはない。重要な権利の保護と適正な裁判の実現（上記の二要件）が認められる場合にはじめて、審理の非公開が容認される。

(9)　宮澤［一九七八］七〇〇頁。
(10)　高橋＝高田編［二〇〇三］六三頁。

Ⅱ　「裁判の公開」原則が関係する法律の具体的検討

1　刑事裁判における証人等の保護のための手続

遮へい措置およびビデオリンク方式

二〇〇〇年の刑訴法改正により、刑事被告人または傍聴人と証人の間の遮へい（一五七条の三）、およびビデオリンク方式による証人尋問（一五七条の四）が設けられた。前者は、「証人が被告人から見られていることによって圧迫を受け精神の平穏が著しく害される場合」を念頭において、後者は、「性犯罪の被害者等の証人尋問について、裁判官及び訴訟関係人の在席する場所において証言を求められることによって証人が受ける精神的圧迫を回避するため」設けられた（最判平成一七・四・一四刑集五九巻三号二五九頁）。これは、証人を、被告人や訴訟関係人、さらに傍聴人から「遮断」する仕組みである。したがって、裁判の公開（憲法八二条、三七条一項）が侵害されているのではないか、という疑問がでてこよう。

この点について、最高裁は、「証人尋問が公判期日において行われる場合、傍聴人と証人との間で遮へい装置が採られ、あるいはビデオリンク方式によることとされ、さらにはビデオリンク方式によった上で傍聴人と証人との間で遮へい装置が採られても、審理が公開されていることには変わりはないから、これらの規定は憲法八二条一項、三七条一項に違反するものではない」（前掲最判平成一七・四・一四）と判示する。最高裁調査官解説によると、遮へい装置およびビデオリンク方式が一般の傍聴と異なるのは、「遮へい装置にあっては、傍聴人から証人の姿が見えないという点であり、ビデオリンク方式にあっては、証人が傍聴人と同じ部屋にいないという点」にある。また、両者が併用された場合にあっては、「証人が傍聴人と同じ部屋におらず、その姿も見えないという点であって、結局のところ、審理が公開されていることに変わりはないというほかなく、上記憲法の要請は満たされている」[11]。

証人が法廷におらず、またその姿も見えないなかで、かりに証人の音声が傍聴人に聞こえないとなれば、法廷は存在するとしても、憲法八二条一項が保障する「裁判の対審」は実現していないことになる。したがって、少なくとも証人の音声が傍聴人に聞こえていることが、刑訴法一五七条の三および一五七条の四の合憲性を支える根拠と、最高裁判決および調査官解説は見ていたはずである。この点、立法過程を検討したうえで、吉田秀康は「視覚的制限に加えて聴覚的な制限を行えば、当然に裁判の公開の要請が満たされなくなるということが共通理解とされています[12]」と述べている。

証人の声が法廷で聞き取れなかった事案

この関連で、遮へい措置およびビデオリンク方式が採られ、大型モニターのスイッチが切られていたことから、証人の声が聞こえなかった事案が注目される。すなわち、自らが弁護人を務める被告人の共犯者の証人尋問を傍聴した際に、当該事件の裁判長が証言が聞こえるような措置を講じなかったことを理由に、弁護士(原告)は国

(11) 山口〔二〇〇六〕一五七頁。
(12) 吉田秀康の発言「[特集]『傍聴人に聞こえない証人尋問』国家賠償請求事件」法学セミナー七三〇号(二〇一五年)二二頁。

家賠償請求訴訟を提起したのである。本件では、弁護士（原告）は午前中の証人尋問で証人の声が聞き取れなかったため、昼休みに書記官室を訪れ午後の証人尋問で声が聞き取れるような措置を求めていた⑬。

原告は、傍聴の自由（憲法八二条一項）および裁判の情報を摂取する自由（憲法二一条一項）の侵害を主張する。これに対し、東京地裁平成二六・二・一四判決（［LEX/DB］25504335）は、「本件証人尋問におけるHの証言は、傍聴席にいた原告からは、断片的にしか聞き取ることができなかったが、検察官及び弁護人の質問等から証言内容を推測できる部分もあった」から、「全体としてみれば、本件証人尋問が、裁判手続を一般に公開し、その手続が公平に行われることを確保しようとする憲法八二条一項の要請に反したとまでいえない」とする。この東京地裁判決からは、上記平成一七年最高裁判決や調査官解説との一致点を見いだすべく苦心している箇所は見いだされる。証人の音声が断片的にしか聞き取れなかった状況は認めつつも、証人の音声が全く聞き取れなかったわけではないのだから、あとは、「検察官及び弁護人の質問等から証言内容を推測」すれば、全体として証言内容を把握できたというのである。Hの証言の聞き取りは「断片的」ではあるが「全体としてみれば」違憲とまではいえないとする以上、当日のHの証言の状況などの事実の解明がまず問われるべきだろう（全く証人の音声が聞こえないのであれば憲法八二条違反と評価しうるのであるから）。

裁判長による法廷警察権の行使に違法性はあるか

東京高裁（控訴審）は、憲法八二条一項が傍聴人に対し裁判の対審を傍聴する権利を付与していない以上、国家賠償訴訟において違法を主張する根拠がないとする。「憲法八二条一項に基づく裁判の対審の公開により保障されるべきは裁判の公正であり、この規定によって、すべての国民に対して、自由に裁判の対審を傍聴する権利が付与されているものではなく、また、法廷に在廷する各傍聴人に対して、個々の証拠の詳細な内容を知り、又は証人の証言内容をつぶさに知る権利が付与されているものでもない。したがって、法廷における裁判長の前記認定の措置が、憲法八二条一項に基づいて国家賠償法上の違法事由を基礎づけるものということはできない(14)」。

裁判の傍聴を権利として構成せず、裁判長の法廷警察権の行使の問題と見る法廷メモ訴訟最高裁大法廷判決（最大判平成元・三・八民集四三巻二号八九頁）に立脚するとどうなるだろう。同判決は次のようにいう。

「法廷警察権の趣旨、目的、更に遡って法の支配の精神に照らせば、その行使に当たっての裁判長の判断は、最大限に尊重されなければならない。したがって、それに基づく裁判長の措置は、それが法廷警察権の目的、範囲を著しく逸脱し、又はその方法が甚だしく不当であるなどの特段の事情のない限り、国家賠償法一条一項の規定にいう違法な公権力の行使ということはできないものと解するのが相当である」。

「特段の事情」の存否、換言すれば、裁判長の措置が「法廷警察権の目的、範囲を著しく逸脱し、又は

(13) 詳細は、前掲注（12）九頁以下を参照されたい。そこでは、本事件の問題性が明快に示されている。
(14) 東京高判平成二六・七・一〇（[LEX/DB] 25504336）。最高裁も、「本件上告理由は、違憲をいうが、その実質は事実誤認若しくは単なる法令違反を主張するもの又はその前提を欠くもの」として、極めて簡単に上告を棄却している（前掲注（12）四四頁を参照）。

その方法が甚だしく不当」かどうかの問題である。東京高裁は、裁判長の具体的な法廷警察権の行使を検討することなく、「個々の証拠の詳細な内容を知り、又は証人の証言内容をつぶさに知る権利」を持ち出し、それが憲法から引き出されない以上、裁判長の措置は問題ないとする。確かに「つぶさに」知る権利の保障まで憲法八二条から引き出すことはできないかもしれない。しかし、上記大法廷判決によっても、裁判の傍聴の「憲法上の価値」は法廷警察権行使の違法性判断に際し考慮要素となる。証人の声が聞き取れない状態が終日、証人尋問全体で続いているとしたら、「特段の事情」が存在する可能性がある。

例外としての遮へい措置・ビデオリンク方式

「裁判の公開の趣旨は、傍聴人の『監視』の下で訴訟手続を行い、その適正さ・公正さを担保することにある」[15]。遮へい措置およびビデオリンク方式の使用は裁判公開原則の観点からは「例外」であることが確認されねばならない。本件事案は、法廷警察権の行使に関する平成元年最高裁大法廷判決、および遮へい装置・ビデオリンク方式を合憲とした平成一七年最高裁判決に照らしても、「特段の事情」が存在したかどうかについて、詳しい検討が裁判所によってなされるべきであった。

2　情報公開訴訟におけるインカメラ審理

インカメラ審理とは何か

行政機関の保有する情報は膨大である。その公開があってはじめて、主権者たる国民は政治に関する判断を行うことができる。情報公開は民主主義の前提とでも言うべきものだ。二〇〇一年施行の行政機関の保有する情報の公開に関する法律（以下、「情報公開法」とする）は、「国民主権の理念」にのっとり、「行政文書の開示を請求する権利」を定めることで行政情報の公開を図ろうとしている（同法一条）。

ところで、行政機関の保有する情報（行政文書）の開示を求めたところ、行政機関の長が当該文書を情報公開法が定める不開示情報に該当するとして、不開示と決定することがある。そして、このような訴訟においては、裁判所は開示が求められている文書を直接見ることなく、当該文書の開示不開示を決定している（情報公開訴訟で不開示処分の取消しを争うのは「判決手続」においてである）。というのも、当該文書を裁判所だけが見て原告に見せないことが許されるか、という問題があるからだ。このように、不開示事由に該当するか否かの判断のための証拠調べとして、裁判官だけが当該文書を閲覧することを「インカメラ審理」という。この点については、憲法八二条が「対審の公開」を保障しているから、証拠調べを非公開で行うことは憲法上許されないと考えられている。[16] ある文書が不開示事由に該当するか否かの審理（証拠調

(15) 堀江［二〇〇六］一一五頁。

(16) インカメラ審理と似ているが、区別の必要なものに「インカメラ手続」（民訴二二三条六項）がある。これは、証拠調べの申出として行われた文書提出命令の申立てにつき、それを採用するか否かを判断するために行われるものだ。ここでも裁判官だけが当該文書を閲覧するが、「これは証拠として採用するか否かを決めるための手続で、証拠調べ自体を非公開で行うわけではない」という説明が立案担当者（法務省）によりなされている。しかし、「非公開で文書を閲読する裁判官は、本案の受訴裁判所の裁判官である」（高橋［二〇一四］二二八頁）。プロである裁判官は、文書を閲読しても判決を出すときは文書の内容を忘れることができるということであろうか。憲法の観点からは、インカメラ手続は本案の受訴裁判所の裁判官とは異なる裁判官が担当すべきだろう。

べ）こそが裁判公開のコアと理解されるからである。(17)

インカメラ審理と検証　インカメラ審理の問題は最高裁において検討されている。それは次のような事件だ。沖縄国際大学敷地内に米軍ヘリコプターが墜落した事件について、Xが、外務省保有の当該墜落事故に関する行政文書の開示を請求したのに対し、外務大臣は、情報公開法五条一号、三号または五号に該当するとして、請求に係る文書の一部を不開示とする決定を行った。Xはこの決定の取消しを求めたが、原審が請求を棄却したため福岡高裁に控訴し、その際、本件不開示文書の検証の申出、および本件不開示文書を目的物とする検証物提示命令の申立てを行った。

検証とは当事者からの申出によるもので、「裁判官がその五官（五感）の作用によって直接に、事物の性質、形状、状況等を検査・観察して獲得する事実判断を証拠資料とする証拠調べ」であって、例えば、視覚による、境界の確定、家屋の朽廃状態の検査、事故現場の確認、聴覚による騒音、嗅覚による悪臭の検査などがある。(18) Xは本件において、検証の立会権を放棄し、検証調書の作成においても、本件不開示文書の記載内容の詳細が明らかになる方法での検証調書の作成を求めないことを陳述している。そうすると、検証および検証物提示命令の申立てが裁判所により認められるならば、実質的に「インカメラ審理」が実現することになろう。

福岡高裁は平成二〇年五月一二日決定（判時二〇一七号二八頁）において、「行政文書の開示・不開示に関する最終的な判断権は裁判所に委ねられているところ、……当然のことながら、裁判所としても、これを直接見分せずには適正な判断が不可能ないし著しく困難であると考える場合もあるものと思われる。このように、行政文書の開示・不開示に関する両当事者の主張を公正かつ中立的な立場で検討し、その是非を判断しなければならない裁判所が、その職責を全うするためには、当該文書を直接見分することが不可欠であると考えた場合にまで、実質的なインカメラ審理を否定するいわれはない」とし、国に対し検証物の提出を命じた。

インカメラ審理についての最高裁決定

最高裁は平成二一年一月一五日決定（民集六三巻一号四六頁）で上記福岡高裁決定を破棄し、Xの申立てを却下した。[19]「訴訟で用いられる証拠は当事者の吟味、弾劾の機会を経たものに限られるということは、民事訴訟の基本原則であるところ、情報公開訴訟において裁判所が不開示事由該当性を判断するために証拠調べとしてのインカメラ審理を行った場合、裁判所は不開示とされた文書を直接見分して本案の判断をするにもかかわらず、原告は、当該文書の内容を確認した上で弁論を行うことができず、被告も、当該文書の具体的内容を援用しながら弁論を行うことができない。また、裁判所がインカメラ審理の結果に基づき判決をした場合、当事者が上訴理由を的確に主張することが困難となる上、上級審も原審の判断の根拠を直接確認することができないまま原判決の審査をしなければならない」。このように、情報公開訴訟においてインカメラ審理を行うことは民事訴訟の基本原則に反するから、「明文の規定がない限り、許されない」。

(17) 笹田［二〇〇八］一九二頁。
(18) 高橋［二〇一四］二一三頁。
(19) 笹田［二〇一二］七三頁。

この最高裁決定によると、「明文の規定」があればインカメラ審理は認められると解される。[20] もっとも、立法化にあたっては「民事訴訟の基本原則」との整合性はなおポイントになりうるが、ここでは触れない。[21] 情報公開訴訟において、インカメラ審理は「明文の規定」がないことから不可能である。裁判官は、情報公開法や情報公開条例にもとづく不開示決定取消訴訟では、不開示決定に係る文書を実際に見ることなく推認の方法によって判断するしかない。「明文の規定」の具体化が今後の争点だろう。以下では、二つの案を検討したい。[22]

インカメラ審理法制化の試み―その1

まず、第一七八回国会に提出されたものの継続審議となった「行政機関の保有する情報の公開に関する法律等の一部を改正する法律案」に含まれていた「口頭弁論の期日外における法人文書の証拠調べ（弁論期日外証拠調べ）」がある。その内容は以下の通りだ。

「第二十三条　情報公開訴訟においては、裁判所は、事案の内容、審理の状況、前条に規定する資料の提出の有無、当該資料の記載内容その他の事情を考慮し、特に必要があると認めるときは、申立てにより、当事者の同意を得て、口頭弁論の期日外において、当事者を立ち会わせないで、当該情報公開訴訟に係る法人文書を目的とする文書……の証拠調べ又は検証（以下この条において「弁論期日外証拠調べ」という。）をすることができる。」

「弁論期日外証拠調べ」は、証拠として取り上げるか否かを決める手続ではなく、証拠調べそのものである。さらに、当事者を除いて裁判官だけが証拠調べまたは検証を行うのだからインカメラ審理と解されよう。その一方で、「当事者の同意」を求めているのは、「訴訟で用いられる証拠は当事者の吟味、弾劾の機会を経たものに限られる」とする最高裁判決の示した「民事訴訟の基本原則」に配慮したためと思われる。しかし、裁判所が、「特に必要があると認めるときは、申立てにより、当事者の同意を得て」弁論期日外証拠調べをできるとすれば、インカメラ審理を許容する要件が明確に示されておらず「裁判の公開」原則は骨抜きになる危険性がある。

インカメラ審理法制化の試み—その2　もう一つの案が、内閣府が公表した「行政透明化検討チームとりまとめ」（平成二二年八月二四日）だ。それは、情報公開法改正案に次のようなインカメラ審理を含めている。

「(1) 情報公開訴訟においては、申立てがあった場合には、裁判所は、裁判官の全員一致により、審理の状況及び当事者の訴訟遂行の状況その他の事情を考慮して、不開示事由の有無等につき、当該行政文書・法人文書の提出を受けなければ公正な判断をすることができないと認めるときは、当事者（当該行政文書・法人文書を保有

(20) 村上［二〇一二］七頁。
(21) 「訴訟で用いられる証拠は当事者の吟味、弾劾の機会を経たものに限られる」とする「民事訴訟の基本原則」の問題については、笹田［二〇一二］八五頁を参照。
(22) 笹田［二〇一二］九一頁、九四頁。

する行政機関の長・独立行政法人等を除く。）の同意を得た上で、決定により、当該行政文書・法人文書を保有する行政機関の長・独立行政法人等に対し、当該行政文書・法人文書の提出を命ずることができる。この場合においては、何人も、裁判所に対し、提出された行政文書・法人文書の開示を求めることができない。

（2）裁判所は、（1）の決定をするに当たっては、あらかじめ、当事者の意見を聴かなければならない。」

この案はインカメラ審理を不可避とする要件について、「審理の状況及び当事者の訴訟遂行の状況その他の事情を考慮して、不開示事由の有無等につき、当該行政文書・法人文書の提出を受けなければ公正な判断をすることができないと認めるとき」と絞り込み、さらに、インカメラ審理を行うについて当事者の申立て、および、当事者の同意を前提としている。これは、できる限り当事者の手続保障に配慮しようとする趣旨であろう㉓。今後のインカメラ審理の導入にあたり、この案のほうがたたき台として適切である。

3　訴訟記録の閲覧

閲覧の仕組み

刑事訴訟法五三条一項は、「何人も、被告事件の終結後、訴訟記録を閲覧することができる。」と定める。ただし、「訴訟記録の保管……は、別に法律でこれを定める。」（同条四項）としていたところ、一九八八年に「刑事確定訴訟記録法」（以下、「記録法」という）が施行されるまで四〇年近く「法律」は不存在のままだった。

記録法四条は、保管検察官が閲覧を請求した者に、保管記録のうち訴訟記録を閲覧させなければならないと定める（同法二条によると、刑事被告事件に係る訴訟の記録は、当該事件について「第一審の裁判をした裁判所に対応する検察庁の検察官」が保管する）。ただし、刑訴法五三条によると、「訴訟記録の保存又は裁判所若しくは検察庁の事務に支障のあるとき」、「弁論の公開を禁止した事件の訴訟記録」、そして「一般の閲覧に適しないものとしてその閲覧が禁止された訴訟記録」については閲覧が制限される。加えて、記録法四条二項は、閲覧を制限する要件として、「被告事件が終結した後三年を経過」、「公の秩序又は善良の風俗を害することとなるおそれ」、そして「関係人の名誉又は生活の平穏を著しく害することとなるおそれ」等を規定する。

訴訟記録閲覧の法的性格

訴訟記録の閲覧について学説は、立法政策の問題とするもの(24)と、憲法八二条の裁判公開原則と憲法二一条の表現の自由（知る権利）を合わせよんで「裁判記録へのアクセスの権利」を認めるもの(25)に分かれる。また最高裁は、「記録法四条二項が憲法二一条、八二条に違反しないとした原決定は憲法の解釈を誤っている」とした特別抗告に対して、「憲法の右の各規定が刑事確定訴訟記録の閲覧を権利として要求できることまでを認めたものでないことは、当裁判所大法廷判例……の趣旨に徴して明らか」と判示している（最決平二・二・一六判時一三四〇号一四五頁）。ここでは、裁判の傍聴を権利としなかった法廷メモ訴訟（前掲最大判平成元・三・八）が引かれている。

(23) 笹田［二〇一二］九三頁。
(24) 宮澤［一九七八］六九九頁。
(25) 松井［一九九四］六七頁。

問題は閲覧を制限する要件にある。[26] 例えば、「事務に支障のある」とは極めて曖昧で、これを広く解すれば閲覧は事実上まれにしか認められないだろう。また、公序良俗や関係人の名誉・平穏な生活を害する「おそれ」も広く解するならば、閲覧が認められる可能性は低い。確かに、「非公開の裁判」も憲法八二条が予定していることから、訴訟記録の閲覧制限は排除できないが、刑訴法や記録法の規定には閲覧を必要以上に困難にする制約も多く、訴訟記録の「原則的」公開（刑訴法五三条）と言えるのか、疑問が残る。

判決書の閲覧請求についての最高裁判決

訴訟記録は、起訴状、公判調書、公判準備調書等に加え、「判決書」も含む。そうすると、判決書も閲覧制限がありうる。[27] しかし、訴訟記録の閲覧について立法政策の問題とした学説も、判決書は他の訴訟記録とは別と述べている。[27] 判決書は、「憲法八二条が判決を公開法廷で行われなければならないと想定している以上」、公開されなければならないのである。[28] 憲法八二条の趣旨を考えれば妥当なものだろう。もっとも、既述のように、審理を非公開にする手続が人事訴訟や特許訴訟といった民事事件で認容されている。判決書をすべて公開することが、他の法益（関係人の名誉や生活の平穏）を著しく害する場合には、関係人等の氏名を仮名とするなどの措置を講じたうえで判決書の閲覧を認めることもありうるだろう。次の最高裁判決はこの点を明らかにしている。

記録法にもとづく判決書の閲覧請求について、保管検察官は、当該請求が「犯人の改善及び更生を著しく妨げることとなるおそれがあると認められるとき」（記録法四条二項四号）、および「関係人の名誉又は生活の平穏を著しく害することとなるおそれがあると認められるとき」（同項五号）の閲覧制限事由に該当するとして不許可とした（本請求の申立人は弁護士であって、本件閲覧請求の対象である刑事被告事件と関係のある民事訴訟等の準備のために請求を行っていた）。最高裁は従来の判例に従い、判決書閲覧不許可を違憲とする申立人の主張を斥けたうえで、職権で次のように判示して、保管検察官の閲覧不許可を取り消す決定を行った（最決平成二四・六・二八刑集六六巻七号六八六頁）。

「申立人が閲覧請求をしている刑事確定訴訟記録である第一審判決書は、国家刑罰権の行使に関して裁判所の判断を示した重要な記録として、裁判の公正担保の目的との関係においても一般の閲覧に供する必要性が高いとされている記録であるから、……その全部の閲覧を不許可とすべきではない」。本件判決書の閲覧請求について、「プライバシー部分を除く」として申立人より請求がされていたのであるから、「保管検察官において、『プライバシー部分を除く』との趣旨につき申立人に確認した上、法四条二項四号及び五号の閲覧制限事由に当たらない範囲での閲覧について改めて検討すべきである」。

本決定について最高裁調査官解説は、「『プライバシー部分を除く』範囲での閲覧請求がされており、その趣旨を確認すれば閲覧制限事由には当たらない方法を講じることができるときは、そのような検討を行って、できる限り閲覧を許可するよう努めることを求めた[29]」と説明している。判決書が訴訟記録のなかで

(26) 寺崎［一九九九］二三四頁。
(27) 宮澤［一九七八］六九八頁。
(28) 松井［一九九四］六七頁。
(29) 「最高裁判所判例解説」法曹時報六七巻二号（二〇一五年）三五九頁（矢野直邦）。

特別の位置付けをされていることがこのような結論を導いたのであろう。

裁判の公正さの事後的検討

裁判公開の原則による裁判の公正さの確保は、当然のこととして受け止められている。最高裁決定は、「第一審判決書は、国家刑罰権の行使に関して裁判所の判断を示した重要な記録として、裁判の公正担保の目的との関係においても一般の閲覧に供する必要性が高い」とするが、ここでは「裁判の公正さを事後的に検討するという要請(30)」が見て取れる。判決書の公開は裁判公開の原則から引き出されるが、本決定が示すように、さらに公正さの事後的検討という視点も付け加わるといえよう。判決書以外の訴訟記録の閲覧についても、閲覧方法に工夫をこらして安易な閲覧制限を行わないことが、裁判公開の原則、および裁判の公正さの事後的検討に合致すると考える。

おわりに

憲法八二条は裁判公開の原則を厳格に規定している。比較憲法的に見ても珍しい例かもしれない。しかし、これは、明治憲法が日本国憲法とほぼ同様の規定を持ちながら、大逆事件の審理のように、非公開裁判を行っていた弊害に鑑みてのことでもある。一方で、裁判公開の原則の厳格な適用がもたらすデメリットもある。それが非公開審理の導入につながったのは既に見たとおりだ。また、憲法八二条に関わる問題は、最高裁判例が道筋をある程度つけ、それに基づき立法が行われていることが多い。そこで、憲法八二条に関する判例について若干の検討を行いたい。

リーディングケースともいうべき最高裁大法廷決定は、「当事者の意思いかんに拘わらず終局的に、事実を確定し当事者の主張する権利義務の存否を確定するような裁判」が訴訟であり、非訟とは「形成的に変更すること」とする（前掲最大決昭和三五・七・六）。しかし、「終局的に事実を確定し当事者の主張する実体的権利義務の存否を確定する」ことを訴訟事件のメルクマールとすることが、現在でも基準たり得るかは検討すべきポイントだろう[31]。

このような判例の意義は、訴訟事件と非訟事件の峻別にある。すなわち、憲法八二条「裁判の公開」と憲法三二条「裁判を受ける権利」の「裁判」を同義と解することで、公開・対審・判決を標準装備する訴訟＝判決手続と非公開にとどまる非訟＝決定手続を峻別する。最高裁判例によれば、非訟事件には憲法三二条の適用はないのである。これによって、「裁判公開の原則」および「裁判を受ける権利」が登場する場面は限定され、それ以外の法領域（例えば非訟事件）では裁判所の裁量が広範に認められる。しかし、上記の訴訟事件と非訟事件を分けるメルクマールはなお維持されるであろうか。裁判の役割は実体的権利義務の確認にとどまるものではなく、権利の創造・形成を一定程度持つものと考える。そうすると、判決手続あるいは決定手続の対象となる事件の本質を見極めることなく、（いずれの手続を採るかが憲法上の手続保障を左右する）決定手続か判決手続かの選択を立法に委ねるというのでは、訴訟法が憲法を制約すること

(30) 寺崎［一九九九］二三四頁。
(31) 笹田［二〇一二］二五〇頁。

になるのではなかろうか。

「裁判の公開」（憲法八二条）が保障されるには、具体的な裁判実務が重要である。ここで取り上げてきた、証人尋問が傍聴人に聞こえないとされた事件（Ⅱ1）や刑事確定訴訟記録法の閲覧不許可事件（Ⅱ3）を見れば、それは明らかだろう。このような事件の背景には、最高裁が憲法八二条から「権利」を引き出すことに消極的なため、「権利」の侵害から憲法八二条違反を導くことはなく、裁判長の法廷警察権の行使が違法、あるいは裁判所の決定は法令違反とするにとどまることがある。広範な裁量が裁判所に認められているのである。

裁判公開の原則の適用を制限するために制定された法律、あるいは裁判の公開を実効化するため制定された法律の適用が問題になる場合、裁判実務には「導きの糸」が必要であって、憲法八二条から「権利」を導出することが最も明快である。このような「権利」の導出は訴訟の増加を招き、裁判の停滞を招くとの危惧から「権利」に踏み込まないのならば、次善の策として憲法八二条の示す憲法上の価値を取り入れた解釈を明示することで、下級審を導く判例を創出すべきであろう。

〔参考文献〕

右崎正博「司法の情報公開」法律時報増刊『司法改革Ⅰ』（二〇〇〇年）

右崎正博「真価問われる司法情報公開制度」法学セミナー五七九号（二〇〇三年）

櫻井敬子「行政法講座第一三講　裁判所の情報公開」自治実務セミナー四四巻五号（二〇〇五年）

笹田栄司『司法の変容と憲法』（有斐閣、二〇〇八年）
笹田栄司＝井上典之＝大沢秀介＝工藤達朗『ケースで考える憲法入門』（有斐閣、二〇〇六年）
笹田栄司「インカメラ審理の憲法適合性について」曽我部真裕＝赤坂幸一編『憲法改革の理念と展開 下巻』（信山社、二〇一二年）
高橋宏志『重点講義民事訴訟法下〔第二版補訂版〕』（有斐閣、二〇一四年）
高橋宏志＝高田裕成編『新しい人事訴訟法と家庭裁判所実務』（ジュリスト臨時増刊一二五九号、二〇〇三年）
寺崎嘉博「刑事手続における情報の管理と公開」ジュリスト一一四八号（一九九九年）
長谷部恭男＝宇賀克也「対話で学ぶ行政法8 情報公開・個人情報保護」法学教室二五六号（二〇〇二年）
日野田浩行「『憲法原理としての公開』序説」九大法学五六号（一九八八年）
堀江慎司「証人尋問における遮へい措置、ビデオリンク方式の合憲性」刑事法ジャーナル二号（二〇〇六年）
松井茂記『裁判を受ける権利』（日本評論社、一九九三年）
松井茂記「裁判記録の公開」堀部政男編『情報公開・個人情報保護』（ジュリスト増刊、有斐閣、一九九四年）
三井誠『刑事手続法Ⅱ』（有斐閣、二〇〇三年）
宮澤俊義〔芦部信喜補訂〕『全訂日本国憲法』（日本評論社、一九七八年）
村上裕章「情報公開訴訟におけるインカメラ審理」法政研究七七巻四号（二〇一一年）
山口裕之「時の判例」ジュリスト一三一九号（二〇〇六年）
「〔特集〕『傍聴人に聞こえない証人尋問』国家賠償請求事件」法学セミナー七三〇号（二〇一五年）

（本論文はＪＳＰＳ科研費一五Ｈ〇三二九一の助成を受けている。）

10.

集団的自衛権は放棄されたのか

——憲法九条を素直に読む

——安念潤司
Annen Junji

昨年（二〇一五年）、いわゆる「安保法制」談義が大いに盛り上がりました。「国際政治学者」とやらが「日本の四海漸く波高し」式に張り扇を振り上げて安保法制を礼賛するかと思えば、「憲法学者」は、心変わりが面憎いとばかりに、憲法解釈を変更した政府を責め立てました。私は、この手の床屋政談には興味がないので、普通の法律家の分を守って、憲法九条を読み込む作業をしたいと思います。

Ⅰ　九条一項その一――（従来の）通説的な見解

私は、日本国憲法九条の下で集団的自衛権は放棄されていないと考えています。以前から、それが同条の素直な解釈だと思ってきました。そこでまず同条の条文それ自体を、できるだけ虚心坦懐に読んでみましょう。

第九条①　日本国民は、正義と秩序を基調とする国際平和を誠実に希求し、国権の発動たる戦争と、武力による威嚇又は武力の行使は、国際紛争を解決する手段としては、永久にこれを放棄する。
②　前項の目的を達するため、陸海空軍その他の戦力は、これを保持しない。国の交戦権は、これを認めない。

学界の通説的な見解は、
①　一項で放棄されたのは侵略戦争であって、自衛や制裁のための軍事行動は放棄されていないが、
②　二項で戦力の保持が禁止され、交戦権も否認された結果、自衛や制裁のための軍事行動も放棄された、

というものでした。この見解は、単一の学者のそれというよりも、学界や議会での議論の主流的な見方を継ぎ接ぎしたものです。私自身は、①には大筋で賛成ですが、②には反対です。

なお、この「通説的な見解」なるものには、今では「従来の」という限定をつけたほうがいいかも知れません。というのも、憲法は集団的自衛権を認めてはいないが個別的自衛権を認めており、そのために必要な戦力の保持も認めている、という従来の――つまり、集団的自衛権の行使を認めた二〇一四年七月一日閣議決定「国の存立を全うし、国民を守るための切れ目のない安全保障法制の整備について」が出される以前の――政府見解に宗旨替えした学者も少なくないようだからです。ただ、この宗旨替えは、内閣法制局が積み上げてきた解釈に単にフリーライドしようとするもので、独自の解釈論的貢献をしようという意気込みは端《はな》からないようですから、本稿で論評する限りではありません。

そこで、学者先生の間で時ならぬ「もてもてぶり」となった従来の政府見解を一瞥しておく必要があります。主として国会における答弁の形で形成されてきただけに、論理の筋道が委曲を尽くして語られてきたわけではないのですが、そこには、次のような思考回路があるものと推測されます。

① 憲法九条は、一項、二項相俟って、軍事行動と軍事力の保有とをひとまず全面的に禁止している。

② しかし、例外的に一三条によって、個別的自衛権の行使とそれを可能にする軍事力の保有とが許容されている。

③ 九条も②を（いわば横合いから）阻害するものではない。

こうした発想は、①の全面黒塗りの中に②がぽっかり白抜きされているという意味で、「白抜き論」などと称されることもあります。個別的自衛権だけは九条の枠組みの外で認めるというわけですから、「外枠論」と呼んでいいかも知れません。実は、第一次大戦以前の古典的な国際法の叙述では、国家の自衛

(self-defense) あるいは自己保存 (self-preservation) の権利は、平時国際法の枠組みの中で扱われるのが作法で、戦争はじめれっきとした軍事行動とは次元を異にすると考えられていたようですから、政府見解の白抜き論・外枠論も、特に奇異なものではありません。しかし本稿は、あくまでも九条それ自体の解釈を目指していますので、政府解釈は、念頭に置いておくに止めます。

Ⅱ　九条一項その二——「国際紛争」とは何か

憲法九条一項には、侵略・自衛・制裁といった類の言葉は影も形もないのに、(従来の) 通説的な見解はなぜこれらの概念・用語を自明の前提ででもあるかのようにして議論することができたのでしょうか。一応は、同項の「国際紛争を解決する手段として」の戦争とは、とりもなおさず侵略戦争を意味するのであり、侵略にあらざる軍事行動として残るものといえば、自衛・制裁くらいしかない、といった式の説明が加えられました。言われてみればそういうものかという気がするものの、どことなくしっくりきません。

そこで、文理解釈という王道に立ち返ってみましょう。法令を含めて、およそテクストの解釈の手始めは、その文字面を読むことです。まずは出だしの「正義と秩序を基調とする国際平和を誠実に希求」という語句は、解釈に直接影響しない修辞的な部分ですから、話を複雑にしないために括弧に入れておきます。

そうすると同項は、

①　国権の発動たる戦争

② 武力による威嚇
③ 武力の行使

の三者を放棄していることになります。このうち①については、およそ戦争と名のつくものはすべて「国権の発動」であり、そうでない戦争は存在しない、と解されていますので、単に「戦争」と書き換えれば済みます。また、①、②、③それぞれの語義について講釈することはできますし、詳しい注釈書などでは実際そうしていますが、要するに軍隊の使い方の類型を思いつく限り並べたものと考えられますので、面倒を避けるため、一括して「軍事行動」と呼んでおくことにします。もちろん、①〜③以外の軍事行動の類型というものを観念しうるのであれば、国際紛争を解決する手段であると否とを問わず許容されていると解されるでしょうが、ここでは立ち入りません。

重要なのは、右の放棄が、あくまでも、「国際紛争を解決する手段としては」という限定つきであることです。「国際紛争」（あるいは「国際紛争を解決する」）とは、もともと、十九世紀以来の条約はじめ外交諸文書中に頻出する différends internationaux（régler des différends internationaux）という定型句の和訳です。例えば、日本も加盟した一八九九年の国際紛争平和的処理条約では、次のように使われています。

第一条　列国間ノ関係ニ於テ兵力ニ訴フルコトヲ成ルヘク制止セムカ為記名国ハ国際紛議ヲ平和ニ処理スルコト（règlement pacifique des différends internationaux）ニ其ノ全力ヲ竭サムコトヲ約定ス

仏和辞書によれば、différend とは、見解・意見・立場等の相違・対立のことであり、これに international がくっつけば、国家間での見解・意見・立場等の相違・対立を意味することになります。仏語の différends にちょうど対応する英単語は存在しないらしく（英語の difference ≒ 仏語の différence＋différend の関係があるようです）、そのため、difference, dispute, controversy, conflict などの表現が充てられました。憲法九条一項の「国際紛争」は、よく知られているように、interenational disputes と英訳されてきましたが、仏訳すればやはり différends internationaux だったでしょう。

世紀転換期（ここでは、十九世紀と二十世紀との間のことです）には、右の国際紛争平和的処理条約を含め、国際紛争を（なるべく）平和的に解決することを約束する夥しい数の多国間あるいは二国間の条約が締結されましたが、では、平和的に処理するとは、具体的に何を意味するのでしょうか。国際紛争平和的処理条約には次の規定があります。

第二条　記名国ハ重大ナル意見ノ衝突又ハ紛争ヲ生シタル場合ニハ兵力ニ訴フルニ先チ事情ノ許ス限リ其ノ交親国中ノ一国若ハ数国ノ周旋又ハ居中調停ヲ依頼スルコトヲ約定ス

同条約は、右の周旋（bons offices）、居中調停（médiation）のほか、国際審査委員による審査および万国仲裁裁判を平和的処理の手段として挙げており、特に仲裁裁判所の組織や訴訟手続については、ほとんど情熱的なまでに詳細な規定を設けています。要するに、（準）司法的手続、今日的な言い方をすればＡＤ

Rが想定されていたのです。

この言葉の意義を論ずる際に必ず引用される先例として有名なのが、常設国際司法裁判所のマヴロマティス・パレスタイン事件判決（一九二四年八月三〇日）です。同判決は、「紛争」（dispute, différend）とは、二人の人の間に存する、法または事実に関する不一致、すなわち法律上の見解あるいは利害に関する対立のことである、といっています。ここでいう「二人の人」を「二つの国」に置き換えれば、国際紛争の定義となるでしょう。ただし、ここで定義が与えられた「紛争」とは、パレスチナ委任統治（よく知られているように、オスマン・トルコ帝国領だったパレスチナは、第一次大戦後、国際連盟規約二二条四項に基づいてイギリスの委任統治地域になりました）に係る委任条項二六条が、委任条項の解釈・適用をめぐる受任国と国際連盟加盟国との間での「紛争」について常設国際司法裁判所の管轄を認めていた、その「紛争」に関するものです。

戦後になると、言葉の定義は一層洗練の度を加えました。国連憲章二条三項に次の規定があるためです。

すべての加盟国は、その国際紛争を平和的手段によって国際の平和及び安全並びに正義を危くしないように解決しなければならない。

憲章の権威ある注釈書は、ここでいう「国際紛争」の意義を次のように説明しています（Bruno Simma et al. (eds.), The Charter of the United Nations: A Commentary, vol. I (3rd ed. Oxford UP, 2012), p. 192）。

「紛争」が発生するのは、一国が特定の要求を他国に対してなし、後者がそれを拒否するときである。したがって、内容の特定された拒否がなされている必要があり、国家間に緊張状態が存在しているだけでは、そこからさらに好ましくない結果が生じ得るとしても、「紛争」の定義を満たすものではない。

なぜかあまり注目されてきませんでしたが、日本政府も、おそらくはこうした解釈に依拠してでしょう、憲法九条一項の「国際紛争」について、一再ならず定義を示してきました。ここでは、金田誠一衆議院議員の質問主意書に対する答弁書（二〇〇二年二月五日付）を挙げておきます。

憲法第九条第一項の「国際紛争」とは、国家又は国家に準ずる組織の間で特定の問題について意見を異にし、互いに自己の意見を主張して譲らず、対立している状態をいうと考える。

ここまできちんとした定義が用意されている以上、同項は、右の意味での「国際紛争」を解決する手段としての軍事行動は放棄し、そうでないものは放棄していない、と解釈すればよいだけでしょう。言葉の上では実に明確な二分論です。

ただ、この定義には使用上の注意が必要でしょう。もし、「国際紛争」を右の憲章注釈書のように制限的に解釈するならば、「特定の問題について……対立している状態」が存しなければ軍事力を行使しても、それは「国際紛争を解決する手段」としてとられた行動ではないこととなり、例えば、他国に対する漠然とした反感や不満を解消するために、いわば「スカッと」しようとして開戦したり、隣国に何の恨みもないが、とにかくその領土や資源がほしいといって突然侵攻することは許される、という結果になりかねません。しかし、右の判決や憲章の注釈書は、裁判所の事物管轄を定め、あるいは、「平和的手段」による解決義務を課す規定のなかで用いられている「(国際) 紛争」を定義する試みでしたから、事の性質上、一定の限定解釈を加えざるをえなかったのでしょう。他方、軍事行動の制限・禁止の文脈では、当事国の一方が、軍事力を用いて自国の意思を相手国に強制する事態を防止することが眼目です。したがって、フォーマルな文書のやり取りなど通じて当事国双方が対立点の存在を明確に認識している場合はもちろんのことですが、そうでなくても、客観的に見て対立点があれば国際紛争ありと考えるべきです。当事国の一方が対立点の存在自体を否定していても国際紛争が存在しないことになりませんし、現実に論争が生じていなくても、議論を提起すれば相手国が反駁することが予想される事態においては、国際紛争の存在が推定されるというべきでしょう。隣国に「何の恨みもないが、お前の領土がほしいのでよこせ」と迫れば反駁されるに決まっています。そこで、平和的手段を省略して手っ取り早く目的を達するために軍事力に訴えることは、やはり国際紛争を解決するためであると見るほかありません。

なお、戦史を繙けば、この種の「本能的侵略」の例はいくらも見出せそうな気がするのですが、実際の国家実行を見ると、前もって何かしら因縁をつけ、一応は「国際紛争」を作出してから軍事行動に取り掛かるのが作法になっていたようです。昔の武士は、仇の寝込みを襲っても、いきなり切り付けたりはせず、枕を蹴り飛ばしてからにしたそうですが、それと似ています。一九三九年のいわゆる「冬戦争」など、ソ連がフィンランドを闇討ちしたのも同然ですが、それでも、事前に領土交換をめぐる応酬があったので、国際紛争があったには違いありません。もちろん、フィンランド軍による反撃が反撃に止まる限り、国際紛争を解決する手段に当たらないことは、後にⅥで述べる通りです。

偶発的な軍事衝突の場合はどうでしょうか。国際連盟が解決しえた地域紛争として著名なギリシャ＝ブルガリア間の国境紛争（一九二五年一〇月）などはその適例です。ここでも、民族間の反目や独立運動など、根の深い事情が背景にあったことは確かですが、国境警備兵間の小競り合いが事の発端で、両国の間の「特定の問題」に関する対立がこじれた結果ではありませんでした。しかし、両国はただちに相手国に対する非難合戦を開始しましたから、ここに国際紛争が生起したことになり、以後、自己の主張を貫徹するために戦闘を続行・拡大すれば、国際紛争を解決するための軍事行動と評価されることになるでしょう。

Ⅲ　九条一項その三――軍事行動の限定的放棄

ではなぜ憲法九条一項は、国際紛争を解決する手段としての軍事行動に限って放棄したのでしょうか。歴史的に、戦争は国際紛争を解決するための手段だと見なされ、しかもそれがほとんどのべつ幕なしに利用されてきたので、この「諸悪の根源」を何はさておき取り除くことが必要であり、そうすればまずは一安心と考えたからだ、と説明するしかないでしょう。いわゆる不戦条約（一九二八年八月二七日）一条が、

「……国際紛争解決ノ為戦争ニ訴フルコトヲ非トシ且其ノ相互関係ニ於テ国家ノ政策ノ手段トシテノ戦争ヲ抛棄スルコト」を宣言したのと同根の思想です。

戦間期・戦後を通じての著名な国際法学者、信夫《しのぶ》淳平は、不戦条約から遡って「既往一百年間に於ける……十六大戦役」――オーストリア・サルデーニャ戦争から第一次大戦まで――は、「全然若くは殆んど政治的性質の紛争に基因せるものであった」と喝破しています（『不戦条約論』（国際聯盟協会、一九二八年）七七頁）。ここで「政治的性質」という語は、「法的性質」の対語として用いられているのですが、いずれにせよ、国際紛争の嵩じた果てに戦争が起こったのです。

戦前の日本の軍事行動も、北清事変（一九〇〇年）や山東出兵（一九二七～二八年）のように、在外公館や居留民保護の自衛的行動として説明できるものや、また、シベリア出兵（一九一八～二二年）のように、チェコ軍団を救援するための武力干渉として説明できるものもありますが、その余の軍事行動は、一八七四年の台湾出兵から始まって、おおむね国際紛争を解決するためであったと考えられます。そして、とどのつまり日本は、中国を満洲事変以前の状態に戻せとするアメリカの要求に対して、中国からの撤兵に頑として応ぜず、抜き差しならなくなった国際紛争をまさに「解決」するために太平洋戦争という荒業に訴えました。ヴィクトリア女王の治世（一八三七～一九〇一年）、イギリスは、大小取り混ぜほぼ毎年、世界のどこかで戦闘に携わっていたそうですが、その多くが国際紛争を解決する手段であったことは、想像に難くないところです。

当時は、一国の富や権威は何よりも領土の広狭によって示されるという牢固たる思い込みがありましたから、国際紛争の主流は、領土そのものの争奪のほか、これと密接不可分の関係にある勢力圏、独立（二十世紀開幕時のヨーロッパでも、バルカン半島、東欧、北欧のかなりの部分が、中世起源の「帝国」の支配下にあって独立を達成していませんでした）、王位などをめぐるものでした。プラスサム・ゲームに持ち込むことも大いに可能な経済・通商問題と違って、これら純然たる政治問題、それも勢力問題とでもいうべきものは、たいていゼロサム・ゲームで、共存共栄を求めての妥協点を探ることが難しいため、「国際紛争」ははじめから喧嘩腰の、戦争を当然のこととして視野に入れたものとなりやすかったといえましょう。

第一次大戦以前においても、郵便、電信、通商、国際私法、（今日的な言い方をすれば）知的財産権などの分野では大いに国際協力が進み、そのための多国間条約も生まれ、二十世紀のはじめには、これだけ経済の相互依存が進んだ先進国間ではもはや大戦争は起こしたくしても起こせないだろう、といった楽観的な観測さえなされていました。しかし、今日から見れば経済問題として分類されるような国際紛争でも、政治的な背景が絡むと諸国はいとも簡単に武力に訴えたものでした。

一九〇二～〇三年に英独伊三国が共同で行ったヴェネズエラに対する「平時封鎖」（三国の国民に対して負う債務の履行をヴェネズエラ政府に対して迫った事例です）は有名ですが、第一次大戦後になっても、似たような手荒な行動が後を絶ったわけではありません。フランスとベルギーが、ドイツの賠償金支払い不履行を咎めてルール地方を占領した（一九二三年）のはよく知られている話です。しかし、当のフランスも、自国の戦債不払いを理由としてアメリカが開戦するのをおそれ、それを防ぐために不戦条約の提案を行った、などという、穿ったというべきか、いささか下司の勘繰りめいた憶測もありました。一九三六年にブエノス・アイレスで開かれた米州会議では、「米州連帯協力原則宣言」なるものが採択されましたが、その第三項(c)では、金銭債務の強制的（つまり軍事力による）回収は違法である、と謳われています。ヴェネズエラ封鎖事件に象徴されるように、何のかのと難癖をつけては軍事介入してきたヨーロッパの大国に対するラテンアメリカ諸国の怨念の深さが窺われます。

すべての戦争を原則として適法だと考える「無差別戦争観」なるものが本当に存在したのかは、簡単に結論の出ない問題だとは思いますが、それに近い状態であったことは間違いないでしょう。国際法の教科書の叙述も、それに追随してずいぶんと割り切った書き方になっていました。世紀転換期の国際法の世界的巨匠ラッサ・オッペンハイムの『国際法第二巻　戦争と中立』（第二版、一九一二年）では、国際紛争（彼は一貫して international difference という言葉を使っていますが、おそらくは、différend international を直訳したのでしょう）が生じた場合の解決手段として、

① 友誼的手段（amicable means）
　交渉（negotiation）
　周旋（good offices）
　居中調停（mediation）
　仲裁裁判（arbitration）
② （戦争に至らない）強制措置（compulsive means）
　報復（retorsion）

復仇（reprisal）
平時封鎖（pacific blockade）
干渉（intervention）
③　戦争（war）

が並列的に、そして今日の感覚からすると驚くほど淡々と解説されています。質量ともに圧倒的なのはもちろん③の戦争で、戦争開始の要件、戦争開始の効果、戦争の終了、といった順序を踏んで、まるで賃借契約についての講義のような語り口です。戦争が国際紛争を解決する手段として、友誼的手段や（戦争に至らない）強制措置と並ぶ、そして、この点こそ重要なのですが、それらとの間で取捨選択可能な、まったく適法な手段とみなされていたことが実感として伝わってきます。戦争こそ、国際紛争に際して、妥協を排し自国の意思を相手国に強制する窮極の解決手段でした。ですから、国際紛争を解決する手段としての軍事行動は、必然的に攻勢的であって、これが「侵略（戦争）」と言い換えられたのももっともなことでした。

こうした戦争観の下ではむしろ、国際紛争を解決する手段でない戦争というものはそもそも観念されえなかった、というべきかも知れません。確かに、純粋に自衛的な軍事行動が実在したかも知れませんが、当事国の理非曲直を問わず戦時国際法が交戦国に平等に適用され、自衛のためにやむなく反撃する被侵略国にも、世論の同情はともかく、国際法的には特段の特権は与えられないのですから、その限りで、防衛的な軍事行動を、国際紛争を解決する手段としての戦争と別のカテゴリーとして観念する実益はなかったでしょう。

こうした、「攻守一如」的な見方は、ある程度は、国家間のせめぎあいの現実の姿に裏打ちされていました。実際、先に宣戦布告をした国が相手国にコテンパンに打ちのめされる例は、太平洋戦争の日本や北清事変の清はじめ、いくらもありました。また、「切取り強盗武士の習い」を地でいった時代のことですから、小国は小国なりに、隙あらば他国の弱みに付け込もうと虎視眈々機を窺っていました。第一次バルカン戦争で、最初にオスマン・トルコ帝国に宣戦を布告したのは、貧しい山岳国家モンテネグロです（一九一二年一〇月八日）。その「首都」ツェティニェは、在外公館が集まっていたとはいえ、住民わずかに五千人の村でした。総人口五十万の国が、なお巨大な版図を擁する老帝国からその領土を掠め取らんものと、バルカン同盟諸国の先陣を切ったのです。

要するに、戦争すなわち国際紛争を解決する手段としての戦争、でした。だからこそ、不戦条約で国際紛争を解決する手段としての戦争が違法化されてしまうと、およそ戦争一般が禁止されたかのように感じられ、音頭とりのアメリカ政府は、自衛権の行使が同条約のいわば枠外で当然に保障され、かつ同条約が、侵略国に対する制裁あるいは共同防衛について定めた連盟規約・ロカルノ条約と何ら矛盾しないことを、フランスはじめ関係国に力説しなければなりませんでした。こうした経緯が、憲法九条一項の下でも自衛・制裁のための軍事行動は放棄されていないという（従来の）通説的な見解に強く影響していることは、改めていうまでもありません。

国際紛争を解決する手段としての戦争が禁止されてはじめて、国際紛争を解決する手段ではない軍事行動とは何であるのか、が問題化したわけですが、不幸なことに不戦条約は、締約国が地球上をほとんど覆い尽くした一九三〇年代末に、その実効性をあらかた失ってしまいました。憲法九条一項は、戦間期から持ち越された議論を再開させたのです。

Ⅳ　九条二項その一――ちゃぶ台返しの解釈

ところが、Ⅰ～Ⅲで長々と論じてきたことは、実は一切無駄だったのかも知れません。というのも、（従来の）通説的な見解は、九条二項前段がすべての戦力の保持を禁止している以上、結局、国際紛争を解決する手段ではない軍事行動もすべて実行不可能になる、と説くからです。かくして、日本国憲法における戦争の放棄は「非常に深い程度のもの」であって、古今の条約にも他国の憲法にも類例を見ない「てってい的」なものである（指導的な国際法学者、横田喜三郎の表現）と認識されるわけです。同項後段の、「国の交戦権は、これを認めない」という規定を、戦うことを一切合切禁止する趣旨だと読めば、同じことになるでしょう。

しかしこうした解釈は、少なくとも伝統的な法解釈の常道を外れています。確かに、法令のある一つの「条」が二つの（あるいはそれ以上の）「項」からなっているとき、それらの「項」相互間の論理的な関係がどうなるのか、決まったルールがあるわけではありません。一項の規定内容を、二項で、ある特定の場合に拡張するとか限定するとかするのがよくある在り方ですが、そうと決まったものではないでしょう。しかし、一項で軍事行動を一定の範囲で認めておきながら、二項でそれを全面的に覆して無意味化・無効化するというのは尋常ではありません。規定が存在する以上は、それぞれにそれなりの意味を与える、昔風の言い方をすれば、それぞれにその所を得しめる、というのが解釈論の常道です。ラテン語の法諺に *Ut res magis valeat quam pereat* というのがあり、ことは無効ならしむるよりも有効ならしむるを可とす、という意味だそうで、九条に即していえば、一項と二項とが矛盾しないように、しかしそれぞれに存在意義を与えるような解釈をせよ、ということになります。そうだとすれば、日本語の続き加減としてはスムーズではありませんが、二項前段の「前項の目的を達するため」という文言は、一項で国際紛争を解決する手段としての軍事行動を放棄したその目的を達するため、と読むしかなく、その結果、それ以外の軍事行動に必要な程度の戦力の保持は許容されると解さなければなりません。かくして、二項前段は、軍備制限あるいは軍備管理の規定として機能することになります。

戦争の禁止・制限が、軍備の縮小を論理必然的に要請するものであることは、十九世紀から広く認識されていました。一八九九年、一九〇七年の二回にわたるハーグ万国平和会議では、結局、先に見た国際紛争平和的処理条約や、軍事行動の部分的な規制に係るいくつかの条約以外、目に見える成果を挙げるには至りませんでしたが、軍縮が目標とされていたことはよく知られている通りです。国際連盟規約は、一定の範囲で戦争を禁止し（一二条、一三条、一五条）、それを実効あらしめるために、軍縮についてかなり詳細な規定を設け（八条、九条）、新規加盟国には、軍備に関する連盟の「準則」を受諾することを要請しました（一条二項後段）。不戦条約は、当時としては戦争の全面禁止を締約国に義務づけたものと考えられたのですから、それに伴って、保有されるべき軍備も（多分大幅に）縮小されるのが論理の必然でしょうが、不戦条約には軍縮条項はありません。しかし、さすがに識者の間ではその必要性はよく認識されていて、条約締結に向けて尽力したコロンビア大学の歴史学者ジェームズ・ショットウェルら民間有識者が起草した条約案（一九二七年五月）には、軍縮条項が備えられていましたし、シュトレーゼマン独外相名の対米公文（一九二八年四月二七日付）でも、軍縮努力の重要性が強調されています。憲法九条二項前段は、こうした伝統に棹差すものだといえるでしょう。

ところがこのように解すると、それでは九条二項前段は単に一項の意味内容の論理的な帰結を述べているにすぎず、その意味で不要な規定になるのではないか、という批判が出そうです。なるほど、軍事力の行使が一定の範囲に限定されてしまえば、保持できる戦力の範囲もそれに応じて当然に限定される、と考えるのが論理的ではありましょう。

しかし、一個の法典の内容も、論理的な完璧はなかなか期し難いものがあり、理屈をいえば不要な確認的規定が混入する事例はいくらでもあります。例えば、行政権が内閣に属する（憲法六五条）のであれば、改めて、「法律を誠実に執行」すること（七三条一号）を内閣の権限の筆頭に挙げる必要はないのですが、こうした規定振りに不都合があるわけではありません。

それに、現実の歴史を見れば、二項前段を単なる確認的規定として見過ごすわけにはいきません。そもそも、連盟規約に基づく軍縮の努力がついに具体的な成果を挙げられなかったことは、よく知られています。不戦条約の締結交渉が佳境を迎えた時期に、軍縮会議準備委員会（連盟規約八条に基づいて連盟理事会が設置したものです）では、多くの対立点の中でも、海軍軍縮を巡って、艦種別トン数制限を主張するイギリスと、全艦種を通算した総トン数の制限を主張するフランスとが鋭く対立していました。両国が、艦種限定（具体的には、備砲六インチ超八インチ以下で一万トン以下の水上艦艇と六百トン超の潜水艦）の建造制限で手打ちを図ると、今度はアメリカ（国際連盟非加盟国ながら同委員会のメンバーでした）がこれに強硬に反対して、戦争放棄などどこ吹く風といった有様でした。論理においては、軍事行動の禁止・制限が軍備制限を当然に含意するにしても、目論見通りに事が運んだわけではありません。ここに、一方的な軍備制限条項あるいは軍備管理条項としての九条二項前段の意義が認められるのです。

V　九条二項その二――交戦権

九条二項後段の「交戦権」が、国際法上の厳密な意味での戦争において交戦国に認められる諸種の権利――敵将兵の殺傷、軍事目標の破壊、中立船の臨検、敵船の拿捕、敵地の占領、窮極的には征服、等々――を指す、と解することで異論はありません。交戦権否認条項には、「前項の目的を達するため」という断り書きはかかっていませんから、国際紛争を解決する手段であるか否かを問わず、すべての戦争について交戦権が否認されていると解するほかないでしょう。交戦権がフルに行使される「のびのびとした」戦争は、国際紛争を解決する手段として利用されるおそれが強いでしょうから、同条一項と平仄が合っています。しかし、Ⅵで述べるように、同項は、戦争といえどもカテゴリカルには放棄していないと解されますが、二項が交戦権を全面的に否定してしまえば、結局すべての戦争を放棄したのと同じことになってしまうのではないか、という疑問が生じます。

最近では、国際法の教科書でも語られなくなりましたが、かつては（漠然とした言い方ですが、だいたい第二次大戦後もしばらくの間は）戦争という法的状態が存在しているか否かは、発砲、殺傷、破壊などの敵対行為が現実に生起したか否か、生起したとしてその規模や深刻度がどの程度か、によっては左右されず、もっぱら、「戦争をするんだ」という当事国の主観的な意思が存在しているか否か、によって決まると解されてきました。平たく言えば、宣戦布告をしさえすれば、当事国間では戦争が開始されて戦時国際法が全面的に適用されるのです。厳密にいえば、宣戦布告以外の手段によっても戦争が開始されることはありうると考えられていましたが、この点で厳密な議論をしても始まらないので、これ以上立ち入りません。

第一次大戦で、キューバ、ニカラグア、パナマ、コスタリカ、ハイチ、ホンジュラス、グアテマラ（他にもあったかも知れません）は、ドイツに対して宣戦布告をしましたし、最初の三か国は、ご丁寧にもオーストリア・ハンガリー帝国に対してまで宣戦布告をしたのですが、敵対行為は何ら生じませんでした。これでも国際法上は交戦国となりましたから、これら三か国は、対独講和条約であるヴェルサイユ条約はもちろんのこと、対墺講和条約のサン・ジェルマン条約の当事国にもなりました。

交戦権が否認される以上、日本は戦争が開始されても交戦権の行使としての敵対行為はなしえないのですが、敵対行為なしでも戦争は存在しうるので、その限りで、九条一項が完全に無意味になるわけではありません。侵略国に対して日本が宣戦を布告し、第三国に中立義務を遵守させることが防衛上有利である、といった事例が、至って観念的にせよ考えられます。なお、国際紛争を解決する手段でない限り軍事行動を禁止されるものではありませんから、Ⅵで述べるように、その範囲で、侵略国に対して防衛上必要な軍事行動をとりうることは、いうまでもありません。

より重要なのは、少なくともかつての国際法の観念では、戦争は自国の一存では放棄し切れなかった、という点です。戦争の開始は一種の単独行為で、一国が宣戦布告をすれば、相手国が望まなくても戦争が開始されます。戦間期の指導的な国際法学者、立作太郎《たちさくたろう》の解説を聞きましょう（立「戦争の開始」法律学辞典第三巻（岩波書店、一九三六年）一五七三頁）。

現時の国際法上、一方の国より対手国に対して宣戦が行はるるときは、仮令《たとい》対手国は戦争状態の開始を欲せずとするも、当然戦争状態の開始が認めらるるのである。

そして、ひとたび戦争が開始されたとなると、こうなります。

戦時法規及び戦時に有効なる条約に抵触せざる限りは、如何なる加害行為をも行ふを得べく、対手国を征服してこれを併合することをも為し得べく、且つ一旦戦争が起れる以上は、仮令対手国が戦争の原因となれる主張を譲歩するも、直ちに戦争行為を止むるの必要無く、戦争の経過如何に依り時々講和条件を変更するも不可なることは無いのである。

現在もなお、こうした古典的な戦時国際法の存在が認められるのか、私には何とも言えませんが、少なくとも日本国憲法制定時にはなお残存していたといえるでしょう。一九四五年八月八日にソ連は日本に宣戦を布告しました。日本は宣戦布告をしませんでしたが、それでも日ソ間では国際法上の戦争が開始されました。侵略国から戦争を仕掛けられた場合でも、憲法九条二項後段は、国際紛争を解決する手段として利用されることを警戒して、交戦権の行使を禁止したのです。くどいようですが、国際紛争を解決する手段にわたらない範囲でなら、侵略国に対して防衛上必要な軍事行動をとることができます。

Ⅵ　結論——国際紛争を解決する手段ではない軍事行動

Ⅰ～Ⅴで述べたように、憲法九条一項は、国際紛争を解決する手段としての軍事行動を放棄し、そうでないものは許容する、という明快な二分法を採用しており、同条二項は、そのことを戦力と交戦権の面から裏打ちしている、と私は考えています。したがって、日本のあれこれの軍事行動が同条に違反するか否かは、もっぱら、それが国際紛争を解決する手段か否か、という単一の基準によって判別されます。換言すれば、軍事行動に関する在来の国際法上のカテゴリー——例えば、戦争、自衛、制裁、報復、復仇、封鎖、干渉、占領、国連平和維持活動、さらには、格別の名前がついていない雑多な軍事行動——のいずれをとっても、それ自体として合憲か違憲かを問うことに意味はなく、国際紛争を解決する手段であれば違憲であり、そうでなければそうでない、と答えるしかありません。ただ、国際紛争を解決する手段として利用することは許されない以上、同条の許容する軍事行動が防衛的・警察的なものに限定されてくるでしょう。

以上のように解すれば、例えば、国連安保理決議に基づいて他国を空爆することも、人道上の目的から、安保理決議なくして、他国領域内の過激派根拠地を空爆することも、国際紛争を解決する手段でなければ合憲です。反対に、同項は、国際紛争を解決する手段としてであれば、「武力による威嚇」も禁止していますから、例えば、南シナ海での中国による海洋埋立てについて日中間で見解の対立がある場合、中国の行動を抑止する目的をもって同海域で大規模な軍事演習を行うことは、国際紛争を解決する手段としての「武力による威嚇」に当たるのではないか、を検討する必要があります。

したがって、憲法九条が個別的自衛権をカテゴリカルに許容しているか否か、を問うても詮無いことです。ただ、個別的自衛権は、「急迫し、圧倒的で、他の手段も熟慮のための時間もない自衛の必要性」(一八三七年に起こったカロライン号事件に関する、いわゆる「ウェブスター・フォーミュラ」と呼ばれるドクトリンです)に基づいて行使される限りでは、国際紛争を解決する手段に当たることはまず考えられません。とりわけ日本政府が示してきた個別的自衛権行使のいわゆる三要件(①わが国に対する急迫不正の侵害があること、②これを排除するために他に適当な手段がないこと、③必要最小限度の実力の行使に止まること)が遵守されている場合には、ますますそうでしょう。先に紹介した(従来の)通説的な見解に私が「大筋で」賛成できるのは、この限りでのことです。ただ、個別的自衛権の行使であっても、それを奇貨として、同時に国際紛争を解決する手段として利用することは、憲法九条一項下ではもちろん許されません。一九六〇年のコンゴ動乱にあたってベルギー政府は、コンゴ領域内の自国民を保護するためとして同国に出兵しましたが、実は、カタンガ地方におけるベルギーの鉱山利権を保護する下心があったのではないかと疑われました。こうした派兵が個別的自衛権の行使として許されるか否か自体、大問題ですが、かりに許されるとしても、利権をめぐる紛争を解決するために利用することは、憲法九条の下であれば許されないのです。

（従来の）通説的な見解が、同項において、個別的自衛権から進んでさらに集団的自衛権もまた許容されていると解しているのか否か、ははっきりしません。二項でどのみちあらゆる軍事力行使の可能性を封じてしまっていると解する以上、一項の許容限界を細かく議論しても実益がないからでしょう。しかし、侵略に対するリアクションという点では集団的自衛権も個別的自衛権と異なるところはないでしょうから、その限りで「国際紛争を解決する手段」には当たらないことになります。ただここでも、集団的自衛権の行使を、国際紛争を解決するための手段に転用することは許されません。自国に対する侵略が生じていない段階で他国を軍事的に支援するわけですから、それが国際紛争を解決する手段の偽装である可能性は、個別的自衛権の場合よりも高いことに注意する必要があるでしょう。また、ここは見解の分かれうるところだと思いますが、Ⅲで述べた一項の精神からして、被支援国の軍事行動が国際紛争を解決する手段となっている場合には、日本は、集団的自衛権を名分としても、当該国を軍事的に支援することは許されないと思われます。

なお、（従来の）通説的な見解は、制裁目的の軍事行動を認めていたのですから、その上で集団的自衛権を否定するのは困難だったでしょう。両者は、国際法上の概念としては別物ですが、機能的には重複しうるからです。一九九〇年のいわゆる第一次湾岸戦争の際、国連安全保障理事会は、湾岸海域で海軍力を展開中の加盟国に対して、出入航する船舶に対する停船・臨検等の実力行使を認めました（同年八月二五日付決議六六五号）。この措置が、講学上の「制裁」そのものではないとしても、それに近似したものであることは否定し難いと思われますが、米英両国は、クウェートの要請に基づく集団的自衛権の行使として自国の行動を正当化しました。

以上に述べた、国際紛争を解決する手段か否かで二分する解釈論の下では、許容される軍事行動の範囲が茫漠たる広さをもちえます。さすがに第二次大戦後は、領土や資源ほしさの、実に分かりやすい戦争は次第に影を潜め、軍事行動は、防衛的・警察的な目的を名分に掲げて起こされるようになってきています。そこで、国際紛争（を解決する手段）という言葉の解釈次第ではありますが、この種の軍事行動が憲法上押し並べて許容されるという事態が生じかねません。

この点ではむしろ、国際法上の規則のほうが重要になってきつつあるようです。憲法九八条二項の議論には立ち入りませんが、国際法上禁止されている軍事行動は、憲法の解釈がどうであれ、結局は行いえないからです。例えば、最初に宣戦布告をすることそれ自体が侵略だという考え方があり（侵略の定義に関するロンドン条約（一九三三年七月三日）二条一号）、また、軍事力による港湾・沿岸の封鎖（侵略の定義に関する決議（一九七四年一二月一四日）三条(c)）、武力行使を伴う復仇や武力干渉（友好関係原則宣言（一九七〇年一〇月二四日））は、違法となったと考えられます。したがって、これらの軍事行動がかりに国際紛争を解決する手段として用いられるのではない場合があったとしても（したがって、憲法九条の下では許容されても）、やはり行うことはできません。より一般的には、国連憲章が厳重な歯止めをかけています。憲章は加盟国に対して、国際紛争の平和的解決を義務づける（二条三項）のみならず、国際関係における軍事行動を一般的に禁止し（同条四項）、加盟国が独自の判断でとりうる軍事行動を個別的・集団的自衛権の暫定的行使に限定しているかに見え、しかも、その行使を武力攻撃の発生に係らしめています（五一条）から、この点で、憲法九条よりも軍事行動禁止の範囲が広いと考えられます。したがって今後は、憲章が例外的に許容している軍事行動の範囲を研究することが必須であると考えられます。

11. 国王も神と法の下にある

――「絶対王政」対「法の支配」？

――長谷部恭男
Hasabe Yasuo

「法の支配」は、その対立概念として言及される「絶対王政」とともに、憲法の教科書でしばしば扱われるが、歴史的文脈に即した正確な説明がなされることは稀である。本章では、ジェームズI世とエドワード・クックの対論を例にとって、解説を試みる。

＊Aは弁護士。現在、所属する法律事務所のロンドン支部で勤務中。ロンドンを訪れた同級生Bを観光案内している。Bは大学の准教授。専門は憲法。

A：さあ、ついた。〈とタクシーをおりて白亜の建物に入る。階段を昇ると大広間〉

B：フワー！　これってすごくない？　とくにこの天井画。

A：だろう？　ルーベンスだよ。これだけの規模の彼の天井画は、ヨーロッパ広しといえども、ここくらいのものだろうね。この建物はBanqueting Houseといって、ジェームズⅠ世（1566-1625）がイニゴウ・ジョーンズ[1]に造らせたものでね。チャールズⅠ世（1600-49）がルーベンスに、父親のジェームズⅠ世をたたえる大天井画の制作を依頼したんだ。チャールズがその後、内乱で処刑されたのもここだし、その息子のチャールズⅡ世が戴冠式を挙行したのもここなんだ。

〈B、無言で天井画にみとれている〉

Ⅰ　絶対王政とは何か

――セント・マーティンズ・レーンのカフェ。Aは魚介のパスタにソーヴィニオン・ブランのカラフ、Bはステーキ・サンドウィッチのフレンチ・フライ添えにグラスのピノ・ノワール。

A：ロンドンも店を選べば結構おいしいものが食べられるようになってるんだよ。
B：そうね……。
A：さっきから静かだね。旅の疲れ？
B：そうじゃないの。さっきの天井画で、ちょっと考え事をしてて。ほら、ジェームズＩ世って、芦部先生の『憲法』の教科書にも登場するでしょ？
A：そうだったっけ。憲法なんて学生時代以来、勉強してないからなぁ。
B：ほら、ここよ。〈と言って、タブレット端末を取り出してクリップを示す〉「『法の支配』という項目のところだけど、次のようにおっしゃってるでしょ？[2]

ジェイムスＩ世の暴政を批判して、クック（Edward Coke, 1552-1634）が引用した「国王は何人の下にもあるべきではない。しかし神と法の下にあるべきである」というブラクトン（Henry de Bracton, ?-1268）の言葉は、法の支配の本質をよく表わしている。

A：ウーン、よく分からないけど、ありがたそうな話ではあるね。

（1）Inigo Jones（1573-1652）イギリスの建築家。簡素・優美なパラディィオ風建築様式をイタリアに倣って導入したことで知られる。
（2）芦部信喜〔高橋和之補訂〕『憲法〔第六版〕』（岩波書店、二〇一五年）一四頁。芦部信喜『憲法学Ｉ』（有斐閣、一九九二年）一〇六頁にも同旨の記述がある。

B：*Quod Rex non debet esse sub homine, sed sub Deo et Lege.*

A：何それ？

B：クック（エドワード・クック Sir Edward Coke (1552-1634) イングランドの裁判官・政治家。一五七八年に法廷弁護士の資格を得る。エリザベスI世治下で法務総裁、庶民院議長等を、ジェームズI世治下で法務総裁、王座裁判所首席裁判官、枢密顧問官等を歴任したが、ジェームズの不興をこうむって裁判官職を解かれた後は庶民院議員として活動。権利請願（1628）は主に彼の手になる。）が言ったことになってるラテン語のせりふ。(3)「国王は何人の下にもあるべきではない。しかし神と法の下にあるべきである」という。ね、もっとありがたそうでしょ？

A：よく分からないけど、ありがたそうな感じはするね。

B：問題は、そのよく分からないってとこね。芦部先生の教科書って、ときどき、スッと飲み込むわけにはいかなくて、念入りに注釈を加えないといけないところがあって。(4)で、ここもそういう箇所の一つというわけ。

A：一見したところ、何の不思議もない記述だけど。自由の闘士クックが、暴政を行うジェームズI世から一本取ったって場面なんだろう？

B：まず、ジェームズI世って暴政（tyranny）を行う専制君主（Tyrant）だったかって問題があるわね。少なくとも彼自身は、そうは思ってなかったでしょう。

A：そりゃ、本人はね。盗人だってシラを切る奴はいるし。

B：ジョン・ロック（1632-1704）は『統治二論』で、ジェームズI世のことを「ものごとがよく分かっていた博識な君主 that Learned King who well understood the Notions of things」と形容しながら、ジェ

ームズ自身の議会での演説を引用しているわよ。ほら。(5)

王（King）は、二重の誓約によって、その王国の根本法を遵守するように自身を義務づけている。すなわち、暗黙裡には、王は、王であること自体によって、彼の王国の人民と法とをともに保護する義務を負い、明示的には、戴冠式における誓約によって同じ義務を負う……確立された王国を統治する王は、その法に従って支配することをやめれば、直ちに王たることをやめ、専制君主（Tyrant）に堕する。

A：つまり、王と専制君主とは国法を遵守するか否かで区別されるけど、ジェームズ自身は、自分は法を守っているから専制君主じゃないと言っているわけか。

B：そういうこと。

A：とは言っても、ジェームズって王権神授説の主唱者で、絶対王政を確立しようとした君主だってことになってない？　高校の世界史の時間にはそう教わったけどなぁ。

（3）*The Selected Writings of Sir Edward Coke*, ed. Steve Sheppard, Vol. 1 (Liberty Fund, 2003), p. 481.

（4）長谷部恭男『続・Interactive 憲法』（有斐閣、二〇一一年）第6章「教科書の読み方」参照。

（5）John Locke, *Two Treaties of Government*, Second Treatise, ed. Peter Laslett (Cambridge University Press, 1960), pp. 399-400 [s. 200]; 邦訳〔加藤節訳〕『統治二論』（岩波書店、二〇〇七年）三五四頁。邦訳に忠実には従っていない。ロックはジェームズの演説を印刷時の表記に即して一六〇九年としているが、実際には演説は一六一〇年三月に行なわれた。

B：だとすると？

A：絶対君主だっていうことは、あらゆる法から自由で縛られないし、そもそも自分だけで専権的に法を制定する存在だということだろう。絶対主義の absolutism って、解き放つという意味の absolve から来てるんだよね。君の得意のラテン語で言うと、*princeps legibus solutus est* というやつだよ。(6)

B：学があるのね。ウルピアヌスの格言を知ってるなんて。

A：冷やかすのはやめてもらえないかな。学説彙纂を引用すると、同業者も見る目が多少変わってくるんだ。

B：話が込み入ってるから、ここも一つ一つ行きましょう。まず、絶対君主であることは、専制君主であることとイクォールなのか？

A：それがイクォールでないとすると、ビックリしちゃうね。

B：ボシュエ（1627-1704）って知ってるでしょう？　ルイXIV世（1638-1715）の宮廷付きの聖職者だった。

A：世界史で習った。フランス絶対王政の理論的支柱だった人だ。

B：そのボシュエは、絶対的統治（gouvernement absolu）と専制的統治（gouvernement arbitraire）とは違うって言ってるわよ。絶対君主は神以外には誰にも責任を負うことがなく、誰によっても強制を受けることはないけれども、王国の法は自らの意思で守るもので、だから他者と同様に法の下にある。(7)他方で、専制体制の下では、人民は生まれながらに奴隷であって自由ではなく、すべての財産は君主に属するから他の誰も財産を所有したり相続したりすることはなく、君主は物だけではなく人の命も自由に処分する、つまりそこには法はなく、君主の意思だけがある[8]、というわけ。
A：何だか頭が混乱してきたな。でも、ボシュエもそうだと思うけど、ジェームズも王権は神様から直接授かると言ってるわけだよね。他人と同じように法を遵守しないといけないとすると、何のためにそんなことを言ったんだろう。
B：王権を神から授かることとは、絶対王政か制限王政かとは論理的には無関係のはずよね。制限された王権を神から授かるということだってあり得るわけだし[9]。
A：理屈としてはありだけど。
B：王権神授説が何を論理的に否定しているかを考えた方が、話としては分かりやすいのよ。
A：何を否定しているわけ？
B：人民の抵抗権、そして教皇をはじめとする教会勢力の反抗ね[10]。ジェームズの王権神授説の肝心な点は、王はその権限を神から直接に授かっているっていう点。つまり、神から人民にまず自主自律の権利が与

(6)「君主は法に拘束されず」学説彙纂 I, iii, 31。
(7) Jacques Bénigne Bossuet, *Politique tirée des propres paroles de l'Écriture sainte* (Dalloz, 2003 (1864)), pp. 82-87.
(8) *Ibid.*, pp. 278-79.
(9) Glenn Burgess, *Absolute Monarchy and the Stuart Constitution* (Yale University Press, 1996), p. 95.
(10) *Ibid.*, pp. 96-102. ルターは夙《つと》に、人民の抵抗権と教皇の権威を否定して世俗の諸君主の権威の強化を訴えた。君主の間で彼への支持が拡大した要因の1つである (John Neville Figgis, *Studies of Political Thought from Gerson to Grotius 1414-1625*, 2nd ed. (Cambridge University Press, 1956 (1916)), pp. 55-72)。

えられて、それが君主に委譲されているという社会契約説も否定されるし、神から教会に与えられた権限のうち、世俗の支配権のみを君主が教会から授かったという議論の筋も否定される。だから、王の政治が気に食わないからといって、人民が実力で抵抗することもできないし、教皇が君主を破門して人民の服従義務を解除することもできない。

ほら、ジェームズのお母さんのメアリ・スチュアートって、臣下の反抗にあって無理やり王位を譲らされた挙げ句にイングランドに亡命せざるを得なかったでしょう。ジェームズが後を継いだエリザベスI世（1533-1603）も、教皇から破門された後、国内のカトリックに何度も暗殺されかかったし。それにジェームズ自身、イングランドの王位を継いだ翌々年の一六〇五年にはガイ・フォークス一味の火薬陰謀事件で国会議事堂もろとも吹っ飛ばされそうになってる。

A：宗教がらみの反乱は、当時のヨーロッパでは日常茶飯だったわけだ。フランスでも、一六一〇年にアンリⅣ世が狂信的カトリック教徒に暗殺されてるね。それに反乱ということなら、ルイXⅣ世も子どものころにフロンドの乱を経験してる。

B：だから、実力で抵抗するのはともかくやめなさい、社会秩序の維持が第一だっていうのが、王権神授説の核心なのよ(11)。それが、王が責任を負うのは神に対してのみだという主張と結び付くわけ。

A：でも実力で抵抗ができないとすると、法に従って統治するといっても、いざというとき実効性がないんじゃないかな。

B：政府に不満があっても、やたら実力で抵抗しちゃいけないというのは、現代の法治国でも同じことでしょ？

A：現代の法治国家なら、裁判所に訴えることができる。

B：それは当時のイングランドでも同じこと。法に違背する王の行為は無効になるってマシュー・ヘイル（マシュー・ヘイル Sir Matthew Hale (1609-76) イングランドの裁判官。在職は、クロムウェル治下と王政復古後のチャールズII世治下にまたがる。一六七一年に王座裁判所首席裁判官就任。主著の『イングランドのコモンローの歴史 The History of the Common Law of England』は、没後の一七一三年に刊行された。）も言ってるわよ。[12] もちろん、救済の範囲が今と同じというわけにはいかないでしょうけど。

A：じゃあ、主権者たる王がみずから法を制定するというのは？ *quod principi placuit, legis habet vigorem* というじゃないか[13]。自分が制定する法だったら、中身も自分で自由に決められそうだよね。

B：そう簡単でもないのよ。たとえば、フランスで代表的な主権論者というとジャン・ボダン[14]だけど、彼の言う主権の核心は、たしかに誰の同意を得ることも条件とせず、自由に法を定立する権力ね。つまり、

(11)　火薬陰謀事件後の一六〇六年五月、英国国会はカトリック教徒を念頭に、君主を廃位し服従義務を解除する教皇の権能を否認する宣誓（Oath of Allegiance）を要求する法律を制定したが（誓約を二度拒否した者は財産没収の上、収監される）、教皇パウロV世は、同年九月に英国内のカトリック教徒に対し、この宣誓を禁ずる令書を発した。これに対してジェームズは、宣誓要求を正当化する文書 'Triplici nodo, triplex cuneus' を公表している（King James VI and I, *Political Writings*, ed. Johann Sommerville (Cambridge University Press, 1994), pp. 85 ff.）。

(12)　'Sir Matthew Hale's Criticisms on Hobbes's Dialogue of the Common Laws', in Sir William Holdsworth, *A History of English Law*, Vol. V, 3rd ed. (Methuen, 1978 (1945)), p. 508; see also Burgess, *supra note* 9, p. 139.

(13)　「君主の意思するところは何であれ法となる」学説彙纂 I, iv, 1°。ウルピアヌスの言明。

元老院とか人民とかの同意がないと立法ができないとすると、君主は主権者とは言えないことになる。⑮でも彼によると、君主が自国の法を遵守すると臣民に対して約束した場合には、その約束は守らないといけない。で、だいたい王様は戴冠式で臣民に対して、国の法を守ると約束するものでしょう。

A:イングランドは、そこはどうなんだろう。

B:ジェームズの言うことも似たようなものね。たとえば、ロックが引き合いに出してる一六一〇年の議会演説でも、さっき見たように国法は遵守すると言ってるし、同じ演説で、王が従うべき法は、「本来、王のみが制定するものだ」と言いながら、「しかし、それは人民の請願に基づくもので、王がそれに対して裁可を与えることになる」と、すぐに言い添えてるの。それがイングランドという確立した王国での立法原則だからというわけで⑯。そして、イングランド古来のコモンローには、不明確なところや不確定なところがあるから、その改革もするつもりだけど、「つねに議会の助言を得て always by the advice of Parliament」それを行なうとも言ってるわ⑰。

A:つまり、純粋理論と現実政治は違うってわけか。

B:そう、国王は本来の姿としては(in their first original)全く自由に、神のみに責任を負って立法することもできるはずだけど、実定法制の確立した(settled in civility and policy)イングランドという個別具体の王国では、そうはいかない。だって、そもそも議会から徴税の同意を得ないと十分な税収も得られないわけだから。議会のご機嫌をわざわざ損ねようとは思わなかったはずよ。

A:とはいえ、ジェームズは議会の承認なしに関税を内陸部の諸州にも課したり、独占的特権を特定業者に付与しようとしたりして、議会との対立を招いたんじゃなかったっけ。

B：小競り合い程度のことはあったけど、国王も議会も、そう深刻な対立にすべきではないとは思ってたはずよね。少なくともジェームズI世の治世の間は。

A：となると、例のエドワード・クックとジェームズの対決はどういうふうに理解すればいいんだろう。

(14) Jean Bodin, *Les six livres de la république*, vol. I (Fayard, 1986 (1576)), p. 306 [I. 10]. 本書が刊行されたのは、サン・バルテルミの虐殺（一五七二年）に代表される激烈な宗教戦争の最中のことであった。ボダンは、統一的主権の下での平和は真の信仰の確立に優るとのポリティク派の思想潮流に属する。

(15) *Ibid.* ボダンは、君主がこうした最高で自由な立法権を全く無制約に行使し得るとは言っていない。君主の主権は神法および自然法の制約を受け（*ibid.*, pp. 187-88 [I. 8]）、他国の君主や自国の臣民との約束にも拘束される（pp. 193-95）。また、君主はその権限の基礎となる王国の基本法に反することもできない（p. 197）。この点については、さしあたり、長谷部恭男『憲法学のフロンティア』（岩波書店、二〇一三年）八二頁参照。

(16) King James, *Political Writings*, *supra note* 11, p. 183.

(17) *Ibid.*, pp. 186-87. スペリングを現代風に直している。マシュー・ヘイルも議会両院の助言と承認がない限り、国王が立法権を行使し得ないことを指摘する（'Sir Matthew Hale's Criticisms on Hobbes's Dialogue of the Common Laws', *supra note* 12, p. 508）。他方で、クックが援用するブラクトンの時代（ヘンリーIII世の治世）には、議会の構成も確立しておらず、国王の違法行為にいかなる救済があり得るかも不明確であった（Sir William Holdsworth, *A History of English Law*, Vol. II, 4th ed. (Methuen, 1982 (1936)), pp. 252-56; フレデリック・メイトランド〔小山貞夫訳〕『イングランド憲法史』（創文社、一九八一年）一三五頁）。

Ⅱ　クックは何を求めたのか

給仕：食後はどうなさいますか？

B：私はエスプレッソお願い。A君は？

A：ボクも同じで。

B：芦部先生が言及しているクックとジェームズの対決だけど、ここはカントロヴィッチの『祖国のために死ぬこと』の記述から行きましょう⑱。お芝居じみてて分かりやすいから。

ジェームズⅠ世は、星室庁の会議で、普通は空席となっている王座にすわり、自分がつねにコモンローを守るであろうと宣言した。これに対してエドワード・クック卿は、「ちがう、コモンローが王を守るのだ」と異を唱えた。怒った王は、クックに握りこぶしを振り上げ、「私は、法が理性にもとづいて作られていること、そしてその理性を、裁判官と同じく、王ももまたもっているといいたいのだ」といった。それに対しクックは、静かに次のように答えた。じっさい王は、自然の本性において卓越している。「しかし王は、彼のイングランド王国の法に精通してはいない。彼の臣下の生活、相続、福利、財産にかかわる訴訟は、自然の理性によってではなく、人為的な理性である法の判断――そしてそれを知りうるまでには、長い勉学と経験が要求される――によって判決が下されるべきものなのである。

A：ここからすると、素人判断で司法に介入しようとしたジェームズを法律専門家のクックが押しとどめたということみたいだね。

B：ところがそれがそうでもなくて。この事件が起こったのは一六〇七年で、当時のクックは人民間訴訟裁判所の首席裁判官（Chief Justice of the Common Pleas）ね。つまり、コモンロー裁判所のうち私法事件を解決するところ。ところが当時のイングランドには、その他にも、コモンロー上の刑事事件を裁く王座裁判所（Court of King's Bench）に加えて、教会裁判所や大法官の主宰する衡平法裁判所（Chancery Court）があって、お互い権限争いをしてたわけ。で、コモンロー裁判所は自分たちの法がイングランドの最高の法だという理由で、他の裁判所に係属した事件についても、国王の名による禁止令状を出して事件の受理を禁ずる措置をたびたびとっていたのよ(19)。

そうした権限争議の一つが高等宗務官裁判所（Court of High Commission）との間で起こって、カンタベリー大司教から、管轄に関する法が不明瞭な場合は王自身が判断を下すべきだと言われて、ジェームズがのこのこ裁判官たちのところにやってきたんだけど。クック自身の記録によると、まずはクックにノルマンディ公以来、王が自分一人で裁判をした先例はないと諭されて、それへの王の答えが、「法は

(18)　エルンスト・カントロヴィッチ〔甚野尚志訳〕『祖国のために死ぬこと』（みすず書房、一九九三年）七一頁。人名表記等を他に合わせて整えている。
(19)　メイトランド・前掲（注17）『イングランド憲法史』三五六頁。

理性に基づいているはずで、裁判官と同様、王も他の者も理性は備えている」というものね。で、それへのクックの応答が、

たしかに神は陛下に優れた学識と偉大な自然の能力を与えておられます。しかし陛下はこの王国の法に通じておられない。臣民の生活、相続、福利、財産にかかる訴訟は、自然の理性によってではなく、人為的理性である法によって解決されるべきもので、その法を修得するには、長年にわたる勉学と経験が必要です。法は臣民の訴訟を審理する黄金の物指しであり、陛下を安全と平穏のうちに保護するものなのです。

これでジェームズがむかっ腹を立てて、「では王は法の下にあることになる。それは反逆罪だ」と言ったので、そこでクックが「ブラクトンも言っております。王は何人の下にもあるべからず、ただ神と法の下にあるべしと」と答えた、というところでクックの記録は終わってるわね。[20]

A：でも、ジェームズも彼が法に従って統治すべきこと自体は認めていたわけだよね。ここでも結局はクックにやり込められて引き下がってるわけだし。[21]

B：ジェームズとクックの対決を、クック側の記録だけに基づいて判断するのは、それこそ自然的正義に反するかもね。*audi alteram partem*[22] と言うから。

つまり、ここでの問題は、そもそも王は法に従うべきかという一般的問題というよりは、当時のイングランドにあった異なる裁判所の間で権限争議が発生したとき、誰がその争議を解決する権限を持つか、

ということなのよ。

A：クックはコモンロー裁判所がその権限を持つと言い[23]、王は王自身がそれを持つと言ったわけだ。

B：そういうこと。ところでこの対立は後日談があって、一六一三年にクックが王座裁判所の首席裁判官に昇進した後のことだけど、一六一五年に今度は大法官の主宰する衡平法裁判所との権限争議を引き起こしちゃったの。

A：かなりの頑固者みたいだね、クックって。

B：衡平法裁判所は、コモンロー裁判所で当事者が、詐欺みたいな不正な手段で得た勝訴判決については、その執行を停止するという判断を下してたのよね。

A：衡平法の裁判所である以上、自然な役割だね[24]。

B：ところがクックはそれに異議を唱えて、こうした事案で衡平法裁判所に出訴する者は、教皇尊信罪[25]で

(20)　*The Selected Writings of Sir Edward Coke*, Vol. 1, *supra note* 3, pp. 478-81. ジェームズが「反逆罪だ」と立腹したのは、クックの言う通りだとすると、実際上、王は法律家の有権解釈に拘束されるからである。

(21)　実際にはクックは、拳を振り上げて怒り狂うジェームズの前に平伏して許しを乞うたとの報告もある。Cf. Holdsworth, *supra note* 12, Vol. V, pp. 430-31.

(22)　相手方当事者の主張も聴くべし。

(23)　*The Selected Writings of Sir Edward Coke*, ed. Steve Sheppard, Vol. 2 (Liberty Fund, 2003), pp. 1166 ff. [4th Part, Chapter 7].

(24)　ジェームズは、厳格な法の執行が衡平に反する結果をもたらす場合に、衡平法裁判所は正義に慈愛（mercy）を加味して、人々を破滅から救うのが役割だと述べる（King James, *Political Writings*, *supra note* 11, p. 214）。

処罰されるという前提で、衡平法裁判所で敗訴した当事者がコモンロー裁判所に告訴する事案を仕組んだみたい。

A：随分と乱暴だね。

B：この紛争はさすがにジェームズ自身が裁決せざるを得ないことになって、結局クックはその結果、王座裁判所首席裁判官の地位を追われているわ。㉖ 彼の免職に先立つ一六一六年六月二〇日には、ジェームズは今度も星室庁で裁判官たちを相手に演説をしてて。

A：どんな演説？

B：まずは、法は専門家ではない一般人には理解しにくいところがあって、文献や先例を調べてはじめて裁判官も理解できる点があると言ってるわね。㉗

A：クックの言うことをある程度認めているわけか。

B：ある程度ね。でも、裁判官の法解釈は「常に良識と理性に基づいていなければならない」とも言ってる。「私の良識と理性、そして真の論理に合致せぬいかなる解釈も、私は決して認めない」と断言してるわ。㉘

A：ははぁ、相当頭に来てるんだ、クックのことが。

B：で、裁判官たちに向かって、君たちはコモンロー裁判所の権限内にとどまるように、他の裁判所がコモンロー裁判所に干渉することも許さないから、と言った後で「あらゆる裁判所を各自の権限内にとどめることは、王の固有の権限である」と断言してるの。㉙ ダメ押しのように、衡平法裁判所も国王の裁判所なのに、その行為を教皇尊信罪で裁こうなどとは「馬鹿げた場違いで僭越極まりない企て foolish, inept, and presumptuous attempt」だと非難してるわ。(30)

A：結局は国王とその大権の勝利というわけか。やっぱり人事権を持ってる人間は強いね。(31)

B：とはいえ、権限は控え目に使わないと。裁判官もそうだけど、国王の側もね。

A：それがジェームズ、チャールズ父子の歴史から学ぶべきことというわけか。まあ、クックとジェームズの対決が、そう単純な話ではないということは分かったよ。

---

(25) praemunire. 国王以外の権威に従うこと、とりわけローマ教皇等、国王以外の権威が設営する法廷への提訴を構成要件とする犯罪。

(26) 一連の事件の経緯については、John Baker, 'The Common Lawyers and the Chancery: 1616', in his *Collected Papers on English Legal History*, Vol. 1 (Cambridge University Press, 2013), Chapter 28 およびメイトランド・前掲注（17）『イングランド憲法史』三五八〜五九頁参照。なお、この問題に関するホッブズ〔田中浩他訳〕『哲学者と法学徒との対話』（岩波文庫、二〇〇二年）の記述は、不正確で信頼に値しない。

(27) King James, *Political Writings*, *supra note* 11, pp. 211-12.

(28) *Ibid.*, p. 212. ここにあるのは、究極の有権解釈権者は誰かという対立である。ジェームズは、王が法を語る（*lex loquens*）と主張するが（*ibid.*, p. 183）、クックは「裁判官こそが法を語る *Judex est lex loquens*」と言う（*The Selected Writings of Sir Edward Coke*, Vol. 1, *supra note* 3, p. 174）。

(29) King James. *Political Writings*, *supra note* 11, p. 213.

(30) *Ibid.*, p. 215.

(31) Baker, *supra note* 26, pp. 510-11 は、一六一六年の事件は強烈な個性を備えた個人間の軋轢としての色彩が強く、これを衡平法のコモンローに対する勝利と見るのは早計だとする。

B：ねえ、この後、グローブ座に行かない？　ちょうどハムレットがかかってるみたい。

A：ハムレットと今の話と、どこが「ちょうど」なわけ？

B：ジェームズってハムレットのモデルだって言われてるのよ。(32)　知らないの？

A：知らない。自然的理性じゃ分からないもの。

Professor* B *will be back soon.

(32)　この点についてはさしあたり、長谷部恭男『憲法の imagination』（羽鳥書店、二〇一〇年）一三八頁以下参照。

スターバックスでラテを飲みながら憲法を考える

2016年5月3日　初版第1刷発行

編著者　松井茂記

発行者　江草貞治

〔101-0051〕東京都千代田区神田神保町2-17

発行所　株式会社　有斐閣

電話(03)3264-1314〔編集〕

(03)3265-6811〔営業〕

http://www.yuhikaku.co.jp/

印刷・株式会社三陽社／製本・牧製本印刷株式会社

ISBN 978-4-641-22705-7